모든 것의 가격

인간의 삶을 지배하는 가격의 미스터리!

모든 것의 가격
THE PRICE OF EVERYTHING

에두아르도 포터
손민중·김홍래 옮김

김영사

모든 것의 가격

저자_ 에두아르도 포터
역자_ 손민중 · 김홍래

1판 1쇄 발행_ 2011. 5. 11.
1판 15쇄 발행_ 2023. 1. 26.

발행처_ 김영사
발행인_ 고세규

등록번호_ 제406-2003-036호
등록일자_ 1979. 5. 17.

경기도 파주시 문발로 197(문발동) 우편번호 10881
마케팅부 031)955-3100, 편집부 031)955-3200, 팩스 031)955-3111

값은 뒤표지에 있습니다. ISBN 978-89-349-5050-9 03320

홈페이지 www.gimmyoung.com   블로그 blog.naver.com/gybook
인스타그램 instagram.com/gimmyoung   이메일 bestbook@gimmyoung.com

좋은 독자가 좋은 책을 만듭니다.
김영사는 독자 여러분의 의견에 항상 귀 기울이고 있습니다.

가격은 어디에나 존재한다

개발 도상국의 쓰레기 처리장을 방문해 본 적이 있는 사람은 가치라는 것이 상당히 모호한 개념임을 알게 될 것이다. 물론, 대부분의 선진국 사람들에게도 가정 쓰레기는 아무 가치가 없다. 그렇기 때문에 사람들은 쓰레기를 쓰레기통에 버리는 것이다. 그런가 하면, 노르웨이 인들은 일반폐기물 속에서 재활용품을 분류해 내기 위해 톤당 114달러의 비용을 기꺼이 지불한다. 또한 테네시 주 카터 카운티의 공동체에 속한 가정을 대상으로 7년 전에 수행한 조사에 의하면 그들은 인근에 쓰레기 매립지가 생기는 것을 피할 수만 있다면 현재 가치로 환산해서 연간 363달러의 돈을 기꺼이 지불할 용의가 있다는 사실이 밝혀졌다.

하지만 시야를 조금만 넓혀 보면 쓰레기는 가치 있는 상품으로 바뀌게 된다. 아프리카에 있는 부르키나파소의 수도 와가두구 외각에서는 농부들이 플라스틱 조각들이 포함된 폐기물을 수수나 기장 밭에 비료로 뿌리기 위해 도시의 쓰레기 청소차에 돈을 지불한다.

2003년 당시만 해도 그 비용이 톤당 400프랑이었다. 또한 2002년 조사 결과, 인도의 델리에서는 넝마주이에게 플라스틱 소다수 용기 1킬로그램에 2루피, 샴푸 용기 1킬로그램에 7루피를 지불했다. 또한 소년 한 명이 델리의 쓰레기 처리장을 돌아다니며 일할 경우 하루 20에서 30루피를 벌 수 있었다.

사실 쓰레기라고 해서 다른 물건들과 다른 가치 체계(value proposition)를 갖는 것은 아니다. 쌓아두든, 버려두든, 우리가 쓰레기에 매기는 가격은 그로 인해 수반되는 비용과 이윤의 함수로 결정된다. 자루 하나를 가득 채운 2루피짜리 플라스틱 용기는 나처럼 잘 먹고 잘 지내는 뉴욕의 언론인보다, 당장 오늘 먹을 것이 없는 인도의 아이들에게 훨씬 더 가치가 크다. 그 소녀가 플라스틱 용기를 수거하기 위해 하루 종일 인도의 쓰레기장을 뒤지고 다니기 위해 치르는 비용은 그녀에게 그다지 큰 대가가 아니다. 왜냐하면 그녀가 가진 거의 유일한 자산은 바로 자신의 생명이기 때문이다. 그녀는 기본적인 의식주를 비롯해 자신에게 필요한 모든 것을 생명을 담보로 얻을 수밖에 없다.

그녀하고는 대조적으로 나는 실로 많은 것을 소유하고 있다. 나는 적정한 수준의 수입을 갖고 있다. 나에게 부족한 무엇인가가 있다면 그것은 바로 시간이다. 따라서 5센트를 받기 위해 슈퍼마켓의 재활용 코너에 빈 플라스틱 용기를 갖고 가는 행위는 투입된 비용만큼의 가치를 갖지 못한다.

이들 두 가지 사례를 비교한 것은 부자가 가난한 사람보다 더 많은 기회를 갖고 있다는 사실을 강조하려는 게 아니다. 가난한 사람들도 부자들처럼 주어진 여러 대안들 중에서 한 가지를 선택하며, 이를 위해 각 대안들의 가격들을 따진다는 것을 보여 주기 위해서다. 인도의 극빈층 소녀이든 미국의 부유한 남자이든, 선택 가능한 여러 대안들이 가진 상대적 비용과 이윤을 고려하여 자신의 행동 노선을 결정한다.

쓰레기의 가격은 문명에 대한 일종의 척도를 제공한다. 가난한 나라일수록 공해의 가격이 낮다. 가난한 국가의 국민들은 경제 성장을 위해 좀 더 적극적으로 오염을 수용하는 경향이 있다. 하지만 공해의 가격은 국가가 부유해질수록 상대적으로 상승한다. 그러다 언젠가는 국가의 경제 개발 노선을 바꿀 정도로 그 가격이 비싸지게 된다.

중국은 오염이 심한 국가이다. 하지만 중국의 공기가 탁해지고 수질이 악화될 수밖에 없었던 이유는 중국인들이 그런 선택을 했기 때문이다. 즉, 건강을 위험에 빠뜨리고 강물을 유독하게 만드는 오염의 비용과, 생산량을 줄이거나 유해 물질의 배출을 통제하기 위해 공장의 설비를 교체하는 비용 사이에서, 균형을 잡기 위한 선택을 했다는 뜻이다.

스위스는 중국과 다른 선택을 했다. 스위스는 청정한 공기와 숲, 그리고 야생 동물 등과 같은 환경 자산을 보존하는 것이 실업 상태의 농부들에게 공장의 일자리를 제공하는 것보다 더 가치 있는 재화로 간주한다. 그래서 환경 단체의 회원으로 활동하는 스위스 인의 수는 중국인의 수보다 두 배나 많다. 스위스 인구 중 3분의 1 이상이 국가가 당면한 가장 중요한 문제로 환경 오염을 꼽는다. 반면에 중국에서는 그렇게 생각하는 사람이 전체 인구의 16퍼센트에 불과하다.

하지만 중국이 성장해 가면서, 석탄을 연료로 사용하는 화력 발전소 하나를 건설하는 비용은, 산성비와 지구 온난화, 기타 환경 오염에 그것이 얼마나 큰 영향을 미치는가의 관점에서 비교했을 때, 언젠가는 중국이 생산량 증가에 부여하는 가치를 초월하게 될 것이다. 성장을 계속함에 따라 중국도 철강과 화학 같이 매우 유독한 산업에서 탈피해 의료와 금융 서비스 같은 좀 더 환경친화적인 분야로 진화하게 될 가능성이 높다. 심지어 중국은 어느 순간부터 오염된 물과 공기를 기꺼이 참을 수 있는 더 가난한 국가로부터 철강과 화학 제품을 수입하게 될지도 모른다.

즉, 중국도 스위스나 미국처럼 행동하게 되는 것이다. 한 연구에 의하면 한 국가의 이산화황 배출량은 1인당 국민 소득이 8900달러에서 1만 500달러 사이에 있을 때 정점에 도달한다고 한다. 미국에서는 1970년에 대기 오염 방지법이 의회를 통과할 때까지 이산화황의 배출이 계속 증가했다. 하지만 그 이후, 배출량은 절반으로 감소했다.

이 책이 주장하려는 논지는 바로 이런 사실에 기반을 두고 있다. 즉, 우리의 다양한 선택은 바로 우리 앞에 놓인 여러 대안들의 가격에 의해 결정된다는 것이다. 여기서 가격이란, 여러 대안들이 가진 이윤과 비용을 우리가 비교하여 상대적으로 평가한 것이다. 보통 거래라는 것은, 브랜디 대신 가격이 싼 맥주를 선택하는 경우처럼 투명하고 간단해 보인다. 하지만 하루 종일 플라스틱 용기를 수거해야 하는 인도의 소녀는 자신이 가담하고 있는 거래의 본질을 인식하지 못할 것이다. 그런데 우리의 삶이 어떻게 가격의 영향을 받게 되는지, 그리고 우리의 행동이 어떻게 가격에 영향을 미치는지 알게 될 경우, 이는 단지 우리가 스스로 내린 결정을 좀 더 잘 평가하는 데만 도움이 되는 것이 아니다.

중요한 것은, 우리가 마주하게 되는 여러 가지 가격들이 역사적으로 아직까지 드러나지 않았던 사실들을 새롭게 바라볼 수 있는 시사점을 던져 준다는 데 있다.

20여 년 전, 버락 오바마 대통령의 전임 경제 자문이었던 로렌스 서머스가 세계은행의 수석 경제학자였을 때, 그는 부유한 나라의 쓰레기를 가난한 나라에 수출해야 한다는 취지의 문서에 서명했다. 그의 주장에 따르면, 가난한 나라는 임금이 낮기 때문에 쓰레기장의 작업자가 사망하거나 병에 걸리더라도 국가적인 손실이 덜하다는 것이다. 문서에는 이렇게 적혀 있었다.

"나는 유독성 폐기물을 저임금 국가에 토해 내는 것이 결코 과오가 아니며, 우리는 그런 현실을 인정할 수밖에 없다고 생각한다. 또한 가난한 국가에서는 환경 오염이 다른 문제에 비해 덜 중요하다. 전립선암을 유발시킬 확률을 100만 분의 1정도 증가시키는 어떤 요인에 대한 우려는, 5세 이하의 유아 사망률이 1000명당 200명 이상인 가난한 국가보다, 유아 사망률이 낮기에 아이들이 계속 살아남아 결국 전립선암에 걸리게 될지도 모르는 나라에서 더 높은 것은 당연한 일이다."

1991년 말, 리오 데 자네이로에서 열린 유엔환경개발회의에서 공개된 이 문서는 세계은행이 가난한 국가들을 쓰레기 폐기장으로 생각하고 있다는 비난을 확인시켜 주었다. 브라질 전 환경부 장관 호세 룩셈베르거는 서머스에게 보낸 편지에서, 그의 논거가 "전적으로 논리적이긴 하지만 완전히 비상식적"이라고 썼다. 분노한 앨 고어 부통령은 서머스가 빌 클린턴 대통령의 경제자문위원회 위원장이 될 수 있는 기회를 무산시켜 버렸다. 서머스는 자신의 문서가 '냉소적 대조'를 통해 폐기물 교역에 대한 분석적 사고를 더욱 예리하게 다듬기 위한 것이었다고 해명했다.

그런데 룩셈베르거의 말에도 일리는 있다. 서머스는 그렇게 생각할지 모르지만, 임금은 사람의 가치를 재는 유일한 척도가 아니다. 가난한 나라에서 쓰레기를 처리하는 비용이 거의 공짜에 가까울 수 있는 이유는, 그 나라의 국민들이 오염에 대해 전혀 신경을 쓰지 않기 때문이 아니라, 그들의 정부가 오염에 관련된 법률을 시행하지 않기 때문이다.

하지만 서머스의 논거 역시 설득력이 강한 것도 사실이다. 가난한 나라의 오염되지 않은 환경이란 부자 나라에서 풍부하게 존재하는 다른 재화들, 예를 들어 학교 같은 것들에 비해 가치가 떨어진다. 그래서 많은 개발 도상 국가들은 추가로 학교를 더 건설할 수 있는 기회를 확보하는 대신 폐기물을 받아들이는 방법으로 자국의 이익을 극대화해 왔다.

불법 이민의 가격

사람들은 대부분 쇼핑의 관점에서 가격을 생각한다. 가격은 시장에서 우리의 소비를 제한하고, 자원을 분배하는 방법을 결정한다. 가격이 존재하기 때문에 우리는 예산에 맞게 소비의 우선순위를 결정할 수밖에 없다. 가격은 단순히 우리의 구매 양식에만 영향을 미치는 것이 아니다. 가격은 우리가 살 재화를 생산하는 기업에게도 영향을 주어 수요와 공급이 균형을 이루게 만든다. 이것이 바로 시장을 통해 자본주의 경제가 구현되는 방법이다.

하지만 가격은 단순히 우리가 상점에서 구매하는 물건에만 붙어 있는 게 아니다. 가격은 모든 곳에 존재한다. 선택의 기로에 설 때마다 우리는 가격의 신호에 따라 이쪽이 아니면 저쪽 길을 선택하게 된다. 결국 모든 결정은 우리가 각각의 대안에 서로 다른 가치를 할당하고, 그중에서 하나를 선택하는 행위이다. 우리가 각각의 대안이 갖고 있는 가격을 이해하게 될 경우, 우리는 자신이 내린 결정을 더욱 깊이 이해하게 된다. 가격은 화폐나 현금, 신용을 단위로 평가될 수 있다. 하지만 사랑이나 노력, 시간과 같은 추상적인 개념 속에도 비용과 이윤이 포함되어 있다. 사실 우리에게 가장 중요한 비용은 바로 기회이다. 즉, 우리가 어떤 행동을 취하거나 특정 노선을 고수할 때의 비용은 바로 그 시기에 우리가 선택할 수 있었던 다른 대안들을 의미한다. 5달러짜리 슬라이스 피자의 가격은 우리가 그 5달러를 가지고 할 수 있었던 다른 모든 기회들이기도 하다. 결혼의 가격에는 우리가 독신으로 남았을 때 할 수 있는 모든 것들이 포함된다. 그래서 결혼 후 몇 년이 흐른 뒤, 그때 예식장에서 그렇게 자유를 팔아 버리지 않았다면 현재는 어떻게 살고 있을지를 간혹 궁금해 하기도 한다. 경제학자들은 이것을 가리켜 '기회비용'이라고 한다. 기회비용을 평가함으로써, 우리는 자신의 삶을 만들어 간다.

단지 태어나기 위해, 델리의 넝마주이 소녀는 인도 아버지들의 남아 선호 성향을 극복해야만 했다. 실제로 이런 성향으로 인해 인도에서는 여아의 낙태가 만연되어 있다. 인도의 2001년 인구 조사 결과, 6세 이하의 연령대에서 남아 1000명당 여아는 927명으로 나타났다. 이는 브라질에서 남아 1000명당 여아가 1026명인 것이나, 미국에서는 1029명인 것과 대조된다. 이런 남아 선호 성향의 원인은 비용 편익 분석에서 여자들이 심각하게 불리하기 때문이다. 즉, 남자 아이는 가문의 재산을 물려받고 노년의 부모를 모시는 존재이지만, 여자 아이는 결혼과 함께 출가를 시켜야 하는데, 여기에는 부담되는 수준의 지참금이 필요하다. 이런 폐해를 줄이기 위해 인도의 각 지역 정부들은 딸에 대한 아버지의 선호도를 높이는 프로그램을 수행하고 있다. 2008년부터 델리 시는 빈민 가정에서 딸을 출산했을 때, 은행 계좌에 1만 루피를 적립해 주며, 여아가 학교에 진학하면 추가 금액을 적립해 주는 프로그램을 시작했다. 이 프로그램의 목표는 그들이 결혼하거나 고등 교육을 받을 수 있도록 자금을 축적하는 데 있다. 하리아나 주(Haryana)에서는 2006년부터 일종의 사회 보장 프로그램을 시작해, 딸만 가진 부모에게 45세부터 60세까지 매달 500루피를 지급하고 있으며, 60세부터는 일반 연금을 받게 된다.

캘리포니아 스톡턴에서 몇 년 전 불법 이민자와 나누었던 대화가 기억난다. 나는 〈월스트리트저널〉에 근무하면서 미국 내 히스패닉계 주민에 대한 기사를 쓰고 있었다. 그 불법 이민자는 자신의 어린 두 아이들을 멕시코에서 불법 입국시킬 때, 포르 엘 몬테(por el monte: 사막을 횡단하는 가혹한 도보 여행)와 포르 라 리네아(por la línea: 위조 서류를 사용해 정규 검문소를 통과하는 방법) 사이의 상대적 장점에 대해 이야기했다. 이것은 매우 어려운 선택이었다. 캘리포니아 농장에서 일하는 그의 수입은 시간당 8 내지 9달러 정도였다. 그런데 그의 아이들이 포르 엘 몬테를 하게 되면 그들을 안내할 한 명의 '코요테'에게 아이들 한 명당 대략 1500달러를 지불해야만 했다. 반면, 위조 서류를 갖고 아이들이 국경 검문소를 통과할 경우, 아이 한 명당 그가 지불할 비용은 약 5000달러였다. 이 대화에서 인간의 삶을 조종하는 무자비한 비용 편익 분석의 형태가 극명하게 드러난다.

지난 15년에 걸쳐, 미국 국경 순찰대의 예산은 대략 5배 증가했다. 그에 따라 코요테 평균 수임료도 2008년에는 약 2600달러까지 올랐다. 하지만 가장 급격하게 오른 가격은 국경을 넘는 도중에 죽게 될 확률이다. 샌디에이고 주변을 통해 하루가 채 걸리지 않던 국경 횡단이 도둑과 국경 순찰대를 피해 무거운 물통을 들고 다니며 사나흘에 걸쳐 애리조나 사막을 통과하는 여정으로 바뀐 것이다. 1994년의 경우, 밀입국을 시도하다가 24명이 죽었다. 2008년이 되자, 사망자의 수는 725명으로 증가했다. 나와 이야기했던 이민자의 계산은 매우 정확했다. 그는 검문소 통과 비용을 벌기 위해 더 오래 일해야 했을 것이다. 하지만 그 대신 아이들이 여행 도중에 사망하게 되는 위험은 감소시켰을 것이다.

　미국에서 벌어지는 불법 이민에 대한 논쟁도 그 자체로는 가격에 대한 토론이나 다름없다. 불법 이민 반대자들은 그들이 더 적은 임금을 받고 일을 하기 때문에 미국인의 노동 가격이 떨어진다고 공격하고 있다. 그들은 불법 이민자들이 자식 교육이나 구급 치료와 같은 공공 서비스를 사용할 때마다 미국인들의 부담이 가중된다고 주장한다.

　하지만 이런 주장들은 근거가 미약하다. 대부분의 불법 이민자들이 위조 신분증을 사용하긴 하지만, 등록된 상태에서 일을 하기 때문에 여타 노동자들과 마찬가지로 그들의 급여에서 일정 부분이 세금으로 원천 징수되고 있다. 또한 그들은 정부가 실시하는 대부분의 프로그램에서 혜택을 받지 못한다. 게다가 그들이 미국인 노동자들의 임금을 낮추고 있다는 증거도 별로 없다. 캘리포니아 주의 농업처럼 몇몇 산업들은 오로지 값싼 이민 노동자들 덕분에 존재할 수 있다. 불법 이민자들이 사라지면 농장의 일거리와 함께 농장으로부터 포장업체로 이어지는 여러 과정의 많은 일거리들도 사라지게 된다. 그리고 우리는 그런 농장에서 생산되는 아스파라거스와 체리를 외국에서 수입하게 될 것이다.

　불법 이민자들은 미국에서 가격에 영향을 미치고 있다. 한 연구에서는 1980년에서 2000년 사이에 이민자가 급증하면서 가정부나 정원사와 같은 서비스 분야의 평균 가격이 9퍼센트 이상 하락했으며, 이런 현상의 주된 이유가 임금 하락에 있다고 추산했다. 하지만 그것조차도 미국인의 임금에는 별다른 영향을 미치지 못한다. 왜냐하

면 노동 시장에서 가난한 불법 이민자들은 다른 불법 이민자들과 경
쟁을 하기 때문이다.

이민 정책은 그에 따른 비용을 감당해야 하는 사람과 그것을 통해
혜택을 볼 수 있는 사람들에 의해 결정됐다. 정치 체계는 불법 이민
자들이 기업식 농업이나 기타 산업에 유용하기 때문에 그들을 용인
한다. 그들의 존재로 인해 중산층 미국인들은 보모를 고용할 수 있
다. 그렇기 때문에 이민법 개정이 필요하다는 대통령의 언급이 있었
지만 실제로 이루어지는 것은 거의 없을 것이다. 불법 이민자들이
미국에서 일할 수 있도록 합법적 경로를 만들어 주자니, 그것은 정
치적으로 커다란 위험을 내포하고 있어 불법 이민을 더욱 촉진하게
될지도 모른다. 그와 반대로, 불법 이민자들을 완전히 제거하자니,
그에 따른 비용이 터무니없이 높을지도 모른다. 또한 그와 같은 변
화를 시도하기에는 현재 상태가 너무 안락하다.

불법 이민의 증감은 국경 통과 비용 대비 일자리의 가망성을 어떻
게 평가하느냐에 따라 결정될 것이다. 때때로 가격이 매우 높아질 수
도 있다. 2008년 금융 위기로 인해 미국 내 실직자의 수가 급격히 증
가했을 때, 많은 잠재적 불법 이민자들이 고국에 머무는 쪽을 선택했
다. 당시 국토안보부는 불법 이민자의 수가 2007년에 비해 100만 명
이나 감소해 2009년에는 1800만 명이었다고 평가했다. 하지만 이것
은 장기간에 걸친 역사적 추세로 놓고 볼 때 단지 일순간의 급변에
불과하다.

가격의 지배

가격이 인간의 선택을 좌우하는 능력을 고려할 때, 정부가 피지배 계층의 행동을 조종하기 위해 가격을 자주 활용하지 않는다는 사실은 놀라운 일이 아닐 수 없다. 정부 입장에서, 흡연이나 약물 남용과 같은 특정 행동이 초래할 위험을 국민들에게 홍보하는 방법으로 공익 보건 캠페인이 더 나아 보일지도 모른다. 하지만 사실 가격만큼 효과적인 제어 방법은 없다. 닉슨 대통령이 '약물과의 전쟁'을 시작한 이래로 40년이 흘렀지만, 약물 남용은 여전하다. 1988년에서 2009년 사이에 고등학교 3학년 학생들 중 지난달에 약물을 사용한 경험이 있다고 털어놓은 학생의 비중이 16퍼센트에서 23퍼센트까지 상승했다. 같은 기간 담배를 피운 적이 있는 10대들의 비율은 28퍼센트에서 20퍼센트로 감소했다.

이것은 일종의 역설이다. 미성년자에게 담배를 파는 것이 비록 불법이기는 하지만, 성인은 얼마든지 담배를 구할 수 있다. 이와 대조적으로 약물은 남녀노소를 불문하고 모든 사람에게 금지되어 있다. 심지어 일리노이 주에서는 소량의 코카인을 소지하고 있다가 체포되어도 1년에서 3년까지 징역을 선고받을 수 있다. 하지만 이들 두 가지 악덕에 대한 가격이 어떤 식으로 결정되는지를 고려하면 둘의 차이는 별로 역설적이지 않다. 지방 자치 단체와 주 정부, 연방 정부에서 각종 세금을 부과하면서 1990년 이래로 담배 한 갑의 가격은 거의 두 배가 상승한 평균 5달러 20센트가 됐다. 2010년 7월 1일, 뉴욕 시에서 담배 한 갑의 최저 가격은 1달러 60센트에서 10달러 80센트(이중 7달러

50센트가 세금이다)로 치솟았다. 이와는 대조적으로 2007년 뉴욕 시의 코카인 소매가격은 그램당 101달러로 1991년에 비해 27퍼센트나 낮았다. 헤로인 가격은 41퍼센트나 폭락해 320달러가 됐다. 이와 같은 가격 하락은 바로 미국의 정책적 실패를 뜻한다. 즉, 미국은 자국 시장으로 불법 마약류가 유입되는 것을 차단하지 못했다는 말이 된다. 하지만 그것은 동시에 가능성 있는 해결책을 제시하기도 한다. 실패한 마약과의 전쟁에 비해, 그것을 합법화한 뒤 법률로 규제하면서 세금을 부과하는 방법이 남용을 막는 데 더 효과적일지도 모른다. 십대들의 흡연율이 감소한 것에서도 알 수 있듯이 말이다.

이제는 석유 가격에 손을 댔을 때 우리가 무엇을 얻을 수 있는지를 생각해 보자. 미국에서는 값싼 석유로 인해 사람들이 직장이나 학교, 쇼핑센터로부터 갈수록 멀어지면서 점점 더 큰 집을 짓고 있다. 단지 최근의 10년 만을 봐도, 미국인들의 통근 거리는 15킬로미터에서 24킬로미터로 멀어졌다. 전형적인 주택의 크기도 162제곱미터에서 168제곱미터로 넓어졌다.

유럽은 그와 같은 팽창을 거의 보여 주지 않는다. 유럽의 도시들은 역사의 제약을 받고 있다. 그들의 도시는 수백 년 전, 장거리 이동에 값비싼 시간과 노력이 필요했던 시기에 건설됐다. 프랑스 혁명 당시만 해도 루이 16세가 파리에서 도주해 바렌까지 240킬로미터를 가는 데 21시간이 걸렸다. 현재는 유류세가 도시의 팽창을 억제하고 있다. 유럽 인들은 미국인보다 두 배 내지 세 배나 더 비싸게 석유를 구입하고 있다. 미국 텍사스 주 휴스턴이 독일 함부르크와 거의 비슷한 인구를 갖고 있으면서도 평방킬로미터당 거주자의 수가 977명이나 적은 이유도 부분적으로는 거기에 있다.

그러나 미국과 서유럽의 이런 차이와는 다르게, 관료적 계획에 의해 도시 개발이 이루어졌던 동유럽권은 또 다른 차이를 보여 준다. 70년에 걸친 공산주의 체제 속에서 관료주의적인 명령에 의해 토지가 분배되다 보니 동유럽에서는 마치 곰보 자국을 보듯이 오래된 공장들이 입지가 좋은 도심 요지를 차지하고 폐허로 변해가는 가운데, 그 외곽으로는 스탈린 시대와 흐루시초프 시대, 브레즈네프 시대에 각각 형성된 환형의 주택 단지가 조성되어 있으며, 도심에서 멀어질수록 주택이 점점 더 빽빽해지는 형태를 보여 주고 있다.

소비에트 연방의 붕괴 이후 세계은행의 도시 계획과 주택 금융 전문가들이 수행한 연구에 따르면, 모스크바의 택지 중 31.5퍼센트를 산업 시설이 차지하고 있어, 서울의 6퍼센트나, 홍콩과 파리의 5퍼센트와 크게 대조된다는 사실이 밝혀졌다. 파리에서는 도심의 생활 편의 시설과 가까운 곳에서 살기 위해 사람들이 프리미엄을 지불하고 있으며, 도심으로부터 반경 3킬로미터 이내의 지역에서 인구 밀도가 가장 높다. 모스크바의 경우 도심에서 15킬로미터 떨어진 지역에서 인구 밀도가 정점을 이룬다.

인류 역사 전반에 걸쳐 다양한 역학 관계들이 존재했지만 가격은 그들을 잘 반영해 왔다. 운송 기술의 발달로 거리의 비용이 감소하자 19세기에는 최초로 대규모 경제적 세계화가 일어났다. 우리의 신체는 여전히 먹을 것이 부족한 환경에 맞게끔 진화한 상태에서 현대의 기술적 성과로 값싸고 풍부한 칼로리를 언제든 대량으로 섭취할 수 있게 됐을 때, 이미 비만 인구의 증가는 예정된 일이었다.

가격의 힘을 가장 잘 이해하는 방법은 그것을 인정하지 않는 장소에 가 보는 것이다. 몇 년 전 내가 쿠바의 산티아고를 방문했을 때 후줄근한 차림새의 여성이 도시 곳곳을 안내해 주었는데, 알고 보니 놀랍게도 그녀는 산티아고 유력 병원의 소아과 의사였다. 그녀는 거친 피부에 갈대처럼 깡말라 있었기에 마치 마녀처럼 보였다. 게다가 앞니도 두 개가 없었다. 그녀의 말에 따르면 1991년 소련의 붕괴와 함께 경제적 생명선이 끊어지면서 한때 쿠바에 영양실조가 만연했던 적이 있는데, 그녀의 이빨도 그때 빠진 것이었다. 이 소아과 의사는 낡은 라다(Lada: 러시아의 소형 승용차)를 갖고 있었다. 그리고 매우 영리했다. 하지만 그것을 제외하면 그녀의 삶은 거리의 부랑자와 거의 차이가 없어 보였다. 그녀는 생활고 속에서 암시장을 통해 생계를 유지할 수밖에 없었고, 라다 승용차에 태울 관광객을 호객하거나 트럭에서 떨어진 담배 한 보로를 팔러 다녀야 했다. 그녀는 하루 동안 나를 태우고 도시 이곳저곳을 안내하는 대가로 10달러를 요구했다. 어떤 시점에 미래를 규정지었던 쿠바인들의 집단적 결정이 어떻게 한 소아과 의사로 하여금 자신의 하루 10달러짜리 일당을 적절한 거래라고 생각하도록 만들었는지 나는 몹시 궁금해졌다.

가격이 부작용을 일으킬 때

가격을 비롯해 강력한 효과를 지닌 대상을 다룰 때는 언제나 신중해야 한다. 가격에 잘못 손을 댔다가는 의도하지 않은 결과를 초래할 수 있기 때문이다. 2004년 5월, 출산율 저하를 우려한 오스트레일리아 정부는 그해 7월 1일 이후 출생하는 아이들에게 3000호주달러의 '아동 수당'을 지급할 것이라고 발표했다. 반응은 즉각 나타났다. 출산 예정일이 가까워진 예비 산모들이 예정되어 있던 제왕절개 수술을 미루고 출산을 늦추기 위해 모든 노력을 기울였던 것이다. 그 결과 6월에는 출산율이 급격히 감소했다. 그리고 7월 1일, 오스트레일리아의 일일 출산율은 30년 내 최고의 수치를 기록했다. 영국 왕 윌리엄 3세는 1696년, 집에 달린 창문의 개수를 근거로 매기는 창문세를 도입했을 때만 해도 이는 매우 훌륭한 생각인 것처럼 보였다. 창문이 일곱 개에서 아홉 개까지는 2실링을 부과했다. 창문이 열 개에서 열아홉 개인 집은 4실링을 부과했으며, 스무 개가 넘을 경우 8실링을 받았다.

과세 자체는 논리적이었다. 창문 개수는 세기가 쉬웠기 때문에 세금을 징수하기도 편했다. 공정성도 보장됐다. 부자들이 더 큰 집에 살고 있을 테니 창문도 더 많을 테고, 그러니 더 많은 세금을 내게 될 것이다. 게다가 소득세를 올렸을 때의 격렬한 반감도 회피할 수 있는 듯이 보였다. 하지만 왕은 백성들의 반응을 고려하지 않았다. 백성들은 세금을 줄이기 위해 창문을 막아 버렸던 것이다. 지금도 에든버러에서는 판자로 막아 버린 창문을 피트의 그림(Pitt's Pictures)이라고 부른다. 이것은 창문세를 도입한 윌리엄 피트에서 유래된 이름이다.

겉으로 보기에는 적당한 수준의 행동조차 비용과 이윤에 대한 사람들의 평가 방식에 변화를 초래함으로써 커다란 파장을 일으킬 수도 있다. 1974년 석유를 절약하기 위해 미국 전역에서 실시된 시속 88킬로미터 속도 제한이 바로 그런 사례이다. 4차 중동 전쟁 이후 미국이 이스라엘에 대한 군사 원조를 결정하자, 그에 대한 대응으로 아랍 국가들이 수출 금지를 선언하면서 1차 석유 파동이 시작됐던 것이다.

당시에는 석유를 절약한다는 것이 합리적인 목표였다. 하지만 그 전략에는 운전자의 시간이 갖는 가치를 무시했다는 치명적인 결함을 갖고 있었다. 새로운 법정 제한 속도를 지킬 경우, 112킬로미터를 이동하는 데 대략 1시간 16분 정도가 걸리게 된다. 이는 시속 112킬로미터로 달릴 때보다 16분이나 더 긴 시간이다. 1974년도 생산 현장 노동자들의 임금이 시간당 4.3달러였던 점을 고려할 경우, 직장으로 출근하면서 16분을 추가로 소비할 경우 노동자 한 명은 1.15달러를 지출하게 되는 셈이다.

1974년에 휘발유는 리터당 14센트였다. 그러므로 수지 균형을 맞추기 위해 평균적으로 1시간 정도를 운전해야 하는 노동자는 한 번 출근할 때마다 8.2리터의 휘발유를 아껴야만 했다(1.15달러 ÷ 14센트). 이를 실현하기 위해서는 자동차의 연비가 크게 향상돼야만 했다. 예를 들어, 시보레 서버번은 22퍼센트, 혼다 시빅은 두 배로 연비가 향상돼야만 계산이 맞는다. 하지만 속도를 줄인다고 해서 필요한 수준의 연비 상승효과가 발생하지는 않았다. 따라서 운전자들은 새로운 규정을 무시했다. 1984년 뉴욕의 주간 고속 도로를 달리는 운전자들이 제한 속도였던 시속 88킬로미터를 무시했던 경우가 전체의 83퍼센트에 달한다는 사실이 밝혀졌다. 그들은 50달러에서

300달러를 들여 시민 밴드 무전기(CB Radio)를 구입한 뒤, 다른 운전
자들에게 경찰의 출현을 알렸다. 1966년에서 1973년 사이에 미국연
방통신위원회(Federal Communications Commission)가 발급한 시민 밴
드 무선 통신 면허는 대략 80만 건이었다. 1977년이 되자 1225만 명
의 시민 밴드 무선 통신 면허 소지자가 도로 위를 달리고 있었다. 그
래서 경찰은 시민들의 반응에 대한 조치로 속도 측정 레이더를 장비
하기 시작했다. 그러자 운전자들은 레이더 감지기로 대응했다. 결국
몇몇 주에서는 레이더 감지기를 불법화했다. 미국 의회가 1974년 고
속 도로 비상 에너지 보존 법안(Emergency Highway Energy
Conservation Act)을 통과시켰을 때 이와 같은 연쇄 반응을 예상했는
지 의심스럽다. 1987년 의회는 제한 속도를 시속 105킬로미터로 높
였다가 1995년에는 완전히 폐지했다.

가격은 우리를 어디로 인도할 것인가?

기원전 3세기의 위대한 수학자 아르키메데스는 지렛대와 받침, 발
을 디딜 굳건한 장소만 있으면 지구를 움직일 수 있다고 말했다. 반
면 사람을 움직이게 하는 데는 가격이 필요하다. 혼인율이 떨어지는
이유는 사람들의 취향이 바뀐 것이 아니라, 결혼으로 인해 전보다
더 많은 희생이 요구되면서 결국 결혼의 가격이 높아졌기 때문이다.
우리는 양육에 필요한 비용이 높아졌기 때문에 아이를 덜 낳는 것이
다. 경제학자들이 제안하는 바에 따르면, 가톨릭교회의 신자가 줄어

들고 있는 이유는 사람들이 더 이상 신을 믿지 않아서가 아니다. 개신교의 경우보다 신도가 되는 비용이 낮기 때문이다. 그에 비해 개신교는 신도들에게 훨씬 더 큰 투자를 요구함으로써 충성심을 자극한다.

이 책은 우리를 상점 앞으로 인도할 것이다. 그곳에서 우리는 가격표가 어떻게 우리의 심리에 영향을 미쳐 상품을 구입하도록 자극하는지를 논의하게 된다. 하지만 이 책에서 우리는 일상적인 거래에만 머물지 않고, 다른 여러 가지 가격들이 우리의 삶에 어떤 식으로 영향을 미치는지도 밝혀 보려 할 것이다. 돈을 들여서라도 가급적이면 많은 아내를 얻어 종족 보존의 성공률을 높이려는 문화가 상당수 존재한다.

그러나 한편에서는 딸을 시집보낼 때 부담하는 지참금 때문에 여자 아이를 낙태하고 있다. 우리가 '문화적 변화'라고 부르는 행동 중 상당수는 사실 변화된 가격에 우리의 예산을 맞추었기 때문에 발생한 것이다. 우리는 고용주가 노예를 사용하는 대신 노동자를 고용하게 되는 이유를 검토할 것이다. 또한 점진적으로 부유해짐에 따라 우리의 재화 중 자유 시간이 가장 큰 가격 상승을 보일 정도로 그것이 희귀해질 수밖에 없는 이유도 논의하게 될 것이다. 또한 생명의 가치는 무한하다는 신념을 굳게 믿고 있는데도 우리는 종종 자신의 생명에 낮은 가격을 매기고 있다는 사실도 확인하게 될 것이다.

더불어 가격이 종종 우리를 잘못된 길로 인도하는 경우도 보게 될 것이다. 2000년부터 2006년까지, 미국 주택 가격의 급상승으로 발생한 경제적 재앙에 대해, 하나의 문명으로서 얼마의 비용을 지불해야만 좋은지를 우리는 아직도 알아내지 못한 상태이다. 한 세기를 거슬러 올라가면, 우리는 1900년대의 저유가 시대를 환경에 헤아릴 수 없이 커다란 해를 끼친 시기로 기억하게 될지도 모른다. 이렇듯이 가격은 유익한 동시에 위험할 수도 있는 것이다.

| 차례 |

사물의 가격

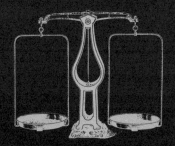

The Price of Things

| 사물의 가격 |

CHAPTER 1

지금까지 살아오면서 완벽하게 이해하지 못했던 여러 가지 사실들 중 하나는 커피를 마시기 위해 내가 한 행동에 내가 어떻게 돈을 지불하고 있는가이다. 나는 커피 중독자이다. 나의 첫 번째 중독물이었던 담배가 남긴 빈자리를 채우기 위해 커피를 마시기 시작했다. 그 이래로 커피는 필수 영양소를 섭취하기 위한 나의 주요 음식물이 되었다. 아침 식사에도 점심 식사에도, 그리고 음료수가 필요할 때마다 커피를 마셨다.

나는 매일 집과 직장 사이를 오가는 동안 커피와 관련된 여러 가지 가능성들을 만나게 된다. 사무실 맞은편 거리에는 던킨도너츠가 카푸치노를 3달러 2센트에 팔고 있으며, 내 사무실 바로 위층인 14층에서는 카페 일리(Illy)가 3달러 5센트를 받고 카푸치노를 제공한다.

회사 건물 로비에 문을 연 딘앤델루카(Dean & DeLuca)는 시간이 걸리
지만 맛이 풍부한 카푸치노를 3달러 27센트에 판매한다.

지난 2년 동안 나는 특정 업체에 끌리지 않고 자의적인 방식에 따
라 세 곳을 골고루 활용했다. 비록 그것이 별로 대단해 보이지 않을
지는 모르지만 나는 내 변덕스러운 입맛에서 흥미로운 사실을 발견
했다. 내가 커피를 선택하는 방법은 내 돈으로 가질 수 있는 가치의
함수일 것이다. 하지만 함수 관계의 방정식이 분명하게 드러나지 않
았다. 과연 사용 가능한 돈과 비교했을 때, 별로 크지도 않은 가격 차
이나, 거의 티도 나지 않는 양의 차이를 나는 과연 인식이나 했을까?
커피의 질을 제외하고 내가 돈을 치르면서 고려하게 되는 다른 사항
들은 뭐가 있을까? 내가 던킨도너츠 커피에서 일리 커피로 바꾸었을
당시에는 가격이나 맛이 문제였다기보다 그곳의 날렵한 브러시드 메
탈(brushed metal) 커피 용기가 중요한 역할을 했다. 분명 그것은 포화
지방 덩어리처럼 생긴 던킨도너츠의 컵보다 미적 감각에서 한 단계
발전된 용기였다. 게다가 일리에서는 다른 층에 근무해서 오랫동안
만나지 못했던 동료들과 자주 마주쳤기 때문에 사회적 상호 작용이
라는 중요한 기회도 제공했다.

하지만 그 무엇보다도 흥미로운 사실은 나의 선택에 감정적 측면
이 존재하며, 때때로 그것이 다른 사항들을 압도할 수도 있다는 것이
다. 오랜 시간 동안 내가 즐겼던 최고의 커피는 우리 집에서 반 블록
떨어진 모퉁이의 작은 파이 가게에서 파는 것이었다. 그 가게는 2달
러 75센트라는 믿을 수 없는 가격에 압도적으로 우월한 맛의 카푸치
노를 제공했다. 나는 가능한 자주 그곳에 들러 커피를 마시곤 했다.

그런데 1~2년 전쯤, 커피 값이 3달러 50센트로 급격하게 인상됐다. 나는 거기에 크게 화가 나서 앞으로 다시는 그 집에서 커피를 사지 않기로 결심했다.

지금에 생각해 보면, 도대체 무엇이 나를 화나게 만들었는지는 나도 모른다. 그 가게의 친절한 바리스타는 가격이 올라간 이유를 설명해 주었다. 가게는 최고급 품종으로 커피를 교체했는데, 그것은 온스당 1달러나 했다. 그리고 새로운 커피 잔을 도입해 양도 늘렸다. 또한 그들은 커피를 내릴 때 더블샷을 사용했다. 이것은 커피 한 잔에 0.5온스의 원두를 사용한다는 뜻이다. 어쩌면 나는 값싼 커피가 사라졌다는 사실에 실망했는지도 모른다. 어쩌면 모퉁이의 작은 파이 가게에서 인디락(indie-rock)을 즐기던 천하태평 한 젊은 운영자들이 스타벅스 못지않을 정도로 가차 없는 가격 전략을 구사했다는 사실에 일종의 배신감을 느꼈는지도 모른다. 나는 커피 한 잔의 가격에서 실제로 사용된 재료비보다 임대료와 임금, 이윤이 차지하는 비중이 훨씬 더 크다고 불평을 했을 것이다. 하지만 그렇다고 해도 내가 화를 낸 이유는 납득이 되지 않는다. 가격이 올랐어도 그것은 내가 다른 곳에서 살 수 있는 커피보다는 쌌다. 게다가 맛은 훨씬 더 좋았다. 이렇듯, 나의 거래 중단에는 비이성적인 측면이 존재했던 것이다. 다행이 나는 그들을 용서했다. 그래서 지금 나는 훌륭한 커피를 다시 마시고 있는 중이다.

현대의 삶은 주로 재화를 구입하는 행위로 구성되어 있다. 먹을 것과 입을 것, 극장표, 여름휴가, 공공요금, 모기지 보험료, 가스, 아이튠즈 다운로드, 이발 등이 여기에 해당된다. 시장은 대단히 노골적인 방법으로 가격이 정의되는 장소이며, 여기서는 이윤을 기대하고 있는 판매자와 구매자 사이의 자발적인 거래를 통해 가격이 결정된다. 하지만 가격에 대한 소비자의 반응은 매우 복잡하다. 여기서는 경제적 상호 작용 즉, 판매자와 구매자가 거래를 성립시키기 위해 애쓰는 과정에서 추게 되는 그들 사이의 탱고를 다루게 된다.

경제학자들은 사람들이 지갑을 열 때, 자신이 무슨 행동을 하고 있는지를 잘 알고 있다고 가정하기 마련이다. 사람들은 자기가 무엇을 사든, 그것을 통해 어떤 이익을 얻게 되는지를 평가하여, 거기에 돈을 쓸 가치가 있는지를 파악한다는 것이다. 이 가정이 얼마나 중요한지는 아무리 강조해도 지나치지 않다. 이것은 지난 250년 동안 고전 경제학이 토대로 삼았던 기본 원칙들 중 하나이다. 대체로 이 가정이 옳기 때문에 거기에서 인간 행동에 대한 심오하고 광범위한 결론이 도출될 수 있었다.

하지만 일반 원칙인 이 가정으로 인해 우리는 미세하지만 중요한 오해를 하고 있다. 시장은 인류에게 알려진 가장 효과적인 제도이며, 이를 통해 우리는 자신이 소비하려는 재화의 가치를 결정하게 된다. 하지만 가격 결정 과정은 비용과 이익 분석에 능한 이성적인 계산자들 사이에서 벌어지는 투명하고 직접적인 상호 작용이 결코 아니다. 그 이유는 시장 거래가 반드시 사람들에게 필요한 모든 것들을 제공하지는 않기 때문이다. 단지 사람들에게 필요할지도 모른다고 생각하는 것들을 제공할 뿐이다. 둘은 결코 같은 것이 아니다. 소비자들은 가끔 자기 의도와 관계없이 자기 욕망의 대상이라며 주어진 재화에 대해 왜 돈을 지불해야 하는지 모르는 경우가 있다. 심지어 가끔은 그 재화가 왜 자신에게 바람직한 것인지도 모른다. 불특정 다수의 공인되지 않은 선입견에 영향을 받을 경우, 그들은 재화를 팔고 싶어 하는 쪽에서 설치한 가치 조작 함정에 쉽게 빠지게 된다.

가격은 우리가 이와 같은 인지적 결함을 파악하는 데 도움을 준다. 가격은 인간의 심리적 변덕, 그들의 두려움, 무의식중에 작용하는 제약에 대한 일종의 지도를 제공한다. 가격은 정해지는 방법과 사람들이 거기에 반응하는 방식을 통해 우리에게 인간이 실제로 어떤 존재인지를 알려 준다.

대부분의 사람들은 플라세보 효과에 대해 들어 본 경험이 있을 것이다. 플라세보란 약리학적으로 아무 효과도 없는 약을 말하며, 그것을 먹은 뒤 효과가 있다고 믿을 때, 신체 내부에서 모종의 심리적 과정이 작용하여, 실제로 병이 낫는 현상을 플라세보 효과라고 한다. 몇 년 전 매사추세츠 공과 대학의 심리학자 댄 애리얼리를 비롯한 일단의 연구자들은 여러 가지 형태의 플라세보 효과를 보여 주는 실험을 수행했다. 그들은 한 무리의 학생들에게 새로운 진통제를 제공하겠다고 말한 뒤 실제로는 플라세보를 주었다. 그런 다음 연구원들은 거짓으로 플라세보의 가격을 알려 주었다. 그랬더니 진통 효과는 알약의 가격을 2달러 50센트로 알고 있는 피험자들이 그것을 10센트로 알고 있는 피험자들에 비해 훨씬 컸다.

랩 댄스(lap dance)를 생각해 보자. 랩 댄스는 네바다 주를 제외한 미국에서 돈을 지불하고 합법적으로 받을 수 있는 섹스 행위와 가장 비슷한 서비스이다. 그런데 '남성 전용 클럽'에서 벌어지는 일들을 탐구하면서, 뉴멕시코 대학의 심리학자들은 랩 댄서들이 가임 기간 중에도 경구 피임약을 사용하지 않을 때 최대의 수입을 올린다는 사실을 발견했다.

랩 댄서들은 매춘 금지법을 피하기 위해 자신의 서비스에는 요금을 부과하지 않는다. 그 대신 그들은 '팁'으로 수입을 올리며, 보통 근육질의 덩치 큰 기도가 암묵적으로 팁을 강요하는 역할을 수행한다. 뉴멕시코 대학 심리학자들의 연구에 따르면, 앨버커키의 클럽의 경우 3분간의 랩 댄스로 받게 되는 팁의 평균 금액은 약 14달러였다.

댄서들이 가임 기간에 훨씬 더 매력적인 냄새를 풍기는 것인지도 모른다. 어쩌면 엉덩이를 더욱 열정적으로 비비고 더욱 유혹적인 목소리를 내는지도 모른다. 실제로 가임 기간에 피임약을 사용하지 않는 댄서는 하루 354달러를 벌었으며, 월경 10일 전에는 264달러, 월경 기간에는 약 184달러를 벌었다.

피임약을 사용하는 댄서는 그렇지 않은 댄서보다 수입이 적었으며, 월경 주기하고도 별로 상관이 없었다. 하지만 이보다 더 흥미로운 발견은 댄서와 고객 모두 월경과 팁 사이의 관계를 전혀 인식하지 못했다는 것이다. 그것은 누구의 주목도 받지 않은 채 벌어지는 현상이었다.

우리 집 여섯 살배기의 구매 성향은 가격이나 맛, 감촉 심지어 자신이 사려는 물건의 용두마저 무시한 채 포장지에 그려진 캐릭터에 의해 결정된다. 오로지 그 녀석의 간청 때문에 나는 닥터 수스(Dr. Seuss) 샴푸나 스파이더맨 칫솔, 신데렐라 치약을 샀다. 그 녀석은 '하이 도라(Dora The Explorer)'와 스폰지밥 요거트를 번갈아 선택했다. 하지만 그 녀석의 취향이 유별난 것은 아니다. '세서미 스트리트'

제작진이 수행한 조사에 따르면 아이들에게 초콜릿과 브로콜리 중 하나를 선택하라고 했을 때 브로콜리에 엘모(Elmo) 스티커가 붙어 있을 경우 그들이 초콜릿을 포기할 가능성이 두 배 이상 높아졌다.

성인이 되면 조금 더 현명해질 것이라는 게 일반적인 기대이다. 하지만 우리는 훨씬 더 어리석은 투자에 몰두하며, 실제 가치에 논란의 여지가 있는 재화에 매우 큰 금액을 지불하고 있다. 사람들은 도시 반대편의 매장에서는 100달러짜리 스웨터를 20달러 싸게 팔 경우 일부러 그곳을 찾지만, 1000달러짜리 컴퓨터를 살 때는 20달러를 절약하기 위해 그런 수고를 하지 않는다. 두 경우가 모두 20달러를 절약할 수 있다는 점을 감안하면 참으로 이상한 선택이 아닐 수 없다. 게다가 치약의 가격에 신경을 쓸 만큼 지적으로 발달되지 않은 나의 여섯 살짜리 아들과 달리, 나는 싼 물건보다는 비싼 물건을 더 쉽게 살지도 모른다.

와인을 산다는 것은 맛이나 향과 더불어 측정하기 곤란한 일련의 덕목들, 예를 들면 우리의 자아상을 부각시켜 준다든지, 혹은 유럽에서 보낸 즐거웠던 휴가의 기억을 떠올리게 한다든지 등의 여부를 모두 고려해야 하는 행위이다. 품질이 대등하고, 같은 품종의 포도를 사용했으며, 생산 연도도 같을 경우, 미국인들은 아르헨티나산보다 프랑스산 와인에 더 많은 돈을 지불할 것이다. 라벨에 그저 '이탈리아산'이라고 찍혀 있기만 해도 와인 한 병의 가격이 50퍼센트 이상 상승할 수 있다. 경제학자들은 다른 조건들이 모두 동등할 경우, 사람들은 언제나 가격이 싼 쪽을 선택한다고 말할 것이다. 하지만 애주가들은 와인 한 병의 가격이 10달러라고 했을 때보다 90달러라고 했

을 때 더 좋아한다. 특정 와인이 더 비싸다고 믿게 될 경우, 두뇌에서
기쁨을 관장하는 영역인 안와전두엽내측피질의 뉴런들이 활성화되
기 때문이다.

가격표가 붙어 있지 않은 와인에는 이런 효과가 나타나지 않는다.
2008년, 미국의 요리 비평가와 와인 비평가들이 두 명의 스웨덴 경
제학자와 예일 대학의 통계학자들과 팀을 구성해, 가격이 각각 1달
러 65센트에서 150달러 사이에 있는 와인들을 대상으로 수천 건의
블라인드 테스트를 실시하고 그 결과를 연구했다. 여기서 그들은 가
격을 볼 수 없을 경우 사람들이 비싼 와인보다 싼 쪽을 더 선호한다
는 사실을 발견했다. 물론, 전문가들의 테스트 결과는 적절한 경향을
보여 맛이 더 좋고 비싼 와인을 선택했다. 하지만 그와 같은 경향은
너무나 미약했다. 그들조차도 1에서 100으로 구분된 척도에서 10배
나 비싼 와인에 고작 7점 더 높은 점수를 주었을 뿐이다.

때때로 사람들은 자신의 능력을 과시하기 위해 평범한 것에 천문
학적인 가격을 지불하기도 한다. 2008년 여름, 유가가 배럴당 150달
러까지 치솟았을 때, 아부다비의 25세 사업가인 사이드 쿠리는 가장
비싼 돈을 내고 자동차 번호판을 구입하여 기네스북에 올랐다. 쿠리
는 아랍에미리트 전역에서 몰려온 롤스로이스와 벤트리 소유자들이
참가한 자동차 번호판 경매에서 '1' 번호판에 1400만 달러를 지불했
다. 분명 '1'은 앞과 뒤의 자동차 번호판에 찍어둘 만한 숫자이다. 하
지만 일반적인 번호판 가격보다 1399만 9905달러나 더 비싼 그런 프
리미엄을 단순히 숫자 하나 때문이라고 판단하기에는 무리가 있다.

하지만 이런 행동은 놀라울 정도로 흔하게 벌어진다. 아무 의미도

없는 싸구려 물건에 고액을 지불하는 것은 그저 비싸게 자신을 과시하는 방법에 불과하다. 《유한계급론》에서 19세기 미국 사회 이론가 베블런(Veblen)은 '과시적 소비(conspicuous consumption)'라는 용어를 만들어 부자들이 여기에 몰두하는 이유가 주변 사람들에게 자신의 능력과 우월성을 알리는 데 있다고 주장했다. 1970년대, 프랑스의 사회학자 피에르 부르디외는 심미적 선택이 힘 있는 자들을 위한 사회적 표식의 기능을 수행하기 때문에 그들의 우월성을 드러내고, 열등한 집단으로부터 그들을 차별화시키게 된다고 썼다. 주식은 누구라도 살 수 있다. 올리가르히(Oligarch)나 에미르(emir), 헷지펀드 매니저들은 피카소의 '조각 반상 위에 누운 누드(Nu au Plateau de Sculpteur)'에 1억 650만 달러를 쓸 수 있는데, 이 그림은 2010년 5월 뉴욕의 경매장에서 불과 8분 6초 만에 낙찰가에 도달했다. 만약 쿠리가 자동차 번호판에 95달러를 썼다면, 그는 그저 그런 존재가 됐을지도 모른다.

이미 30년 전에 혁신적인 생물학자와 심리학자들은 베블런과 부르디외의 개념을 선택하여 약간의 변형을 가했다. 겉만 번지르르하고 아무짝에도 쓸모없는 물건에 엄청난 금액을 소비하는 행위의 요점은 단순히 권력이라는 추상적 개념을 전달하는 데 있는 것이 아니다. 그것은 잠재적 배우자에게 자신의 적합성을 알리는 역할도 수행한다. 사람들이 무의미한 사치품에 경제적이지 못한 소비를 하더라도 거기에 눈살을 찌푸리지는 않을 것이다. 그것은 우리의 유전자가 다음 세대에 전해지는 데 도움을 주는 중요한 수단이기 때문이다. 자웅 선택에서는 비싸고 공허한 자기 과시를 높이 평가한다. 공작 수컷의 화려

한 꼬리가 짝짓기 시장에서 암컷을 향한 적합성의 표시가 아니라면 도대체 무엇이 될 수 있겠는가? 그것은 그 새가 아무런 의미도 없이 꼬리를 펼쳐 보이는 행위에 과도한 에너지를 투입할 수 있을 정도로 짝짓기에 적합하다는 일종의 선언이다.

다이아몬드 반지도 비슷한 목적에 사용된다. "다이아몬드는 영원히(A Diamond is forever)"라는 카피로 유명한 미국의 광고 회사, N. W. 에이어(N. W. Ayer)는 국제적 다이아몬드 카르텔인 드비어스를 위해 정교한 마케팅 전략을 구사하여 그 값비싼 돌덩어리가 성공을 상징한다고 믿게 만들었다. 또한 이를 통해 여성은 약혼식에 다이아몬드 반지를 원하도록, 남성은 여성을 위해 그것을 사도록 설득했다. 그들은 커다란 다이아몬드를 영화 스타들에게 제공하고 어떻게 그것이 스타들의 깨질 수 없는 사랑을 상징하는지를 잡지에 실었다. 더불어 그들은 상류층 잡지에 피카소나 드랭, 혹은 달리의 그림을 묘사하는 광고를 실어 다이아몬드가 그들의 작품과 똑같은 사치품이라는 인상을 심어 주었다. "다이아몬드는 개인 혹은 가문의 사회적, 경제적 성공을 상징하는 선물로서 많은 사람들이 찾게 되는 잠재성을 갖고 있다." 1950년대 N. W. 에이어의 보고서의 내용이다. 현재 미국의 신부들 84퍼센트가 다이아몬드 반지를 받았으며, 평균 가격은 3100달러였다.

2008년 독일의 소프트웨어 개발자 아르민 하인리히는 베블런의 이론을 구현한 궁극의 상품을 창조해 냈다. '나는 부자다'라는 이름의 아이폰 어플리케이션을 만든 것이다. 이 어플이 하는 일이라고는 화면에 붉게 빛나는 보석을 보여 주는 것이 전부이다. 이 어플의 세일즈 포인트는 비싸다는 것이었다. 이 간단한 어플의 가격은 무려 999달러나 했다. 너무 진부하다는 비난이 있었던지 애플은 이 어플리케이션이 출시된 다음날 앱스토어에서 삭제해 버렸다. 하지만 삭제되기 전에 이미 여섯 명이 정말로 자기가 부자라는 사실을 증명하기 위해 그것을 구입한 상태였다.

가격의 역사

가치의 개념은 고대 그리스 시대부터 사상가들의 마음을 사로잡았다. 하지만 당시에는 가치라는 개념이 현대 경제학에서 사용하는 것하고 차이가 있었다. 수백 년 동안 가치에 대한 분석은 도덕에 대한 연구를 출발점으로 삼았다. 아리스토텔레스는 사물이 거래가 이루어지기 전부터 선천적으로 정당한 가격을 갖고 있다고 확신했다. 하지만 그런 정당성은 신의 영역에 속했다.

가톨릭교회가 사실상 유럽을 지배했던 중세를 거치는 동안, 학자들은 가치를 신의 정당성에 대한 표현으로 간주했다. 인간은 다른 사람이 자기에게 하는 만큼 남에게 해 주어야 한다는 성 마태오의 개념에 영감을 받아, 토마스 아퀴나스는 거래가 양쪽 당사자에게 동등한 이익을 제공해야 한다고 말하며 '실제' 가치보다 더 비싸게 물건을 파는 행위를 비난했다.

13세기 도미니크회의 수사, 알베르투스 마그누스는 거래되는 재화가 같은 양의 일과 기타 지출을 포함하고 있을 때 정당한 거래라고 단정했다. 그의 개념은 이후 재정의 과정을 거쳐 상품의 고유 가치는 거기에 투입된 일에 의해 결정된다는 원리가 됐다.

교회가 서서히 사회에 대한 장악력을 상실하는 가운데 유럽 전역에서 교역과 사기업의 활동이 활발해지자 종교의 교리는 가격을 분석하는 도구로서 매력을 상실했다. 하지만 정당성이라는 색안경을 끼고 가격을 보려는 경향은 자본주의의 발달에서도 살아남아 18세기에도 상당한 위세를 떨쳤다. 경제학 고전 시대의 2대 최고 사상가인 애덤 스미스와 데이비드 리카도는 고유 가치에 상당한 정성을 들였다. 그들은 고유 가치를 생산물에 포함된 일의 함수로 보았으며, 수요와 공급의 변동에 따라 결정되는 시장 가격과는 별개의 개념으로 보았다. 예를 들어, 스미스는 제품의 노동 가치를 그것을 만드는 노동자를 먹이고 입히며 재우고 교육시키며, 2세를 기를 수 있는 약간의 돈까지 포함된 비용의 총합이라고 주장했다. 하지만 이런 주장은 곧 막다른 골목에 다다랐다. 우선 거기에는 자본의 역할이 전혀 없었다. 오로지 노동자의 땀에 의해서만 가치가 발생할 수 있는 세계에서 이윤은 부도덕한 탈선일 수밖에 없었다. 게다가 그것은 일반 상식하고도 일치하지 않는 것처럼 보였다. 리카도 시대의 비평가들은 이 같은 노동 가치설을 혹독하게 비판했다. 어떤 비평가는 오래된 와인이 새로운 와인보다 더 가치 있을 수 있는 이유가 노동이 아니라 숙성을 위해 사용된 시간에 있다고 지적했다. 하지만 노동 가치설이 사장되기 전에 카를 마르크스가 그것을 수용하여 논리적 귀결이라고 할 수 있는 결론에 도달했다. 그는 노동 가치설에 근거해 자본가들이 기계를 비롯한 각종 생산 수단의 소유자로서, 자기들이 가진 영향력을 이용해 노동자로부터 가치를 훔치고 있다고 주장했다.

마르크스에 따르면 하나의 생산품은 그것을 만드는 데 들어간 모든 노동과 같은 가치를 가지며, 거기에는 필요한 도구를 만드는 데 들어간 노동과 그 도구의 도구를 만드는 데 들어간 노동 등이 포함된다. 자본가는 노동자에게 오로지 생계유지만 가능한 대가를 지불하고, 나머지는 자기들이 갖는 방법으로 부를 축적한다. 이런 노선에 따라 사고를 전개할 경우 사상가들은 쉽게 오류에 빠질 수 있다. 마르크스의 경우, 겉보기와 달리 서로 다른 사물들 사이의 가치 관계는 그들의 고유한 특성과 아무런 관계가 없다고 결론을 내렸다. 왜냐하면 가치를 결정하는 것은 그것을 만드는 데 투입된 노동 시간이기 때문이다. "인간들 사이에는 명백한 사회적 관계가 존재하며, 그들의 눈으로 볼 때 그것은 사물들 사이의 관계라는 공상적인 형태를 띤다."고 그는 썼다.

이것은 신화적 사고의 삭막한 낯설음을 어느 정도 공유하고 있다. 신화에서 사물은 현실의 껍데기 속에 숨어 있는 어떤 심오한 현상의 표상이기 마련이다. 하지만 마르크스의 결론은 우리가 무더위 속에서 따끈해진 맥주보다 차가운 맥주를 더 가치 있는 것으로 여기는 이유를 전혀 설명하지 못한다. 만약 양배추의 가치가 가격보다 높을 경우, 나는 양배추를 구입할 것이다. 하지만 집으로 돌아가는 길에 어떤 간절한 양배추 애호가를 만났는데, 그녀가 내게 양배추에 지불한 가격의 두 배를 지불하겠다고 접근해 온다면, 나는 그녀에게 양배추를 팔아 버릴 것이다. 양배추의 내재적 가치와 시장 가격 사이에는 어떤 신비한 관계도 존재하지 않는다. 다만 양배추를 먹고 느끼는 만족도가 서로 다른 두 명의 인간이 존재할 뿐이다.

　오래 전부터 교사들은 학생들에게 이런 거래의 강력한 효과를 경험할 수 있도록 멋진 수단을 사용해 왔다. 우선, 교사들은 각종 캔디가 든 봉지를 학생들에게 나누어 준 다음 그들에게 자기가 받은 캔디의 값어치를 얼마로 생각하냐고 물었다. 즉, 자기가 받은 캔디 봉지를 돈을 주고 산다면 얼마를 낼 수 있는지 물었던 것이다. 대답을 들은 뒤, 선생들은 학생들에게 서로 캔디를 교환하게 했다. 거래가 끝난 뒤 학생들에게 자기 상품의 가치를 평가해 보라고 하자 그들은 거의 예외 없이 처음에 대답했던 것보다 더 높은 가치를 부여했다. 이런 현상이 벌어지는 이유는 학생들이 거래를 통해 자기가 좋아하는 캔디를 확보했기 때문이다. 그들은 자기가 보기에 가치가 없는 캔디를 팔고 가치가 높은 캔디를 구입했던 것이다. 하지만 캔디 전체의 가치를 높이기 위해 노동을 투입한 학생은 아무도 없었다.

　19세기 경제학 사상은 사물이 절대적이거나 고유한 가치를 갖고 있지 않다는 사실을 확실하게 깨달았다. 마르크스의 노동 가치설로는 사람들이 자발적으로 물건을 사거나 팔 때 적용되는 실제 가격을 아무도 설명할 수 없었던 것이다. 물론 제품은 만들 때 많은 비용이 들어가기 마련이다. 그 비용은 해당 제품이 처음 공급될 때 가격의 밑바탕이 된다. 하지만 특정 제품의 가치는 그 안에 내재되어 있는 성질과 같지 않다. 특정 사물의 가격은 구매자와 판매자 사이에서 결정되는 주관적인 성질인 것이다. 교환되는 물건들의 상대적 가격이 바로 그들 사이의 상대적 가치인 것이다. 우리가 이런 사실을 깨달은 순간, 가격은 인간이 무엇을 원하며, 인류가 어떤 방향으로 나가야 할지를 알려 주는 자신의 정당한 지위를 찾게 된다.

가격 길들이기

두 사람이 각자의 물건을 기꺼이 교환하려는 이유는 자신이 그 물건을 계속 소유하고 있을 때 인식됐던 이익(한계 이익)이 그것을 상대에게 제공했을 때 발생하는 손실에 최소한 상응하기 때문이다. 사실 이때 발생하는 이익은 구매자가 제공하는 상품의 가치에 의해 결정된다. 그것은 돈이나 시간, 혹은 판매자의 계산에 등장할 수 있는 어떤 것이라도 가능하다. 더 많이 갖고 있는 쪽에서는 그것을 주는 것에, 더 적게 갖고 있는 쪽에서는 더 많이 갖는 쪽의 것에 높은 가치를 부여한다. 바로 이 유일한 원리가 시장을 조직하는 원동력이지만 이미 세계 전역에서는 시장이 상품과 서비스의 가격을 결정하고 있다.

시장에서 판매자의 우선순위는 보통 구매자로부터 가능한 많은 돈을 쥐어짜는 데 있다. 반대로 구매자는 가능한 싸게 사기 위해 노력할 것이다. 그들 각자는 일련의 제약 속에서 행동하는데, 구매자의 경우에는 그게 예산이다. 판매자의 경우는 물건을 생산, 보관, 홍보하고 시장까지 운송하는 데 드는 비용이다. 소비자의 수요가 생산 속도보다 더 빠르게 증가할 경우 생산자는 그 상품의 가격을 올릴 수 있지만 그에 따라 이번에는 소비자의 수요가 감소하게 될 것이다. 하지만 무엇보다도 생산자가 가격을 올릴 수 있는 공간은 경쟁으로 인해 제약을 받는다. 생산자들은 소비자의 구매력을 두고 서로 경쟁을 하기 때문에 그들이 자신의 한계이익 즉, 제품 하나를 더 생산하는 데 필요한 비용의 수준으로 가격을 억제하게 될 것이라고 가정해도 전혀 무리가 없다.

하지만 이런 역학 관계에도 많은 예외가 존재한다. 우선, 완벽하게 경쟁적인 시장은 거의 드물다. 새로운 발명품을 위한 시장에서는 특허라는 이름의 합법적인 독점이 존재한다. 그렇기 때문에 기업은 새로운 발명을 위해 지출된 연구비를 회수할 수 있도록 경쟁적인 분야에 있을 때보다 더 높은 가격을 책정할 수 있다. 국지적인 독점도 일상적인 현상이다. 극장 안의 팝콘 매점을 생각해 보라. 심지어 평범한 공산품의 경우에도 생산자들은 경쟁을 억제하기 위해 모든 수단을 동원하려고 할 것이다. 특정 제품이 다른 제품보다 독특하다고 소비자를 설득함으로써 경쟁자의 제품과 객관적 비교가 어렵게 만드는 방법은 이미 효과가 널리 입증된 기법이다. 또 다른 방법은 먼저 값싼 물건으로 소비자를 유혹한 다음 나중에 그 가격으로 물건을 구입하기 위해서는 더 비싼 물건을 구입해야 한다는 사실을 알려 주는 것이다. 그 외에도 소비자에게 아예 가격표를 보여 주지 않는 방법도 있다.

무의식적으로 작용하는 동기가 우리의 가치 판단을 흐리게 해서 일상적인 결정에 영향을 미칠 수도 있다. 내 사무실 옆에 있는 뉴욕 스포츠클럽은 한 달 회비가 58달러 65센트인데, 이것은 내가 일주일에 두 번씩 그곳을 사용할 경우 한 번 사용하는 비용이 7달러에 조금 못 미친다는 의미이다. 두 시간의 사용료로는 적당한 수준으로, 같은 시간 동안 영화를 보거나 간이식당에서 식사를 하는 비용보다 적다. 하지만 운동 기구 위에서 두 시간 동안 땀을 흘리는 대가로 기꺼이 나보다 더 많은 돈을 지불할 사람들도 존재한다. 그런데 역설적이게 도 그런 사람들이 사실은 운동광이 아닐 가능성이 높다. 게으른 카우 치 포테이토(couch potato: 소파에 앉아 꼼짝 않고 TV만 보는 사람)들이 헬 스클럽에서 가장 비싼 회비를 지불한다. 그것은 그들이 단순히 운동 하는 비용만 지불하는 것이 아니기 때문이다. 그들은 꾸준히 헬스클 럽에 다니기 위해 일부러 비싼 금액을 지불한다.

헬스클럽 사용자에 대한 조사에서 한 달 정기권을 80달러보다 약 간 높은 가격에 제공하거나 혹은 10달러 정도에 일일 사용권을 제공 했을 때, 한 달 정기권을 산 사람들이 돈을 더 많이 지불하게 된다는 사실이 밝혀졌다. 그들은 한 달 동안 평균적으로 4.8회 헬스클럽을 찾았기 때문에 1회당 대략 17달러를 지불한 셈이 됐던 것이다. 하지 만 헬스클럽 정기권은 그들의 건강 상태를 개선시켜 줄 뿐만 아니라, 운동을 하게 만드는 금전적 동기까지 제공하고 있다.

매일 우리는 상품이나 서비스를 구입하면서 그것의 실제 비용에는 별로 주의를 기울이지 않는 경우가 많다. 2009년에는 39달러 99센트 짜리 HP 데스크젯 D2530 프린터가 거의 도둑질에 가까울 정도로 가 격이 싼 것처럼 보였을지도 모른다. 하지만 HP의 홈페이지에 선명하 게 전시된 그 가격은 거의 아무런 의미가 없다. 정말 중요한 것은 200쪽 분량의 문서를 인쇄할 수 있는 14달러 99센트짜리 흑백 잉크 카트리지와 165쪽을 인쇄할 수 있는 19달러 99센트짜리 컬러 잉크 카트리지였다. 집에서 사진을 출력하는 사람이라면, 잉크 카트리지 와 50장의 표준 인화지로 구성된 HP 60 포토 벨루 팩(Photo Value Pack)의 21달러 99센트라는 가격이 정말로 중요한 숫자이다. 하지만 라이트 에이드(Rite-Aid) 매점에서는 50장의 문서를 출력하는 데 9달러 50센트를 받는다.

국제 프린터 업계는 프린터는 싸게, 잉크는 비싸게 파는 전략을 사용한다. 〈PC 월드〉의 조사에 따르면 프린터는 최악의 경우 잉크 카트리지에 잉크가 40퍼센트나 남아 있을 때부터 잉크 부족 경고등을 켠다. HP와 엡손, 캐논을 비롯한 프린터 업체들은 값싼 리필용 잉크 공급자들이 사업을 중단하도록 과장 광고와 특허권 침해 혐의로 그들을 고소해 왔다. 하지만 프린터 사업자들의 가장 큰 동맹자는 자신들이 프린트를 위해 실제로 얼마를 지불하고 있는지 전혀 깨닫지 못하는 소비자들이다. 단지 프린터를 표준 모드에서 '절약' 모드로 바꾸기만 해도 소비자들은 연간 수백 달러를 절약하게 될 것이다. 하지만 그렇게 하는 소비자는 거의 없다. 아직도 수백 개의 회사가 값싼 리필용 잉크를 팔고 있기는 하지만, 리필용 잉크는 전체 시장에서 불과 10 내지 15퍼센트의 점유율을 기록하고 있을 뿐이다. 다시 말해 그것은 90퍼센트의 문서가 리터당 1250달러짜리 잉크로 출력되고 있다는 뜻이다. 차라리 우리는 잉크 카트리지를 1985년산 명품 크뤼그 샴페인으로 채우는 편이 더 나을지도 모른다.

소비자들 또한 자신의 예산에 맞게끔 열심히 자신의 수요와 욕구에 적합한 전략을 추구한다. 유가가 폭등했을 때, 2009년 1월 미국 고속 도로의 운전자들은 전년 동기 대비 약 112억 킬로미터를 덜 달렸는데 이는 한 사람당 약 35킬로미터가 감소한 수치다. 2000년에서 2005년 사이 유가가 상승할 때, 버클리와 예일의 캘리포니아 대학 경제학자들은 유가가 1달러 50센트에서 3달러로 두 배가 되자 많은 가구들이 소비에 신중해져 매 품목마다 5에서 11퍼센트를 덜 지출하는 것을 발견했다. 캘리포니아의 한 대형 체인점에서는 시리얼 한 박스의 가격이 5퍼센트 하락했다. 할인 가격으로 판매되는 닭고기는 50퍼센트나 더 팔렸다.

하지만 보통은 업계가 한발 앞서가기 마련이다. 2007년과 2008년 농산물 가격을 급격하게 상승시킨 원인이 무엇인지 누구도 자신 있게 말하지 못한다. 분석가들은 주요 산지에서 발생한 가뭄이나 운송비, 비료 가격의 상승, 생물 연료 생산으로 인해 옥수수를 비롯한 여러 작물의 경작지 감소 등을 언급했을 뿐만 아니라 심지어 인도와 중국과 같은 개발 도상 국가에서 식단이 개선됐기 때문이라는 말도 나왔다. 원인이 무엇이든 식료품 회사들이 가격은 그대로 둔 채 말 없이 일인분으로 포장되는 양을 줄이는 방법을 사용해 놀라울 정도로 능숙하게 자신의 이윤을 지켰다. 리글리(Wrigley)는 1달러 9센트짜리 주이시 프루이트 한 통에 포장되는 껌의 개수를 두 개 줄였다. 허쉬는 초콜릿 바의 크기를 줄였다. 제너럴 밀스는 치리어스 상자를 전보다 작게 만들었다.

그런 뒤 2009년 불황이 닥치고 농산물 가격이 하락하기 시작하자 기업들은 반대되는 전술을 구사하기 시작했다. 소비자들에게 더 싼 가격에 더 많은 제품을 제공하면서 그것을 소리 높여 광고했다. 프리토레이(Frito-Lay)는 각 봉지마다 20퍼센트 더 많은 치리어스를 담은 뒤 "이봐요! 이제는 공짜로 20퍼센트나 더 많은 기쁨을 누릴 수 있게 됐어요."라는 문구를 겉에다 인쇄했다. 프렌치스(French's)는 자신의 한계에 도전이라도 하듯이 소비자들이 그들의 제품을 가장 저렴한 것으로 믿게 하려고 애를 썼다. 그들은 20온스 병에 든 자사의 '클래식 옐로우' 겨자를 1달러 50센트에 출시했는데, 원래 그것은 14온스 병으로도 1달러 93센트나 하던 제품이었다.

하지만 가격을 가장 잘 다스리는 요소는 시장에 존재하는 또 다른 생산자이다. 만약 소비자들에게 프리토레이의 제품 말고 다른 대안이 없다면 그 회사는 굳이 봉지에 더 많은 치리어스를 넣고 그 사실을 크게 광고할 이유가 없을 것이다. 다른 초콜릿 생산자가 없다면 허쉬는 아마 가격을 올렸을지도 모른다. 심지어 초콜릿 바의 크기를 줄인 다음에도 말이다. 하지만 특정 제품의 가격은 다른 제과 브랜드들까지 함께 존재하고 있는 촘촘한 세상을 벗어날 수 없다. 그 제품이 얼마나 세상에 잘 적응하느냐에 따라 그것의 종합적인 성공이 판가름 날 것이다. 경쟁, 바로 그것이 기업의 힘에 저항할 수 있는 소비자들의 가장 중요한 방어 수단이다.

전화 통화의 비용도 온통 경쟁의 논리로 점철되어 있다. 1983년 정부가 AT&T를 분리해 미국의 전화 시장에 대한 독점을 무너뜨린 직후까지만 해도 그들은 아메리카 대륙 동부와 서부를 연결하는 주간 통화에 10분당 5달러 15센트의 통화료를 부과했다. 현재 AT&T의 매월 5달러짜리 국제 전화 요금 체계에 가입한 소비자는 베이징에는 분당 11센트, 런던에는 8센트로 전화를 걸 수 있다.

영국의 경우, 전화 통신 사업은 정부가 독점했었다. 하지만 1981년 마거릿 대처 정권은 사기업인 머큐리커뮤니케이션즈에게 전기 통신 분야를 두고 경쟁을 벌이게 했으며, 1984년에는 국영 브리티시텔레콤을 분리시켰다. 1982년 2월 1일 당시, 런던과 뉴욕 사이의 3분 통화료는 2파운드 13페니에서 1파운드 49페니로 떨어졌다. 현재는 한 번의 통화가 1시간을 넘지만 않는다면, 브리티시텔레콤의 국제 전화 요금 체계 가입으로 매달 4파운드 99페니면 런던과 뉴욕 간의 무제한 국제 전화가 가능하다.

프린터의 인쇄 가격이 고삐에 묶인 채 뛰어오르지 못하는 것은 경쟁이 있기 때문이다. 잉크 가격을 높게 책정해서 커다란 이윤을 얻는 방법이 있기에 HP와 같은 회사는 실제 생산 비용보다 더 낮은 가격에 프린터를 판매할 수 있는 것이다. 다른 기업들은 HP와 다른 전술을 사용한다. 코닥의 ESP 프린터는 동종 모델에 비해 30퍼센트 비싸지만 잉크카트리지는 10달러밖에 되지 않으며, 그것으로 300쪽의 문서를 출력할 수 있다. 어떤 식으로 가격을 조합하든, 문서 출력의 전체 가격은 프린터 생산업체들이 시장 점유율을 두고 경쟁을 벌이기 때문에 떨어질 수밖에 없다.

시장에서 경쟁이 거의 혹은 아예 없는 경우를 생각해 보자. 전직 실리콘밸리 기업가이자 현재는 캘리포니아 대학 버클리 캠퍼스에서 고객 개발 과정을 가르치고 있는 스티브 블랭크는 학생들에게 샌드라 커직의 사례를 들려주곤 했다. 그녀가 1970년대에 설립한 이 회사는 비싼 메인프레임 대신 마이크로컴퓨터에서 운용할 수 있는 소기업용 소프트웨어를 최초로 개발했다.

커직이 처음으로 구매 상담에 나섰을 때, 그녀는 자신의 소프트웨어에 얼마의 가격을 붙여야 할지 전혀 감을 잡지 못했다. 따라서 그녀는 이성적인 사람이라면 지불할 수 있을 것이라고 생각한 최고의 액수를 말했다. 그것이 7만 5000달러였다. 하지만 구매자가 아무 주저 없이 그 숫자를 계약서에 기입하려고 할 때 그녀는 자신이 실수했다는 사실을 깨달았다. 그녀는 재빨리 '연간'이라는 말을 덧붙였다. 상대방은 그것 또한 아무 말 없이 계약서에 기록했다. 결국 그녀가 매년 25퍼센트의 유지 보수 비용을 언급했을 때, 구매자는 이의를 제기했고, 그녀는 그것을 15퍼센트로 낮추어 주었다. 블랭크에 따르면, 그러자 구매자는 '좋다'고 말했다고 한다. 커직은 그녀가 경쟁자도 없는 고도로 특화된 산업에서 독특한 서비스를 제공했기 때문에 이런 협상이 가능했으며, 따라서 그녀는 자신이 가격을 결정할 수 있는 자유를 누릴 수 있었다. 하지만 단순히 경쟁의 기미만 보여도 기업들을 반응시킬 수 있다. 사실, 몇 년 동안 사우스웨스트 에어웨이즈(Southwest Airways)가 특정 노선에 비행기를 투입할 것이라는 소문이 나돌기만 해도 미리 고객의 충성도를 확보하기 위해 다른 항공사들은 그 노선의 운항 요금을 낮추곤 했던 것이다.

1988년 월마트가 식료 잡화 판매업에 진출하여 경쟁자들보다 15에서 25퍼센트 낮은 가격으로 제품을 판매하자 슈퍼마켓들이 절망에 빠졌다. 한 조사 결과에 따르면, 월마트 슈퍼센터(supercenter)의 개점으로 인근에 있는 다른 식료 잡화점들의 매출은 평균 17퍼센트 감소했다. 계속 장사를 하기 위해 경쟁자들은 어쩔 수 없이 월마트의 선례를 따를 수밖에 없었다. 1982년에서 2002년 사이 미국 165개 도시의 소비자 가격에 대한 조사에서 월마트 매장이 새로 개장할 때마다 같은 지역의 경쟁자들은 결국 아스피린과 샴푸, 치약 등과 같은 제품들의 가격을 7에서 13퍼센트까지 인하해야 했던 것으로 나타났다.

대부분의 기업처럼 월마트도 주변에 경쟁자가 있을 때만 가격을 낮추었다. 한 조사 결과, 월마트도 사실상 경쟁이 존재하지 않는 테네시의 프랭클린보다 케이마트와 경쟁을 벌이는 내슈빌에서 6퍼센트 가격이 더 낮았다. 비평가들은 월마트가 현지 소매상을 몰락시키기 때문에 지역 사회가 붕괴되고 있다고 주장한다. 월마트가 가차 없이 최저 가격의 제품들을 추구하다 보니 많은 납품 업체들이 저비용의 중국으로 생산 시설을 옮길 수밖에 없었으며, 그 결과 미국의 제조업은 쇠퇴하고 있다는 것이다. 하지만 월마트가 경쟁을 격화시킨 덕분에 소비자로서 미국인들은 분명 혜택을 보고 있다. 경쟁의 영향력은 너무나 강력해서 한 조사 결과에 따르면, 미국 상무부는 월마트의 낮은 음식물 가격을 표본에 포함시키지 않았기 때문에 미국의 인플레이션을 15퍼센트나 과대평가했을 정도라고 한다.

경쟁을 무력화시키는 방법

2005년 GM, 포드, 크라이슬러 등 디트로이트의 자동차 제조업체들은 눈덩이처럼 부풀어 오른 재고를 정리하고, 흔들리는 재정을 부활시키기 위해 참신한 정책을 사용했다. 그들은 고객들에게 당시까지는 유례가 없던 거래를 제공했는데, 그것은 보통 직원들에게만 제공되던 높은 할인율로 차를 살 수 있게 한 것이었다. 6월, GM이 '모든 고객을 위한 임직원 할인 혜택' 프로그램을 시작했을 때, 매출은 40퍼센트 증가했다. 7월에는 크라이슬러가 '임직원 할인 가격 플러스' 세일에 들어가자 그 어느 때보다 많은 자동차가 팔렸다.

하지만 내막을 좀 더 자세히 들여다보면, 그들이 판촉에서 내건 할인율은 그렇게 어려운 조건이 아니었다. 캘리포니아 대학 버클리 캠퍼스와 매사추세츠 공과 대학의 경제학자들이 수행한 조사에서 임직원 할인 가격 행사가 시작되기 전부터 상당수의 자동차들은 이미 할인된 가격에 팔릴 수 있는 상태였다. GM과 크라이슬러 모델의 대다수와 포드 모델의 상당수의 경우, 구매자들은 판촉 행사가 시작되기 전 2주 안에 구매했을 경우보다 판촉 행사가 시작된 이후 2주 안에 구매 했을 때 더 높은 가격을 지불했다. 구매자들은 단지 할인을 받았다는 말을 그대로 믿었던 것이다.

경쟁이 소비자의 최대 우군이라면, 기업이 즐겨 쓰는 전략은 어디에서 가장 좋은 조건의 거래를 할 수 있는지를 고객에게 숨기는 것이다. 경제학 모델에서 제시하는 이상적인 경쟁 상태에서는 소비자가 쉽게 경쟁하는 제품들을 비교하고 선택할 수 있지만, 현실에서는 노벨상 수상자인 조지 스티글러가 탐색 비용(search cost)이라고 정의한 것처럼 결코 쉬운 일이 아니다. 인터넷에서 거래되고 있는 것은 고사하고 소비자가 같은 지역의 모든 상점에서 특정 제품이 얼마에 팔리는가를 알기는 매우 어려운 일이다. 게다가 제품이 동일하지 않을 경우에는 더욱 어려워진다. 이것이 바로 기업들이 이용할 수 있는 경쟁의 약점이다.

경쟁을 회피하는 것은 많은 기업들에게는 생존의 문제이다. 자동차로부터 컴퓨터 칩, 신발, 텔레비전에 이르는 모든 상품의 마케터들은 우리가 규모에 의한 수확 체증(increasing returns to scale)이라고 알고 있는 현상을 경험한다. 즉 생산 라인에 새로운 마이크로 칩이 추가될 때마다 기존보다 생산 비용이 적게 든다는 것이다. 기업들은 재료와 부품을 더 많이 구입할수록 가격을 더 낮출 수 있다. 또한 생산 기계를 비롯한 제반 투자비를 더 많은 제품들로 분산시킴으로써 단위 품목당 비용을 줄일 수도 있다. 이런 역학 관계는 기업들에게 벅찬 과제를 안겨 주었다. 경쟁이 적절하게 기능을 할 경우, 그로 인해 텔레비전이나 마이크로 칩의 가격은 가차 없이 떨어지게 되어, 결국 제품 한 개를 팔면 하나를 더 생산할 수 있는 돈밖에 받지 못하는 가격에 도달하게 될 것이다. 그와 같은 상황이 실제로 벌어질 경우, 텔레비전이나 마이크로 칩 생산 회사는 도산하게 될 것이다. 그 가격에서는 기업이 자신의 모든 비용을 회수하기가 불가능하기 때문이다. 하지만 그들에게는 다행스럽게도, 경쟁의 압박에서 어느 정도 자유롭게 움직일 수 있는 방법들이 존재한다. 그중 널리 알려진 기법 중 하나는 소비자들이 자신의 보유 금액에 맞는 최적의 가치를 어디에서 획득할 수 있는지를 파악하기 어렵게 하는 것이다.

내가 주말에 아이들을 데리고 쇼핑을 하러 가는 브루클린의 페어웨이 슈퍼마켓에서는 값비싼 유기농 제품 매대를 다른 모든 제품의 매대보다 훨씬 잘 보이는 곳에 배치하여 가격에 민감한 소비자가 더 값싼 보통의 제품을 찾기 힘들게 만들었다. 비슷한 품목은 전략적으로 서로 멀리 떨어진 곳에 배치하여 가격 비교를 어렵게 했다. 내가 카운터를 거쳐 슈퍼마켓 안으로 들어가는 경로에는 고급 치즈들이 진열되어 있었고, 출구 쪽에는 패키지로 묶어서 싸게 파는 치즈들이 놓여 있었다. 편육(片肉)이나 올리브기름은 적어도 두 개씩 별도의 매대가 설치되어 있다. 다양한 브랜드의 파스타 소스의 경우는 매장 전체에 브랜드별로 분포되어 있는 것처럼 보일 정도이다. 심지어 과일조차도 서로 분리되어 있다.

세일과 가격 인상을 반복하는 것도 어디서 팔리는 시리얼이 가장 저렴한지를 소비자가 계산하기 어렵게 만드는 유용한 도구이다. 이스라엘에서 1993년부터 1996년 사이 다양한 가격대의 상점에서 팔리는 네 개의 유사 제품을 대상으로 실시한 조사 결과 그들 제품의 가격이 천차만별이라는 사실이 밝혀졌다. 가장 비싼 가격대의 상점과 가장 저렴한 가격대의 상점에서 같은 종류의 커피와 밀가루의 가격 차이가 두 배 이상이었을 뿐만 아니라 가장 저렴한 가격의 상점 순위도 항상 바뀌었다. 소매상들이 주변 상점의 눈치를 보며 연쇄적으로 가격을 바꾸기 때문에 싼 곳을 찾으려면 소비자들은 끊임없이 거래처를 바꾸어야만 했다.

심지어 마우스 클릭 한 번으로 세계 전역의 가격을 비교하는 것이 가능케 함으로써 21세기 소비자들에게 권력을 주려는 의도를 갖고 있다는 인터넷조차 소비자의 상황 파악에 방해가 될 수 있다. 온라인 컴퓨터 칩 소매상들은 일부러 제품을 혼란스럽게 설명하고, 서로 다른 십여 가지 버전의 모델을 제시하여 가격 비교를 더욱 곤란하게 만든다. 그들은 눈에 잘 띄지 않게 상당한 액수의 운송비나 처리 비용을 추가하고, 전혀 필요도 없는 각종 부가물로 제품을 온통 처바르며, 저사양의 제품으로 고객을 자기 웹사이트로 유인한 다음 결국 더 비싼 제품을 사게 만든다.

일부 소매상은 심지어 자기들이 저렴한 가격에 제품을 판매하고 있다고 생각하게끔 가격 검색 엔진에 사용되는 숍봇(shop-bot)을 기만해 검색 순위 상위로 올려놓는 방법까지 파악하고 있다. 투명성을 강화하기는커녕 인터넷은 소매상들의 속임수를 조장하고 있는 것이다. 누구든 적절한 제품을 적정한 가격에 판매하려고 해도, 별로 정직하지 않은 경쟁자들의 겉으로만 '저렴한' 구매 제안 속에 파묻혀 버리게 될 것이다.

바보 검색

군중 속에서 가장 높은 가격을 치를 고객을 식별하고 그들을 낚는 결정적 전술은 경매와 같은 상황을 만드는 것이다. 경매는 무엇이든 매물로 나온 품목에 대해 가장 높은 가치를 매기는 사람을 찾기 위해 고안된 제도이다. 이스라엘 심리학자로서 인간의 경제적 판단이 방향 감각을 상실하게 될 수도 있는 행동적 기벽들을 연구하여 노벨 경제학상을 수상한 대니얼 카너먼은 경매를 '바보 검색'을 위한 도구라고 불렀다. 바로 그것이 판매자는 경매를 좋아하는 반면 구매자는 싫어하는 이유이다. 2006년 한 사모 투자 회사의 여론 조사에 의하면, 회사를 인수할 경우 투자 회사의 90퍼센트는 경매를 피하려고 하는 반면 회사를 매각할 경우 80에서 90퍼센트가 경매를 원하는 것으로 나타났다. 전설적인 미국인 투자자 워런 버핏은 버크서 해서웨이의 연차 보고서에서 다음과 같은 주의를 한 번도 빼뜨린 적이 없었다. "우리는 경매에 참가하지 않습니다."

경매가 반드시 구매자에게 불리한 거래는 아니다. 하지만 매물로 나온 재화의 가치가 알려지지 않았을 경우 경매를 통한 구매는 실패를 부르기 쉽다. 예를 들어, 방송 전파나 유전 시추권을 얻기 위해 정부가 경매를 실시하는 경우를 생각해 보자. 모든 입찰자가 자신이 하고 있는 일을 알고 있다고 가정할 경우, 입찰 가격은 석유 회사나 통신 회사가 그 권리를 활용하여 이윤을 얻을 수 있는 가치를 반영하게 될 것이다. 하지만 그것은 낙찰 가격이 평균 입찰가를 넘어설 것이라는 의미이다. 만약 그럴 경우, 낙찰자는 손해를 보게 될 가능성이 높다. 경매의 낙찰이 승자의 저주라고 불리는 이유가 바로 그것이다.

하지만 바가지를 씌울 고객을 유혹하는 기법이 경매 하나만 있는 것도 아니다. 사실 기업들은 소비 성향에 따라 고객들을 분리한 뒤 자기 회사의 품목을 최고로 생각하는 사람들에게 더 높은 가격으로 물건을 팔기 위한 예리하고도 우아한 수단을 많이 확보하고 있다.

잠시, 사람들이 어떤 방법으로 쇼핑을 하는지 생각해 보자. 덴버 상점 연합회가 실시한 조사에 따르면, 연간 소득이 7만 달러 이상인 가정은 똑같은 품목에 대해 연간 소득 3만 달러 이하인 가정보다 5퍼센트 더 높은 가격을 지불했다. 자녀가 없는 미혼자는 5인 이상 가정보다 10퍼센트 낮은 가격을 지불했다. 가장이 40대 초반인 가족의 경우, 가장이 20대 초반이거나 60대 후반인 가정에 비해 8퍼센트 더 많은 돈을 지불했다. 정년 퇴직자는 중년의 소비자에 비해 훨씬 신중하게 쇼핑을 했다. 그들은 충실하게 최적의 거래를 검색하고, 같은 제품에 대해 어떤 상황에서든 거의 같은 가격을 지불했다. 이와는 대조적으로 중년의 소비자들은 그들보다 부주의하게 소비하는 경향이 있었다. 따라서 그들이 지불하는 가격은 모든 가격대에 걸쳐 있었다.

이와 같은 유형은 사람들이 돈과 시간의 가치를 결정하는 방식의 차이 때문에 발생한다. 부자들은 이미 부를 소유하고 있기 때문에 가난한 사람들에 비해 시간을 더 귀중하게 여겼다. 시간당 11달러를 버는 뉴욕의 건물 관리인은 추가로 한 시간의 여가를 갖기보다는 20달러를 더 받는 쪽을 선호할 가능성이 높다. 이와는 대조적으로 시간당 500달러를 버는 변호사는 아마 자유 시간을 선택할 것이다. 이런 차이가 그들 각자가 물건을 사는 방식에 영향을 미치게 될 것이다. 변호사는 가격을 비교하는데 시간을 사용하는 경향이 약한 반면 제일 먼저 눈에 띈 가격으로 물건을 구매하게 될 것이다. 그와는 대조적으로 건물 관리인은 약간의 시간을 들여 신문에서 할인 쿠폰을 잘라 내고 상점들을 순회하며 최적의 거래처를 찾는 수고를 마다하지 않을 것이다.

또한 시간의 가치는 나이가 들수록 높아진다. 바로 그런 이유로 우리가 경력이 늘어나고 전문성을 습득하며, 연장자가 될수록 임금이 높아지는 것이다. 그에 비해 하루를 구성하는 시간은 결코 늘어나지 않는다. 모든 부모들이 인정하듯이 부모의 관심을 얻으려고 자녀가 각종 가사와 쇼핑, 업무 등을 상대로 경쟁을 벌이기 때문에 실제로 시간은 수축한다. 임금과 책임이 절정에 이르는 동시에 가정에서는 아직도 자녀들이 독립하지 못한 상태인 55세를 기점으로 해서 시간은 가장 귀하고 비싼 자원이 된다.

기업은 이와 같은 차이를 이용한다. 그들은 저임금 구매자들이 자주 방문하는 지역의 슈퍼마켓보다 부유한 지역의 슈퍼마켓에서 주요 상품에 더 높은 가격을 매긴다. 리베이트와 쿠폰을 통해 그들은 같은 제품을 두 종류의 가격으로 판매한다. 그런데 하나는 가난한 쿠폰 집착자들을 위한 가격이고, 다른 하나는 쿠폰 따위에 신경 쓰지 않아도 되는 부자들을 위한 가격이다. 이 기법은 시간의 가치가 서로 다른 온갖 종류의 사람들을 분류하는 데 이용될 수 있다.

사람들은 부와 연령을 넘어서 다양한 기준에 따라 차이를 보인다. 기업들은 이들 차이를 표적으로 삼아 자신의 제품을 가능한 많은 사람들에게 파는 동시에 소비자가 기꺼이 지불할 수 있는 최대의 가격을 부과하려고 노력한다. 2008년도 '자갓(Zagat)' 레스토랑 안내서 뉴욕 편을 검토한 뒤, 두 명의 경제학자는 낭만적이라거나 독신자에게 어울린다고 분류된 레스토랑들이 메인 요리의 가격과 비교해 전채요리에는 6.9퍼센트, 후식에는 14.5퍼센트 더 높은 가격을 책정하고 있으며, 업무상 점심 식사를 하기에 적합한 곳으로 분류된 레스토랑들은 그런 경향이 덜하다는 사실을 발견했다. 그들이 추측하는 이유는 서로 좋아하는 커플들이 식당에 더 오래 머물면서 전채와 그리고 어쩌면 후식까지도 주문하게 될 가능성이 높으며, 따라서 레스토랑은 메뉴상의 '낭만적' 품목에 상대적으로 더 높은 가격을 부여할 수 있다는 것이다.

그 기법은 아주 적절하게도 '가격 차별화'라고 불리며, 어디에나 적용된다. 서점의 학생 할인 제도나 브로드웨이의 마티니 할인 티켓이 바로 가격 차별이 아니면 무엇이겠는가? 책의 경우, 페이퍼백 에디션이 나올 때까지 기다릴 수는 없고, 그 책을 빨리 구할 수 있다면 기꺼이 더 높은 가격을 지불할 수 있는 사람들을 상대로 최대한 이윤

을 얻기 위해 페이퍼백 에디션이 나오기 몇 달 전에 하드커버 에디션
으로 먼저 출판된다. 2007년 6월 애플은 8기가바이트 아이폰을 599
달러에 출시하여 그것을 최초로 구입하는 사람이 되기 위해서 무엇
이든 지불할 수 있는 얼리 어댑터들을 사로잡았다. 두 달 뒤 애플은
같은 기종을 399달러에 팔았다.

항공사는 천차만별의 가격으로 비행기 좌석을 파는 데 도사이다.
그들은 거의 30년 이상 동안 자신의 기법을 갈고닦아 비행기의 좌석
을 다 채웠는지 여부에 관계없이 똑같은 비용으로 운항할 수 있도록
노력을 기울였다. 1977년 아메리칸 에어라인은 '슈퍼 세이버' 티켓
을 도입해 미국에서 최초로 도박을 시도했다. 이 운임은 가격에 민감
한 여행자들을 유혹하기 위해 엄청난 할인가를 제공하는 대신, 티켓
가격 선불과 7일 이상의 여행을 조건으로 제시했다. 1978년 항공 운
임이 자유화되자, 항공사들은 가능한 자기 비행기의 좌석을 많이 채
우려고 혈안이 되어 격렬한 경쟁에 돌입했고, 그 결과 다양한 운임
제도가 봇물처럼 쏟아져 나왔다. 거의 4반세기 동안 주말 무체류 조
건 운임은 항공사들에게 가장 인기 있는 기법이었다. 이것은 비싼 운
임을 감당할 능력도 되고, 주말이 되기 전에 집으로 돌아갈 수 있다
면, 어떤 대가도 치를 의사를 가진 출장 여행자들로부터 비용에 민감
한 일반 여행객을 구분하기 위해 적용됐다. 오늘날 항공사들은 항공
권이 판매되는 장소와 시기, 여행에 걸리는 시간, 기타 다양한 변수
에 따라 같은 비행기 내에서도 20여 가지의 서로 다른 운임 체계를
제공하고 있다. 여행 시간에 제한이 있는 항공권은 그렇지 않은 것에
비해 30퍼센트가 저렴하다. 출발 일자보다 일주일 전에 항공권을 구

입하는 여행자는 적어도 3주 전에 구입하는 사람에 비해 26퍼센트 더 비싼 가격을 낸다. 토요일 저녁에서 일요일 아침 사이에 비행하게 되는 승객은 가격을 13퍼센트 할인받는다.

그것은 이익이 많이 남는 전술이다. 1992년부터 2005년 사이에 있었던 수천 건의 팝 공연을 조사한 연구에서 각 좌석별로 서로 다른 관람료를 적용한 콘서트가 그렇지 않은 공연보다 5퍼센트 더 높은 수익을 올렸다는 사실이 밝혀졌다. 이는 무대에 가까울수록 관람료를 비싸게 받고, 멀어질수록 싸게 받음으로써, 다양한 수준의 팬들을 풍족하게 끌어들일 수 있었기 때문이다. 고객 차별화는 상대적으로 부유한 도시와 나이든 음악가들에게 유리하게 작용하는데, 나이든 음악가는 폭넓은 관객층을 끌어들일 수 있기 때문이다. 장년의 부유한 팬은 이미 젊은 시절부터 그들을 따라다녔기 때문에 공연장을 찾는 반면, 젊은 신규 팬은 티켓이 싸기 때문에 옛날 밴드의 공연을 구경하러 오게 될 것이다. 이제 이런 방법은 공연계의 표준이 됐다. 1992년의 경우 전체 공연 중 절반 이상이 모든 좌석을 동일한 가격에 판매했지만 2005년에는 고작 10퍼센트만이 그렇게 했다.

어떤 경우에는 고객이 얼마의 돈을 기꺼이 지불할 수 있는가에 맞추어 가격을 책정하는 전술이 통하지 않을 수도 있다. 1990년대 말, 코카콜라는 더운 날에는 자동적으로 가격을 더 많이 받는 자동판매기를 실험했다. 하지만 코카콜라의 최고 경영자 더그 아이베스터가 브라질 뉴스매거진 〈베자(Veja)〉와의 인터뷰에서 그 프로젝트를 공개했을 때, 격렬한 반발이 일어났다. 〈필라델피아 인콰이어러〉는 그 아이디어가 "이 세계에 망조가 들고 있다는 최신 증거"라고 질타했다. 그 아이디어를 다룬 〈샌프란시스코 크로니클〉의 사설에는 '코카콜라의 자동 바가지 머신'이라는 제목이 붙어 있었다. 펩시는 기회를 포착하고 자신들은 결코 목마른 고객들을 '착취'하지 않을 것이라고 선언했다. 아이베스터는 이 프로젝트를 옹호하며 〈베자〉에서 이렇게 말했다. "무더운 날 콜라가 더 비싸질 수밖에 없습니다. 우리의 기계는 단지 그 과정을 자동화하게 될 뿐입니다." 결국 코카콜라는 계획을 포기했다.

인터넷도 가격 차별화를 우리 삶의 구석구석으로 전파하는 데 앞장서고 있다. 2000년 9월, 아마존닷컴은 똑같은 DVD를 제작사의 권장 소비자 가격에서 소비자 계층별로 각각 30퍼센트와 35퍼센트, 40퍼센트를 할인하다가 발각됐다. 아마존닷컴은 가격 차별화가 무작위적으로 이루어지는 가격 책정 때문이라고 말했다. 그들은 가격에 대한 민감도에 따라 고객을 구분하지 않았다고 말했지만 사실 그 정보는 그들의 아마존 프로필에 기록되어 있는 쇼핑 이력을 통해 쉽게 수집할 수 있는 것이었다. 그 사건 이후, 기업의 고객 담당자들은 사람들이 소셜 네트워크 사이트에서 활동하는 동안 전송되는 엄청난 분량의 개인 정보들 덕분에 기업들은 각 고객의 프로필에 맞게끔 가격을 조정할 수 있다고 경고해 왔다. 예를 들어, 가격에 덜 민감한 고객은 검색 결과 화면의 제일 꼭대기에 있는 더 비싼 항목을 보게 된다. 싸고 질 좋은 물건을 찾아다니는 사람이라면 제일 먼저 값싼 제품을 보게 될 것이다.

그런 관행 자체는 나쁜 것이 아니다. 기업들은 경쟁이 치열한 분아에서 규모의 경제를 추구하려는 경향이 있기 때문에, 자사 제품의 평균 제조 원가에 맞춰 평균 단가를 올려야 할 경우, 가격 차별화 기법에 의지할 수밖에 없다. 만약 기업이 모든 제품을 하나 더 생산하는 데 필요한 최저 비용과 같은 가격으로 판매한다면, 기업은 고정 비용을 회수하지 못하여 결국 도산하게 될 것이다. 게다가 가격 차별화는 소비자에게도 이익이 된다. 만약 코카콜라가 항상 같은 가격에 콜라를 판매한다면, 선선한 가을에 낮은 가격을 취했을 경우 콜라를 샀을 수도 있는 어떤 소비자는 그것을 구매하지 않게 될 것이다. 더운 날에는 코카콜라의 가격을 높이고 선선할 때는 낮출 수 있게 해야만 더 많은 소비자가 자신의 취향대로 코카콜라를 즐길 수 있는 것이다.

하지만 가격 차별화 정책 하나만 갖고 잘못된 사업 모델이 회생할 수는 없다. 항공사는 심지어 그것이 이윤을 보장해 주지도 못한다는 사실을 증명했다. 가격을 관리하기 위한 온갖 노력에도 불구하고, 격심한 경쟁으로 인해 1978년 이래로 항공료는 거의 절반 수준으로 떨어져, 세전 가격으로 따졌을 때, 승객 한 명당 1마일에 4.16센트에 불과하다. 대부분의 주요 항공사들은 한때 부도 사태를 경험했다. 영업 이익의 측면에서 볼 때, 전반적으로 항공업계는 2000년에서 2009년까지의 기간 동안 절반은 적자를 기록했다.

손해를 입지 않고 구매하는 방법

비용 대 수익을 정확하게 평가하고, 자신의 행복을 최대화하기 위해 노력할 수 있다는 이성적 존재들의 집합으로서 인류를 이해하는 것이 경제학자들 사이에서는 여전히 높은 인기를 누리고 있다. 미국에서 그것은 보수주의 신념의 초석이다. 즉, 우리가 다른 누구보다도 자신의 성향을 잘 이해하고 있다면, 정부는 우리의 결정에 간섭할 이유가 전혀 없다. 인간이 이성적인 존재라는 믿음에서 여러 강력한 논리들이 파생되어 나왔다. 우리의 결정을 나중에 비판할 수는 없다. 만약 주어진 금액으로 어떤 것을 구입한다면, 그것은 우리에게 적어도 그 금액만큼의 값어치가 있는 것이 분명하다. 어떤 주어진 물건의 시장 가격은 그것의 실제 사회적 가치에 대해 세상이 내놓을 수 있는 최고의 근사치이다.

그런 믿음 자체는 전혀 공허하지 않다. 그것을 통해 우리는 다양한 상황에서 실제 인간들이 보여 줄 행동을 논리적으로 추론할 수 있다. 예를 들어, 우리는 그것을 통해 다른 사람들이 우리에게 골라 준 것보다 스스로 선택한 것을 더 좋아하는 이유를 만족스럽게 설명할 수 있다. 펜실베이니아 대학 경제학자 조엘 왈드포겔은 다수의 대학생들을 대상으로 그들이 받은 선물의 가치를 본인이 직접 구입한 물건의 가치와 비교해 달라고 요청했다. 학생들의 대답을 비교 가능하게 만들기 위해 그는 학생들에게 해당 물품을 포기하는 대신 최소 얼마의 돈을 요구할 것인지를 질문했다. 총 202명의 대학생이 설문에 참가하여 자신이 직접 구입한 538가지 제품과 선물로 받은 1044가지 품목에 대해 가상으로 가격을 매겼다. 왈드포겔은 지출된 달러화 기준으로 사람들이 선물로 받은 것보다 본인이 직접 구입한 물건의 가치를 18퍼센트 더 높게 본다는 사실을 발견했다.

우리가 다음 장에서 보게 되겠지만, 인간을 인성적인 존재로 보는 모델은 삶의 다양한 여정 속에서 인간의 행동을 이해하는 데 도움을 줄 수 있는 강력한 도구이다. 그러나 우리가 전혀 실수하지 않고 선택할 수 있는 능력을 갖고 있으며, 그것이 우리의 성향에도 반영된다는 믿음은 사실이 아니다. 앞서 언급된 몇 가지 사례에서 암시된 것처럼, 우리는 종종 가격과 가치에 관련하여 세심하게 검토를 거치지만 결국 모순되고 근시안적인 결정을 내리곤 한다. 그래서 생각이 바뀌어 불과 1분 뒤에 자신의 행동을 후회하게 되는 것이다. 우리는 그런 줄 알고 있으면서도 기분 내키는 대로 행동한다. 우리는 남의 것보다 자기 것에 더 높은 가격을 매긴다.

예를 들어, 듀크 대학 학생들은 평균적으로 166달러라면 중요한 농구 경기의 입장권을 기꺼이 구입할 의사가 있다고 대답했다. 하지만 입장권을 갖고 있는 학생은 그것을 2411달러 이하로는 결코 팔지 않을 것이라고 말했다. 인간이 이성적이라고 믿는 경제학자들은 대출을 소비 생활을 안정시킬 수 있는 최적의 도구로 간주한다. 대출을 통해 우리는 적게 버는 동안 더 많은 소비를 했다가 나중에 대금을 지불할 수 있기 때문이다. 하지만 그렇게 생각하는 경제학자들을 제외한 우리들은 신용 카드가 대단히 위험한 물건이 될 수 있음을 잘 알고 있다. 한 조사 결과에 따르면 신용 카드를 갖고 있는 농구팬은 티켓을 현금으로 살 수밖에 없는 사람보다 두 배나 더 많은 가격을 지불했다.

게다가 우리는 가격의 유혹에 넘어가는 경우도 비일비재하다. 1960년대, 캘리포니아 주의 사업가 데이브 골드는 자기의 주류 판매점에 있는 모든 와인에 한 병당 99센트의 가격을 매겼을 때 모든 와인의 매상이 증가하는 것을 알았다. 전에는 89센트 심지어 79센트 하던 와인도 마찬가지였다. 그는 주류 판매업을 그만 두고 99센트숍 (99 Cent Only)을 열어서 수백만 달러를 벌었다. 그 후 온갖 분야의 기업들이 99센트짜리 가격표를 붙이는 방법으로 우리를 유혹하고 있다. 스티브 잡스는 노래 한 곡당 99센트를 내도록 우리를 설득하는 방법으로 음악계에 혁명을 일으켰다. 우리는 그 숫자에 현혹되어 가격에 비해 높은 가치를 얻었다고 믿는 것이 분명하다.

이미 15년 전에 이렇듯 기이한 인간의 의사 결정 세계를 탐구했던 노벨상 수상 심리학자 카너먼은 정부가 개입하여 개인의 성향을 이성적인 방향으로 유도해야 한다고 제안했다. 그의 글에 따르면 "개인의 취향에 대해 자신이 스스로 알고 있는 것보다 국가가 더 잘 알고 있다고 생각하는 것이 타당할 경우 일종의 부모와 같은 존재가 개입"하는 것을 고려해 볼 필요가 있다. 1980년대의 미국 미술가 제니 홀저는 이른바 '뻔한 말(truism)'들을 건물 표면에 비추거나 네온사인 불빛으로 표현하거나 T-셔츠에 새겨서 유명해진 인물인데, 한 번은 BMW 경주용 자동차의 번쩍거리는 표면에 바로 그와 같은 인간의 취약성을 표현한 적이 있었다. 거기에는 "자신이 원하는 것으로부터 자신을 지키라."라는 문구가 선명하게 새겨져 있었다.

CHAPTER
2

생명의 가격

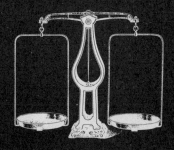

The Price of Life

| 생명의 가격 |

꽃

CHAPTER 2

　사람들의 뇌리에 가장 깊게 각인된 신념 중 하나는 생명의 값어치는 헤아릴 수 없다는 것이다. 유대인의 오랜 가르침에 따르면 한 사람의 생명을 저울의 한 쪽에 올리고 나머지 세상을 반대편에 놓으면 저울이 균형을 이룰 것이라고 했다. 프랑스 소설가 생텍쥐페리는 "인간의 생명에 결코 가격을 매길 수 없다."는 사실이 자명한 데도 "항상 우리는 생명보다 더 비싼 게 있는 것처럼 행동하는 이유"를 궁금해 했다. 나 또한 이와 같은 믿음이 어떻게 해서 굳어진 것인지 확신할 수는 없다. 아마 포식자를 피하기 위해 진화한 결과 그런 믿음을 원했는지도 모른다. 물론 우리가 죽을 수밖에 없는 상황에 처할 경우 그것을 모면하기 위해 세속적인 모든 소유물을 포기할 수도 있다는 점에서 그 말이 진실일 수 있다. 하지만 태초의 늪지에서 최초의 생명이 기어 나왔을 때부터 생명에 대한 가격 책정과 재책정이 끊임없이 반복됐다는 사실을 이처럼 협소한 정의로는 도저히 설명할 수 없다. 생명이 일종의 메뉴라면 거기에는 하나 이상의 가격이 존재한다.

통제를 받는 생명의 가격이 얼마인지를 파악하지 못한다면 그것을 통제하기는 불가능하다. 1999년에 마지막으로 개정된 미국 환경보호국의 지침에 따르면 2010년 화폐 가치로 볼 때, 한 생명의 가격은 약 750만 달러이다. 영국 환경부는 건강한 삶은 매년 2만 9000파운드의 가격을 갖는다고 밝혔다. 2007년 인도 시민의 가격을 평가한 세계은행의 조사에서 한 사람이 한 해 동안 누린 삶의 가격은 3162달러인 것으로 밝혀졌으며, 전체 인생의 가격은 9만 5000달러에 약간 못 미치는 것으로 나타났다.

사실 그 대상이 자기의 생명만 아니라면 우리는 기꺼이 거기에 가격을 책정하고 있다. 윤리학자이자 철학자 피터 싱어는 그런 주장을 증명하기 위해 한 가지 재치 있는 실험을 제안했다. 만약 알지도 못하는 사람의 생명을 1년 연장시키기 위해 의료 보험 체계를 가동해야 하는데, 그 보험료를 당신이 지불해야 한다면 과연 얼마를 낼 수 있을까요? 당신은 100만 달러를 내겠습니까? 그렇다면 1000만 달러를 낼 수도 있습니까? 이런 질문에 아니라고 대답하는 순간 당신은 누군가의 삶에 가격을 결정해 버린 것이 된다. 당연한 일이지만, 생명과 같은 것의 가격을 결정하려고 할 때는 언제나 논란이 벌어지기 마련이다.

죽은 자를 위한 기도

9.11희생자보상기금을 생각해 보자. 이것은 2001년 세계무역센터와 펜타곤에 대한 테러 공격으로 사망한 사람들의 유족과 부상자들을 보상해 주기 위해 미국 의회가 승인한 기금이다. 희생자와 그들의 친척들이 유나이티드 에어라인과 아메리칸 에어라인을 상대로 지루한 소송에 휩싸이게 될 수도 있다는 우려와 더불어 관용의 힘에 움직인 의회는 예산을 무제한으로 사용할 수 있는 기금을 설립했다. 하지만 비용을 의식해서 의회는 희생자 가족의 '경제적' 손실과 '비경제적' 손실에 기초한 엄격한 보상 지급 기준을 설정했다. 이 원칙에 따라 희생자의 삶은 가치의 척도 위에 놓이게 된다. 그리고 그 결과에 따라 그들의 가격이 결정되는 것이다.

이 기금의 운영자로 임명된 사람은 케네스 파인버그. 변호사이자 민주당의 에드워드 케네디 상원 의원 수석 보좌관으로 일한 적도 있는 그는 어려운 소송들을 다루며 중재자로서 놀라운 경력을 쌓았다. 1984년 파인버그는 베트남 상공에 살포된 고엽제, 에이전트 오렌지(AGENT ORANGE)에 노출되어 질병에 시달리고 있는 25만 베트남전 참전 용사들에게 고엽제 제조 회사가 1억 8000만 달러를 지불하게 하는 중재를 이끌어 낸 적도 있다. 1963년 11월 22일 댈러스에서 케네디 대통령이 암살당하는 장면을 찍은 26.6초 분량의 필름 원판 가격으로 에이브러햄 재프루더(Abraham Zapruder)의 상속자에게 미국 정부가 1600만 달러를 지급하라고 결정했던 세 명의 변호사 중에도 그가 있었다. 9.11희생자보상기금에서 자신의 역할을 끝내고 몇 년 뒤, 파인버그는 오바마 대통령의 부름을 받아 백악관의 '급여 차르 (pay czar)'에 임명되면서 은행 고위 임원의 급료를 제한하는 역할을 수행했는데, 주요 대상자는 2009년 금융 위기로 인해 세금으로 구제 금융을 받았던 주요 은행들의 임원이었다. 2010년, 그는 200억 달러 규모의 펀드 관리자로 임명됐다. 이 펀드는 석유 시추선 딥워터 호라이즌(Deepwater Horizon)의 폭발로 인해 멕시코 만에 수백만 배럴의 원유가 유출되자 그에 따른 피해를 보상하기 위해 BP사가 설립한 것이었다.

9.11 희생자의 비경제적 손실을 결정하는 것은 파인버그에게는 쉬운 일이었다. 그는 희생자 한 명당 25만 달러, 부양가족 한 명당 추가로 10만 달러를 책정했는데, 사실 그것이 절대적으로 임의적인 책정이었다는 사실을 본인 스스로 인정했다. 하지만 경제적 손실을 측정하는 것은 훨씬 어려운 일이었다. 경제적 손실이라는 개념은 사망한 근로자가 받고 있던 임금을 기준으로 사망자의 연령과 배우자 여부, 부양가족의 수에 따라 액수를 조정해야 한다는 의미였다. 결국 각자의 보상액에는 커다란 격차가 생길 수밖에 없었다. 그와 같은 격차로 인해 무역센터 북쪽 타워 105층에 있던 캔톤 피츠제럴드(Canton Fitzgerald)의 임원이 받는 수백만 달러짜리 급료와 그들 위층에 있는 레스토랑에서 페루 출신 불법 이민자가 요리사로 일하며 받는 1만 7337달러짜리 연봉이 동시에 존재했다.

그의 예전 보스인 로버트 케네디 상원 의원이 그에게 조언했다. "15퍼센트의 유족이 납세자들의 돈 85퍼센트를 가져가는 일이 벌어지지 않도록 하게." 하지만 여러 제안에도 불구하고, 희생자들이 죽어서 얻게 된 가치 속에는 그들이 살아 있는 동안 경험했던 불평등이 고스란히 반영되어 있었다. 은행가는 건물 관리인보다 더 가치가 높을 것이고, 젊은이가 노인보다는 더 비싼 것으로 평가됐다. 30대의 남성은 약 280만 달러로 가격이 책정됐으며, 이와는 대조적으로 70세가 넘은 남성은 60만 달러 이하로 평가됐다. 세계무역센터와 펜타곤에서 근무했던 여성들은 평균적으로 남성에 비해 낮은 가격이 책정됐다. 그들의 가족에게 제공될 평균 보상금은 남성 희생자의 가족이 받게 될 금액보다 평균적으로 37퍼센트 낮았다. 결국 9.11희생자보상기금은 테러 공격으로 사망한 희생자 2880명의 직계 가족에게 평균적으로 약 200만 달러를 지급했다. 하지만 희생자들 중 연봉 400만 달러 이상인 여덟 명에 대해서는 직계가족에게 640만 달러가 지급된 반면 최저 가격의 희생자는 25만 달러로 평가됐다.

이처럼 냉정한 계산은 생텍쥐페리의 묵상에서 우리가 얻을 수 있는 극단적 경우에 해당한다. 테러 공격으로 사망한 사람들에게 부여되는 가치는 포기된 그들의 생산 함수로 결정된다. 희생자 가족들은 다른 사람에 대한 고인의 상대적 가치를 높이기 위해 온갖 개인적 장점들을 제시한다. 한 미망인은 36년간 결혼 생활을 했던 자기 남편의 상실이 새신부의 신랑이 사망한 것보다 더 비싸게 평가돼야 한다고 말했다. 또 다른 미망인은 자기 남편이 죽음에 이를 때까지 오랜 시간이 걸렸기 때문에 더 높은 가치를 부여해야 한다고 주장했다. 이는 그가 자신의 휴대 전화를 사용해 여러 차례 전화를 걸었다는 사실로 증명이 되며, 따라서 즉시 사망한 사람보다는 더 많은 고통을 겪었다는 것이다. 9.11 사태의 사망자 가족에게 제공된 보상금으로 인해 유족들이 사망자에게 부여하는 가치와 생명이 대단히 중요하기는 하지만 그 가치는 한정된 예산에 맞출 수밖에 없다는 현실과 정면으로 충돌했다. 희생자에 대한 보상 문제에 관한 한 모든 사람이 불만을 품을 수밖에 없다.

9.11희생자보상기금의 수장으로서 자신의 경험을 기록한《생명의 가치는 무엇인가(What Is Life Worth)?》에서 파인버그는 만약 의회가 이런 종류의 보상 기금을 다시 설립한다면 모든 희생자에게 똑같은 금액을 지급해야만 한다고 제안했다. 그는 이렇게 썼다. "증권 거래인의 가족이나 접시닦이의 가족이나 미국 재무부로부터 똑같은 액수의 수표를 받아야 한다." 하지만 보상 기금의 부분적인 목적이 부자들로 하여금 소송을 제기하지 못하게 하는 것이라면, 그의 제안은 별로 효과가 없을 것이다. 실제로 부유한 희생자 96명의 가족들은 보상 기금에 참여하지 않고 법원으로부터 더 높은 액수의 보상 판결을 받기 위해 항공사를 고소하는 방법을 택했다. 비록 그것이 비싼 변호사를 고용하고 보상을 받을 때까지 더 많은 시간이 걸렸지만, 그들은 더 큰돈을 손에 쥐었다. 몇 년 뒤, 그들 중 93명의 가족들은 합의금으로 평균 500만 달러를 받았다.

시민 안전의 가치

법원과 정부 규제 기관, 보험 회사들은 파인버그가 수행한 것과 같은 종류의 계산을 항상 반복하고 있다. 정부는 다양한 우선순위들을 대상으로 자원을 할당하기 위해 시민들의 생명에 가격을 매길 수밖에 없다. 단순히 소방 본부가 사용할 예산을 결정하는 것만으로 생명의 가치가 결정되며, 그 결과 일부 재해에는 소방관들이 도움을 줄 수 있는 능력이 부족하여 사람들을 구조할 수 없게 된다. 제품 표준이나 작업장 안전에 대해 새로운 규정이 통과될 때마다, 정부는 그것을 통해 부상이나 죽음으로부터 구조되는 사람들이 생산자와 소비자, 납세자에게 부과되는 비용만큼의 가치를 갖는다고 주장했다.

2006년 미국 소비자제품안전위원회는 매트리스에 대한 새로운 가연성 기준을 승인하면서, 그것이 매트리스 100만 장당 1.08명의 사망자와 5.23명의 부상자를 구하게 될 것이라는 근거를 제시했다. 사망자 한 명의 가치를 500만 달러로, 부상자는 15만 달러로 평가한 상태에서 위원회는 매트리스 한 장당 발생 수입이 51달러 24센트에 달한다고 결론을 내렸다. 새로운 기준에 적응하기 위해 업계가 치러야 할 비용은 매트리스 한 장당 15달러 7센트에 불과하기 때문에 새로운 기준은 도입할 만한 가치가 있다. 이와는 대조적으로, 새로운 가연성 기준이 나오기 20년 전에 미국 교통부의 의뢰를 받은 국립과학원의 한 위원회는 모든 학교 통학 버스에 안전벨트를 장착하도록 한 연방 정부의 규제에 반대하는 권고를 하면서, 그것이 연간 1명의 생명을 구하겠지만 비용은 4000만 달러가 든다는 근거를 제시했다.

재원은 한정되어 있는데 반해, 쓸 곳은 많은 지금과 같은 세상에서 이윤 대비 비용을 계산하는 것은 불가피한 일이다. 게다가 그것은 무엇이 합리적인지 혹은 정당한지에 대한 사람들의 믿음에도 의문을 제기할 수밖에 없다. 비용 편익 분석은 소비자 안전 옹호론자와 친환경주의자들의 격렬한 비난에 시달리고 있다. 이는 그들이 세계 전역의 천연 혜택을 지키기 위해 어떤 대가도 치러야 한다고 믿기 때문이다. 미국의 경우, 1970년의 대기 오염 방지법(Clean Air Act)을 통해 환경보호국이 대기 오염 기준을 정할 때 이행 비용을 고려하지 말도록 명시적으로 규정하고 있다.

1958년에 연방 식품 약품 화장품법(Federal Food, Drug and Cosmetic Act)을 개정하면서 뉴욕 주의 제임스 딜레이니 하원 의원은 인간 혹은 동물에게 암을 유발하는 것으로 알려진 첨가물은 그것을 제거하는 비용이나 그것을 섭취했을 때 암에 걸리게 될 위험의 수준에 관계없이 전면적으로 사용을 금지해야 한다고 주장했다. 1996년 식품 품질 보호법이 제한을 완화할 때까지 딜레이니 수정안은 발암 물질로부터 소비자를 보호하는 것이 무한한 가치를 갖는다는 사실을 암묵적으로 인정했다.

정부의 개입에 대한 비용 편익 분석을 반대하는 사람들은 환경 체계에 일종의 가격표를 붙이는 것이나, 암에 걸릴 확률을 줄였을 때 발생하는 이익을 달러 가치로 환산하는 것이 본질적으로 불확실성을 내포하고 있다는 점에 주목했다. 미국의 경우, 비평가들은 1980년대 로널드 레이건 대통령의 행정부 기간 동안 비용 편익 분석이 어떤 식으로 적용됐는지를 기억하고 있다. 당시 강력한 의지를 지닌 자유 시장주의자 레이건은 정부가 경제 활동에 개입하는 것을 강력하게 거부했다. 1981년 그의 첫 번째 취임 연설을 하면서 레이건은 다음과 같이 밝혔다. "정부는 우리가 가진 문제의 해답이 아닙니다. 오히려 정부가 문제입니다." 그리고 얼마 뒤, 그는 대통령령을 반포해 연방

정부의 모든 규제를 대상으로 비용 편익 분석을 실시해 그것이 금전적인 가치를 제공하는지 여부를 결정하고, 그 결과를 적용해 경제 분야 전반에 걸친 체계적 규제 완화 운동을 펼치겠다고 결심했다.

하지만 비용 편익 분석을 대체한 방식은 명령에 의한 자원 할당이었다. 2001년 9월 11일 테러 공격 이후 7년 동안 미국 정부는 국내 보안 기관들을 강화하기 위해 3000억 달러를 지출했다. 하지만 미래의 잠재적 공격을 저지함으로써 줄어든 사망자의 수에 대한 분석 결과, 보안에 대한 투자 증가 덕분에 건지게 된 생명의 비용은 각각 6400만에서 6억 달러 사이에 있었다.

테러 공격에 대한 대응으로, 오스트레일리아는 모든 항공편에 약 130명의 항공 보안관을 배치했으며 그 비용은 연간 2700만 호주 달러에 달했다. 항공 보안관이 전적으로 쓸모없지는 않았다. 시드니에서 케언스로 향하던 비행기 안에서 칼을 든 68세의 남자가 나타났을 때 그를 제압하도록 항공 보안관이 소환된 적이 한 차례 있었다. 하지만 2008년도 조사에 따르면, 항공 보안관 프로그램으로 인해 납세자들은 한 명의 인명이 구조될 때마다 1억 500만 호주 달러의 세금을 지불하고 있었다.

사회가 위험으로부터 스스로를 지키려고 하는 것은 자연스러운 현상이다. 하지만 거기에 따르는 비용을 무시할 경우, 그것은 도를 넘기가 쉽다. 왜냐하면 사실 우리는 모든 위험으로부터 완전히 자유로울 수 없기 때문이다. 동시에 우리 자신을 보호하기 위한 가격이 쉽게 눈에 띄지도 않는다. 하지만 아주 사소한 위험을 제거하는 것조차 현기증 날 정도로 엄청난 가격표가 붙을 수 있다. 우리가 공공 정책의 비용과 수익을 검증하지 않았을 때, 종종 우리는 같은 돈으로 더 많은 사람을 구할 수 있는 기회를 무시한 채 소수의 생명만을 구하려는 정부의 개입에 엄청난 금액의 돈을 지출하곤 한다.

조지 W. 부시 대통령 임기 동안 백악관의 정보규제업무실 소속 경제학자 존 F. 모렐 3세는 10여 가지 규제의 비용과 수익을 조사한 보고서를 발표했다. 그 결과 몇 가지 규제는 놀라울 정도로 비용이 높다는 사실이 드러났다. 예를 들어, 미국 직업안전보건국의 1985년도 규정은 근로자들이 직장에서 포름알데히드에 노출되는 것을 막는 것이 목표였지만, 한 사람당 720억 달러의 비용을 들여가며, 불과 연간 0.01명의 생명을 구했을 뿐이다.

미국 전역을 대상으로 심하게 오염된 지역을 정화시키기 위해 '슈퍼펀드'를 설립하게 한 1980년의 법은 종전보다 훨씬 높은 가치를 인간에게 부여했다. 1980년 이래로 슈퍼펀드는 인간에게 위협이 될 수 있는 오염 지역 수백 곳을 정화하면서 320억 달러를 사용했다. 하지만 슈퍼펀드가 정화한 장소 중에는 거의 사람이 살지 않거나 전혀 살지 않는 지역도 다수가 포함되어 있었다. 미국 환경보호국은 미래에 사람이 살 수도 있다는 판단에 따라 그 지역을 정화하기로 결정했던 것이다. 결국 이들 가상 정착민의 생명에 엄청난 가격이 책정된 셈이다.

1990년대 중반 슈퍼펀드가 정화한 99개 지역의 인구 변동을 조사한 결과, 미국 환경보호국이 가장 중요한 위험 지역으로 평가한 이들 지역들 중 오직 한 곳에서만 오염에 의한 암 발생 위험이 현저하게 높은 것으로 나타났다. 하지만 조사 내용을 분석한 결과에 따르면,

과거 웨스팅하우스 변압기 공장이었던 캘리포니아 주 서니베일의 PCB 오염 지역에 대한 정화 작업은 202건의 암 발생을 막겠지만 나머지 98개 지역에 대한 정화작업은 전부 합쳐 2건의 암에 의한 사망을 방지해 줄 것으로 나타났다. 그중 여섯 곳에서는 사람 한 명을 구할 때마다 프로그램의 잠재적 비용이 500만 달러에서 1억 달러에 달했다. 67개 지역에서는 한 사람의 생명을 구하는 비용이 10억 달러를 초과했다. 게다가 두 곳에서는 한 명의 생명도 구하지 못하는 것으로 나타났다. 다시 말해 비용은 무한대라는 뜻이다.

이 프로그램이 환경에 도움이 되었을지는 모르지만, 다른 요구들 특히 어쩌면 환경보다 더 긴박한 사안들도 많은 세상에서 이 정도 가격은 너무 비싼 것처럼 보일 수도 있다. 뉴올리언스의 수해 방지나 말라리아 퇴치와 같은 사안들이 머리에 떠오른다. 세계은행의 조사에서는 사하라 이남 아프리카 지역에서 결핵을 퇴치하려는 세계보건기구의 전략을 계속 수행하기 위해 2006년부터 2015년까지 120억 달러가 필요하다는 결론을 내렸다. 하지만 그 돈이면 에티오피아 한 나라에서만 25만 명의 생명을 구할 수도 있다. 현재 에티오피아에서는 매년 인구 10만 명당 약 92명이 결핵으로 사망하고 있다.

자기 생명의 가격

만약 정부에서 공공 정책을 평가하기 위해 비용과 이윤을 산출해야만 할 경우, 한 가지 분명한 질문은 이것이다. 인간의 생명은 얼마로 평가해야 하는가? 파인버그의 접근 방식은 아마 너무 냉정해 보일 것이다. 하지만 여기에는 다른 대안도 존재하는데, 그것은 거의 60여 년 전 코미디언 잭 베니가 아주 명쾌하게 표현해서 유명해졌다.

1948년 3월, '잭 베니 쇼(The Jack Benny Show)'는 미국 라디오 방송 역사상 가장 유명한 유머 중 하나로 꼽히는 코미디를 방송했다. 이웃집을 방문하고 돌아가던 베니에게 어떤 강도가 접근했다. 강도는 "이봐, 이리 와 봐, 목숨을 내놓을래 아니면 돈을 내놓을래."라고 말했다. 수전노로 유명한 베니는 곧 바로 대답할 수 없었고, 따라서 한동안 침묵이 이어졌다. 그러자 강도는 다시 한 번 베니를 협박했다. "야!" 강도가 말했다. "목숨을 내놓을 건지 돈을 내놓을 건지 물었잖아." 베니는 곧바로 되받아쳤다. "생각 중이니까 기다리란 말이오."

베니의 유머는 가장 평가하기 힘든 사항에 대한 한 가지 해법을 제안했다. 법률 제정과 자원 할당을 위한 지침을 결정할 수 있도록 더 뛰어난 비용 편익 분석을 수행하려는 노력을 수행하면서, 정부는 그저 국민들로 하여금 자기 생명의 가치를 스스로 결정하게 하면 된다.

우리는 자기의 모든 삶에 가격을 매기려는 의사나 혹은 능력이 없을지도 모르지만, 매일 죽음의 가능성과 관련된 약간의 변화에 일종의 가격을 부여하고 있다. 차도를 건널 때마다 우리는 반대편 인도에 도달하고 싶다는 바람을 상대로 트럭에 치일 수도 있다는 작은 확률을 거래하는 것이다. 안전벨트를 매지 않거나 담배를 피우거나 일본 식당에서 독이 들어 있을지도 모르는 복어를 주문하기로 하는 등의 결정은 안전벨트를 매거나 금연하거나 연어 요리를 주문하는 것보다 더 높은 죽음의 가능성을 내포하고 있다. 도시 주행에서 도요타의 야리스(Yaris)는 캠리(Camry)보다 연비가 리터당 3킬로미터 더 높다. 즉 연료 절약 효과가 많이 차이 나지는 않는다는 말이다. 또한 그것은 7000달러나 싸다. 하지만 미국 고속도로안전보험협회에 따르면, 자동차 사고로 사망할 가능성은 소형차인 야리스가 중형차인 캠리에 비해 약 20퍼센트나 높다.

1987년, 연방 정부는 주 정부가 주간 고속 도로의 제한 속도를 결정할 수 있는 권한을 줌으로써 1974년에 제정된 시속 88킬로미터의 일률적 기준을 철폐했다. 제한 속도를 시속 105킬로미터로 상향한 21개 주의 운전 습관에 대한 조사에서 운전자들이 평균 속도를 3.5퍼센트 높인 것으로 나타났다. 이것은 그들의 통근 시간을 줄이는 동시에 자동차 사고로 치명상을 입을 확률을 높였다. 연구원들은 운전자들이 통근 시간을 12만 5000시간 줄일 때마다 한 명의 운전자가 목숨을 잃었다고 계산했다. 각각의 통근 시간을 널리 통용되는 임금에 따라 평가했을 때, 운전자들은 한 사람이 죽는 동안 1997년도 화폐 가치로 154만 달러를 절약했다.

1960년대에 미국의 경제학자 토머스 셸링은 사람들이 자신의 안전을 위해 기꺼이 지불할 수 있는 금액을 근거로 그들의 생명 가격을 결정하자고 제안했다. 그는 이런 글을 썼다. "인명 구조에 대한 결정의 중대성에 두려움을 느끼는 결정권자들도 소비자들의 행동을 근거로 결국 이 문제를 해결할 수 있다. 소비자(혹은 납세자나 로비스트, 설문 응답자)는 비교적 긴장하지 않아도 되는 주제에 대해서 사실은 그렇지 않지만 대답을 하는 과정에서 마치 선호하는 게 있는 것처럼 자신의 의견을 표현한다. 사람들은 생명 보험에 대해 자신의 생각을 표현한다. 결국 그들은 생명을 구하는 문제를 결정한 것이다."

자식들에게 자전거 헬멧을 사줄 때 나타나는 부모의 자발성에 대해 조사했을 때, 부모가 판단한 자식의 생명에 대한 가치는 1달러 7센트에서 360만 달러 사이에 분포했다. 오염된 슈퍼펀드 대상 지역에 가까워질수록 집값이 얼마나 떨어지는지에 대한 분석에서는 주택 소유자들이 암에 걸릴 위험을 피할 수만 있다면 기꺼이 460만 달러를 지불할 수 있다는 결론이 나왔다. 생명의 가치를 측정하는 또 한 가지 방법은 사람들이 선택하는 직업을 관찰하여 위험한 직종이 더 많은 임금을 준다는 사실로부터 생명의 가치를 유추해 내는 것이다. 예를 들어, 어떤 노동자가 10만 명 중 한 명의 비율로 목숨을 잃을 확률이 더 높은 직업을 선택하는 대신 연간 100달러를 더 받기로 했다고 가정해 보자. 경제학자들은 이 사실로부터 그 노동자는 자신의 생명을 10만 곱하기 100달러, 즉 정확하게 1000만 달러로 평가했다는 결론을 내릴 것이다.

많은 국가가 이 기법에 매력을 느껴 부상이나 사망을 당하는 사태를 피하기 위해 사회가 기꺼이 감당할 수 있는 비용을 결정하는 데 사용했다. 시민들 자신의 선호도에 호소한다는 점에서 이것은 경제적 손실이나 기타 객관적 기준을 근거로 생명의 가치를 계산하는 것보다 훨씬 더 민주적이다. 만약 미국 교통부가 교통사고로 인한 사망을 방지하기 위해 미국인들이 기꺼이 지불할 수 있는 돈이 불과 580만 달러라고 결정했다면, 그것은 교통부가 도로를 개선하여 치명적인 사고의 위험을 줄였을 경우 구할 수 있을 것으로 기대되는 인명에 대해 1인당 580만 달러 이상을 지출할 수 없다는 주장의 근거가 될 수 있다.

미국 농무부는 9.11희생자보상기금과 거의 유사한 방법을 사용해 조기 사망으로 인해 상실된 생산성을 계산하여 생명의 가치를 평가 하곤 했었다. 하지만 1990년대 농무부는 사람들이 자발적으로 지불 할 수 있는 액수에 따라 생명의 가치를 평가하는 것으로 방법을 전환 했다. 현재 그들은 매우 재기 넘치는 계산기를 가지고 있으며 그것을 통해 우리는 한 해에 미국에서 139만 건의 살모넬라 감염이 발생할 경우 약 26억 달러의 사회적 비용이 발생한다는 사실을 알게 된다. 비용의 가장 큰 부분은 살모넬라 감염으로 인한 415명의 사망자 때 문에 발생한 것으로, 농무부는 한 사람의 가치를 540만 달러로 평가 했다.

보건 당국은 삶 전체의 가치보다는 삶이 한 해 더 지속됐을 때의 가치를 측정하는 쪽을 선호한다. 이것은 우리가 결국에는 죽게 되며, 정부의 어떤 행동도 죽음을 연장시킬 수 있을 뿐 방지하지는 못한다 는 합리적인 가정에 근거를 두고 있다. 연장된 생명의 질을 고려하기 위해 대단히 정교한 분석이 요구되며, 여기서는 완벽하게 건강을 유 지하는 한 해의 삶보다 고통이나 불구로 고생하는 한 해의 삶이 가치 가 떨어지는 것으로 간주한다. 여기서부터 새로운 측정 단위가 등장 하게 된다. 그것이 바로 QALY로 알려진 건강 유지 생명 연한(Quality Adjusted Life Year)이다.

예를 들어, 특정 도로를 보수하거나 재건설해야 할지 여부를 결정 하기 위해, 교통부는 특정 척도에 따라 부상 정도를 평가한다. 여기 서 경상은 통계적 생명의 0.0002퍼센트에 해당하는 비용을 초래하며, 중상은 전체 통계적 생명 4분의 3에 해당하는 가치를 갖는다. 미국 식품의약국(FDA)은 관상 동맥 질환을 앓은 사람은 평균적으로 13년의 삶을 상실하게 되며, 그것은 84만 달러의 가치를 갖는다고 평가했다. 여러 국가에서 이런 도구들을 표준 방식으로 채택해서 정부의 정책을 평가하고 작성하는 데 사용하고 있다. 예를 들어, 2003년 오스트레일리아의 경우, 보건부 산하 경제 분석 기구는 담뱃갑의 경고문을 교체하는 방안을 제시했다. 그것은 새로운 경고문이 연간 약 400명의 생명을 구하기에 연간 약 2억 5000만 호주 달러의 이익을 가져다준다. 반면 오스트레일리아 인들이 흡연을 줄인 결과 소비세는 연간 약 1억 3000만 호주 달러를 감소하게 될 것이라는 분석 결과에 근거를 두고 있었다.

이런 기법을 통해 국가는 부를 축적할 수 있는 새로운 수단을 갖게 되었다. 시카고 대학 경제학자들은 미국인들의 평균 수명 증가에 대한 가치를 합계해 1970년부터 2000년 사이에 발생한 수명의 증가로 인해 미국의 국부가 매년 3조 2000달러씩 증가하고 있다는 결론을 내렸다.

우리는 자신의 가치를 알고 있을까?

민주주의적이라는 매력에도 불구하고 이 계산법 또한 골치 아픈 문제를 갖고 있다. 자신의 선택에 따라 생명을 구하기 위해 우리가 기꺼이 지불할 수 있는 금액을 결정하다 보면 사회가 어떤 불편한 노선으로 흘러가게 될 수도 있다. 화재 속에서 열 명의 60대 노인들을 구하느냐, 아니면 열 명의 30대 젊은이들을 대피시키느냐를 두고 선택해야 할 경우, 사회 복지의 관점에서 볼 때 연장자를 구출하는 것은 이상한 선택이 될 수도 있다. 우선 젊은이들을 구할 경우 평균 여명(平均餘命)의 관점에서는 노인을 구하는 것보다 훨씬 유리하다.

시카고 대학 법학자 카스 선스타인은 이런 식의 가치 평가를 주관하는 백악관 정보규제업무실장으로 재직 중이다. 그는 비록 연장자의 가치를 떨어뜨리게 되는 한이 있어도 생명이 아닌 여명을 구하는데 정부가 정책의 초점을 두어야 한다고 제안한다. 그는 "젊은 사람들을 구하는 프로그램은 똑같은 프로그램으로 나이든 사람을 구하는 것보다 모든 측면에서 훨씬 더 유익하다."라고 썼다. 하지만 단지 65세 이상을 대상으로 그와 같은 주장을 시도했을 뿐이다. 사람들은 나이가 들었다고 해서 자신의 생명이 젊었을 때보다 가치가 떨어진다고 생각하지 않을 뿐만 아니라 중장년층이 가진 정치적 권력이 훨씬 더 크기 때문에 그들은 자신의 삶을 평가 절하하는 사람에게 절대 투표하지 않을 것이다.

2002년 미국 환경보호국은 발전소의 매연물질 배출을 규제하는 법률인 청정대기법(Clear Skies Act)이 조기 사망을 얼마나 줄일 수 있는지를 분석하면서 새로운 요소를 도입했다. 그들은 과거와 같은 방식으로 한 생명을 구할 때마다 610만 달러가 지출된다는 식으로 평가하지 않고, 대신 연령에 따른 가치 하락 개념을 도입했다. 이것은 70세 이상 고령자의 생명은 젊은 사람의 생명에 비해 67퍼센트 정도의 가치를 갖는다는 의미이다.

미국 은퇴자협회를 비롯한 각종 단체들이 너무나 거세게 반발했기 때문에 환경보호국장 크리스틴 토드 위트만은 결국 그와 같은 접근법을 포기할 수밖에 없었다. "연령에 따른 가치 하락 인자는 제외됐습니다." 그녀는 이렇게 말했다. "그 방식은 더 이상 사용되지 않습니다. 환경보호국은 앞으로 다시는 연령 조정 분석 결과를 의사 결정에 반영하지 않을 겁니다." 환경보호국이 디젤 엔진 배기가스를 규제해서 얻을 수 있는 이익을 측정하기 위해 또다시 연령에 따른 생명의 가치를 조정했을 때, 그들은 연장자들을 기쁘게 하기 위해 나이가 많을수록 생명의 가치가 더 높은 것으로 기준을 뒤집어 버렸다. 은퇴자들의 생명이 젊은 미국인들의 그것과 똑같은 가치를 지니는 체계를 가정하기 위해, 환경보호국은 65세 이상자의 여명을 매년 43만 4000달러로 평가한 반면, 젊은이들의 여명은 고작 17만 2000달러의 가격을 매길 수밖에 없었다.

자신의 생명에 가치를 부여하는 사람들의 선택에 초점을 맞출 때의 위험을 잘 보여 주는 사례가 있다. 이는 미국인들은 테러리스트의 공격에서 구조된 한 명이 자연 재해에서 구조된 두 명의 가치를 갖는 것으로 믿는다는 여론 조사 결과로 나타난다. 2001년의 경우처럼 미국에 대한 테러리스트의 공격이 반복되지 않도록 엄청난 규모의 투자가 이루어진 것에 비교할 때, 2005년 뉴올리언스를 초토화시킨 허리케인 카트리나에 대해서는 미국 정부가 무관심했던 이유를 이런 성향에서 찾을 수 있을지도 모른다. 무엇보다, 이 모든 가치들로 인해 경제적 불평등이 지속되고 있다. 셸링은 그 점에 대해 다음과 같이 경고했다. "단지 부자들은 교통 정체 속에서 한 시간에 걸쳐 출근하거나 기차를 타고 다섯 시간을 여행하느라 시간을 낭비하지 않기 위해 더 많은 돈을 낼 수 있기 때문에 본인이 죽거나 아니면 그가 사랑하는 사람이 죽게 될 위험을 감소시키는 것이 그들에게는 더욱 큰 가치를 갖는다. 사람이 가난하지 않고 부유할 때 생명은 더 높은 가치를 갖게 되는 것이다." 이런 사고방식에 따를 경우 타이타닉호가 모든 승객을 구할 수 있을 정도로 충분한 구명정을 싣지 않았다는 사실조차 설득력을 갖는다. 사망자의 분포가 1등실 승객의 37퍼센트, 2등실 승객의 57퍼센트, 3등 선실 승객의 75퍼센트였다는 점에서 논란의 여지조차 없다.

하지만 만약 사람들이 9.11희생자보상기금의 보상액 산정 방식이 공정하지 않다고 생각한다면, 단지 부자들은 자신의 건강과 안전을 위해 투자할 수 있는 자원이 더 많고, 가난한 사람들에 비해 위험을 감수하려는 마음이 더 적기 때문에 정부의 인명 구조 프로그램이 부자들에게만 초점을 맞추려고 한다는 사실에 대해 그들은 어떤 생각을 갖게 될까? 그 체계는 한 가지 사실을 무시하고 있다. 비록 부자들이 자신의 목숨과 신체를 보호하는 데 기꺼이 더 많은 돈을 지불하겠지만, 반대로 자기가 갖고 있는 돈에 대해 부자들보다는 가난한 사람들이 더 높은 가치를 부여한다. 생활에 쪼들리는 가족에게 의사의 진료비도 커다란 부담이 될 수 있지만, 기업의 임원이라면 값비싼 온갖 진료조차도 전혀 부담으로 느껴지지 않을 것이다.

자체 평가 기법은 인간의 모든 선택이 전적으로 자유롭게 이루어지지는 않는다는 사실을 무시한다. 우리가 작업장에서 안전을 확보하기 위해 얼마의 돈을 기꺼이 지불할 수 있는가에 따라 인간의 가치

를 판단할 경우, 우리는 흑인이 백인보다 가치가 낮다는 결론에 도달
할지도 모른다. 거의 모든 업계에서 흑인들의 산업 재해 비율이 더
높으며, 위험에 따른 추가 임금도 그들이 더 적게 받는다. 심지어 어
떤 조사에서는 그와 같은 자료를 근거로 블루칼라 백인 노동자의 생
명이 같은 업계의 흑인 노동자의 생명에 비해 두 배 이상인 1680만
달러의 가치를 갖는다는 결론을 내렸다. 하지만 우리는 그 결과를 신
뢰하지 않을 수 있는 충분한 논거를 갖고 있다. 그것은 흑인이 위험
을 더 선호한다는 사실을 반영한 것이 아니라 흑인들의 일자리가 부
족하기 때문에 더 낮은 임금에 만족하고 있다는 사실을 암시한다는
것이다.

　이런 기준을 적용할 경우, 가난한 세상에서는 생명의 가치도 낮을
것이다. 멕시코시티 근로자들의 임금을 기반으로 한 2005년의 한 조
사에서 그들의 생명은 최대 32만 5000달러로 평가됐다. 같은 해 중
국인들이 대기 오염에 의한 질병이나 사망을 피하기 위해 얼마를 기
꺼이 지불할 수 있는가를 조사한 연구에서는 공식적인 환율에 따라
한 명의 통계적 생명이 갖는 중앙값의 가치는 4000달러에 불과할 수
도 있다고 계산했다. 1995년에 기후 변동에 관한 정부 간 패널이 내
놓은 보고서가 지구 온난화의 영향을 평가하면서, 가난한 국가의 생
명에 15만 달러를, 부유한 국가의 생명은 150만 달러의 통계적 가치
를 매기자, 개발 도상 국가의 대표들은 분개했다. 이것은 기후 변화
로부터 가난한 나라의 시민을 보호하는 것보다 돈 많은 나라의 시민
을 보호하는 것이 본전을 뽑는 데 훨씬 더 유리하다는 뜻이냐고 항의
했다. 그 결과 패널은 입장을 철회하는 대신 자신의 정교한 경제적

분석은 무시한 채 인간의 생명은 부자든 가난하든 똑같이 100만 달러의 가치를 갖는다며 정치적으로 수용 가능한 개념으로 타협했다.

건강의 가격

자궁경부암은 멕시코에서 사망률이 대단히 높은 질병 중 하나로 매년 여성 10만 명당 8명이 이 병으로 사망하고 있다. 글락소스미스클라인(GlaxoSmithKline)과 머크 샤프 앤 돔(Merck Sharp & Dohme)이 자궁경부암을 일으키는 최대 원인 인자인 인유두종 바이러스의 백신을 개발하자 몇 개 국가들은 12세 소녀들을 대상으로 보편적 예방 접종 프로그램을 고려했는데, 그 중 멕시코도 포함되어 있었다.

그것은 비용 효율 면에서도 대단히 유리한 것처럼 보였다. 글락소스미스클라인 측이 제시한 가격과 비슷한 수준인 1회 접종당 440페소로 80퍼센트의 소녀들에게 1차 3회의 접종을 실시할 경우, 건강한 삶 1년당 4만 2000페소를 약간 넘는 비용으로 생명을 구할 수 있었다고 멕시코 국립보건부 연구원들은 분석했다. 이것은 멕시코의 1인당 국민 총생산의 절반보다 적은 액수이기 때문에 세계보건기구의 전문가들은 예방 접종 프로그램이 고수익의 투자라고 생각했다.

하지만 멕시코는 상대적으로 가난한 나라이기 때문에 이런 결과는 골치 아픈 문제를 초래했다. 보편적 예방 접종 프로그램에는 약 14억 페소의 비용이 필요한데, 이는 멕시코 정부가 7가지 질병에 대한 소아 예방 접종 프로그램에 투입하는 전체 예산하고 거의 비슷한 금액이었다. 따라서 정부는 솔로몬 왕의 접근법을 취했다. 그들은 상대적으로 암 발생률이 높은 빈민 지역의 여성들에게만 예방 접종 프로그램을 제공하기로 결정했다. 그렇게 해서 전체 경비를 절반으로 줄일 수 있었다. 더욱 논란이 된 부분은 보건부가 제약 회사에서 권고한 방식에 따라 6개월에서 8개월에 걸쳐 3회의 접종을 실시한 것이 아니라 세 번째 접종을 5년 후에 받게 했다는 것이다.

"백신의 유효성에 대한 우리의 조사는 1차 3회 접종 방식에 맞추어 이루어졌다. 그리고 세 번째 접종은 첫 번째 백신을 맞은 뒤 8개월 이내에 이루어져야만 합니다." 제약 회사 머크(Merck)의 멕시코 자회사 소속 백신 부서의 책임자인 미겔 카사트 크루스는 그렇게 말했다. 하지만 멕시코 국립보건연구소 소속 연구원인 에두아르도 라스카노 폰세는 제약 회사의 반대를 금전적 이해관계로 치부했다. "그들은 우리의 방식이 아무런 쓸모가 없을 거라고 말하면서 백신의 가격을 낮추려는 노력은 전혀 하지 않았습니다."

이와 같은 비용 편익 분석에서 건강을 지키는 문제는 정부가 한정된 예산을 세계 전역에서 끊임없이 흘러나오는 각종 신약과 치료법에 할당하는 문제와 동일시된다. 2005년에 뉴질랜드의 보건부는 예방 접종을 통해 건강한 한 해를 얻게 될 때마다 약 12만 뉴질랜드 달러의 비용이 들어가는 폐구균 질환 보통 백신 접종 프로그램에 대한 예산 편성을 거부했다. 2년 뒤, 뉴질랜드 보건부는 백신 생산업체가 건강한 한 해당 2만 5000뉴질랜드 달러의 비용이 든다는 사실을 증명하자 자금을 투입하기로 했다.

영국 정부는 2차 세계 대전 이래로 국민들에게 무상으로 의료 보험을 제공해 왔으며, 보건 분야의 지출에 대해 체계적인 비용 편익 분석을 적용했다는 점에서도 선구자였다. 1990년대 말, 발기 부전 치료제인 비아그라가 시장에 나타나자 영국 국민 건강 보험의 관리들은 새로운 기적의 약물로 인해 정부의 보건 예산이 적자가 될 것을 우려하면서 처음으로 비용 편익 분석을 시작됐다.

현재 영국국립보건임상연구원, 즉 NICE(National Institute for health and Clinical Excellence)는 어떤 약품과 치료법을 의료 보험에 포함시켜야 하는지를 결정하기 위해 표준 지침을 따르고 있다. 한 해의 건강한 삶을 보장하는 비용이 2만 파운드 이하인 것은 모두 승인이 된다. 더불어 아주 드문 예외를 제외하고, 생명을 한 해 더 연장시키는 비용이 3만 파운드를 넘는 것은 영국 국민 건강 보험의 혜택에서 제외된다. 그들의 관행은 세계 전역으로 전파됐다. 캐나다 의약품기술기구는 각 주의 의약품 보조 정책에 신약의 비용 효율성에 대해 조언하고 있다. 오스트레일리아로부터 네덜란드, 포르투갈에 이르는 국가들은 치료법을 승인하기 전에 경제적 가치 평가를 의무 사항으로 규정하고 있다.

세계보건기구는 세계 전역의 다양한 국가들을 위해 일반적인 한계치의 기준을 제시해 왔다. 세계보건기구는 건강한 삶을 매년 누리는 비용이 국가의 1인당 GNP보다 낮을 경우 비용 대비 효율이 매우 높은 것으로, 1인당 GNP의 1년에서 3년치에 해당할 경우 비용 대비 효율이 있는 것으로, 그 이상의 비용을 요구할 때는 효율이 없는 것으로 평가했다. 이런 척도에 따를 경우, 아르헨티나와 브라질, 멕시코 같은 국가의 정부는 2009년 기준 건강 유지 생명 연한 1년당 2만 9300달러 이하의 비용이 발생할 경우 그 치료법을 감당할 수 있어야 한다. 볼리비아와 에콰도르와 같은 그들의 가난한 이웃은 최대 1만 3800달러까지 정부가 개입하는 비용을 감당할 수 있다. 같은 서반구의 미국과 캐나다는 건강한 한 해를 얻을 때마다 기꺼이 12만 달러를 투자할 수 있을 것이다.

그렇다고 비용 대비 효율 계산을 근거로 결정을 내리는 것이 결코 쉬운 일은 아니다. 2008년, NICE는 화이자(Pfizer)의 최신 항암제 수텐트(Sutent : 화이자에서 개발한 항암제로 2006년 1월 미국 FDA로부터 위장관 기저 종양 환자와 진행성 신장 암 치료에 대한 사용 허가를 받은 치료제)에 대한 의료 보험 적용을 거부하는 것은 간단한 일처럼 보였다. 그 약은 6주간의 투약 기간 동안 3139파운드의 비용을 부과하는데, 보통 생명 연장 효과는 1년에 조금 못 미치는 수준이었던 것이다. 이것은 그 약으로 건강 유지 생명 연한을 1년 연장하는 데 필요한 비용이 3만 파운드를 넘게 되어 NICE의 기준에 맞지 않는다는 의미였다.

그러자 대중의 반발이 귀가 멍멍할 정도로 거세게 일었다. 영국의 타블로이드지인 〈데일리 메일〉은 그것을 신장 암 환자에 대한 '사형 선고'라고 불렀다. 그러자 NICE는 한발 물러서 일부 환자들에게 수텐트의 처방을 승인하면서 "비록 그것이 어떤 실제적 평가를 기준으로 하더라도 그 정도 편익에 대해 비용이 높은 쪽에 속하지만, 이 경우에는 신장 암에 대해 현재 일선 진료 기관에서 오직 한 가지 치료법만을 표준으로 인정하고 있기 때문에 커다란 의미를 갖는 변화가 발생했다고 볼 수 있다."는 근거를 내세웠다. 사실 투자 금액은 그렇게 높지 않았다. 신장 암을 앓고 있는 영국인의 숫자는 7000명을 넘지 않았으며, 수텐트는 그들 중 오직 절반에게만 적절했기 때문이다. 더 나아가 투약의 첫 6주에 대해서는 화이자가 약값을 지불했던 것이다.

우리는 필요할 경우 모든 의료 보험 서비스를 받을 권리를 갖고 있다는 믿음을 극복하기란 대단히 어려운 일이다. 오바마 대통령이 미국 의료 보험 체계의 개혁을 밀어붙이는 동안 백악관은 자신의 동맹들에게 '배급'이라는 무시무시한 단어를 결코 사용하지 말도록 계속 상기시켰다. 상원 재정위원회의 위원장인 민주당의 맥스 바커스 의원은 의료 보험법 개정안의 작성을 주도했던 의원들 중 한 명인데 이런 말을 했다. "제안된 개정안에는 의료 서비스의 배급이 존재하지 않습니다."

물론 미국의 의료 보험 체계 전반에는 배급 제도가 깊이 침투하고 있는 상태이다. 우선 2009년에 4600만 미국인들이 의료 보험의 보장을 받지 못했다. 커다란 교통사고를 당한 뒤 위스콘신 주의 병원 응급실에 실려 간 부상자에 대한 조사에서 의료 보험이 없는 부상자는 의료 보험이 있는 부상자에 비해 20퍼센트 낮은 수준의 치료를 받았다. 의료 보험을 가진 부상자가 평균 9.2일을 입원하고 있었던 것에 비해 그들은 불과 6.4일만 입원해 있을 수 있었다. 그리고 병원은 의료 보험 환자에게 그렇지 않은 환자에 비해 평균 3300달러의 치료비를 더 사용했다. 당연히 비의료 보험 부상자는 사망할 확률이 40퍼센트나 더 높았다.

이 조사에서는 만약 병원이 의료 보험 환자와 비의료 보험 환자를 똑같이 진료했을 경우 한 사람의 생명을 구할 때마다 22만 달러의 비용이 들었을 것이고, 그것은 연장된 생명 1년당 약 1만 1000달러에 해당한다는 사실을 밝혔다. 이것은 수텐트의 경우에 비교해 볼 때 상당히 저렴한 가격이다. 심지어 NICE가 정한 상한선보다 상당히 낮은 비용이다.

그럼에도 불구하고 누구를 죽이고 누구를 살릴지에 대한 결정권을 정부가 인수하고 싶어 한다는 미국 보수주의자들의 비난을 보면 오바마의 정치적 전술이 이해가 된다. 대통령은 반대파의 전술을 미리 예측하고 새로운 약품과 치료법의 상대적 효율을 조사하여 어느 것이 가장 가치 있는지를 결정하자고 백악관을 통해 제안함으로써 격렬한 반응을 이끌어 냈다. 〈워싱턴타임스〉의 한 사설은, 백악관이 제안한 프로그램을 나치 독일이 수행했던 T-4 작전(Aktion T-4)에 비교했다. T-4 작전은 불치병을 앓는 노약자와 심한 장애를 갖고 있는 아동, 기타 비생산적인 인간을 안락사시키는 정책이었다.

그와 같은 주장은 생명이 무한한 가치를 지니기 때문에 삶과 죽음의 문제에 당면했을 때, 우리는 모든 비용을 아끼지 말아야 한다는 믿음에 호소하기 때문에 대단히 효과적이었다. 영국 국민 건강 보험이 한 때 수텐트에 대한 보험료 지급을 거부했을 때 암에 걸렸던 영국인 희생자의 부인인 조이 하디는 이렇게 말했다.

"모든 사람이 살 수 있을 때까지 삶을 보장받아야 합니다."

이런 믿음으로 인해 미국은 비효율적인 의료 보험 체계라는 멍에를 지고 있다. 2009년, 의료 보험으로만 국가 수입의 18퍼센트가 지출됐다. 비용 효율을 보장할 수 있는 아무런 체계가 존재하지 않는 상태에서, 2020년이 되면 그 비용은 미국 경제의 5분의 1 이상을 집어 삼키게 될 것이다.

어쨌든 미국인들은 일본이나 프랑스, 스페인, 스위스, 오스트레일리아, 아이슬란드, 스웨덴, 이탈리아, 캐나다, 핀란드, 노르웨이, 오스트리아, 벨기에, 독일, 그리스, 한국, 네덜란드, 포르투갈, 뉴질랜드, 룩셈부르크, 아일랜드, 영국, 덴마크의 국민들보다 평균 수명이 더 짧다. 미국은 그들 국가들보다 의료 보험에 집단적으로 더 많은 비용을 사용하고도 고작 그 정도 수준에 머물렀다. 미국인 한 명이 연간 6714달러를 지불하는 데 반해 일본은 의료 보험 관련 지출이 1인당 약 2600달러이며, 포르투갈에서는 2000달러에 불과하다. 더욱이 치료법에 대한 비용 편익 분석에 따라서가 아니라 환자가 진료비를 부담할 수 있는 능력에 따라 의료 서비스가 할당됨으로써 미국의 의료 서비스 분배와 평균 수명은 선진국에서 기대할 수 있는 수준에 미치지 못하는 결과를 초래했다. 평균 임금 이하의 수입을 가진 미국인들 중 절반 이상이 비용이 너무 높아서 필요한 의료 서비스를 받을 수 없는 것으로 보고되었다. 이것은 영국이나 네덜란드의 10퍼센트 수준과 크게 대조되는 것이다.

미국은 강력한 환상 속에 빠져 있다. 즉 시장은 배급하지 않는다는 것이다. 2007년 미국 의회예산국은 진료 행위의 비용 효율을 측정하여 다른 나라들이 하는 것처럼 상승일로에 있는 의료 서비스 비용을 국가가 통제할 수 있는 방법에 대한 보고서를 발행했다. 보고서를 통해 의회예산국은 생명에 가격을 매기는 것이 미국에서는 대단히 위험한 일일 수 있다는 사실을 경고했다. "많은 사람들이 그런 개념을 거부까지는 아니더라도 불편하게 느끼고 있다." 그리고 의회예산국

은 그것이 "환자의 생명을 연장하기 위해서는 어떤 수단도 아끼지 말
아야 한다는 정서"와 일치하지 않는다고 말했다. 시장의 보이지 않는
손은 공산주의 경제의 냉철한 경제 계획 담당자만큼이나 단호하게
환자의 의료 서비스를 거부한다.

행복의 가격

The Price of Happiness

꽃

'멕시코' 하면 마리아치(mariachi, 멕시코의 전통 음악 또는 그 음악을 연주하는 악단), 그리고 봄 방학이면 휴양 도시 칸쿤으로 몰려가 휴가를 즐기는 대학생들이 떠오른다. 그런데 멕시코를 대표하는 또 하나의 문화 상품은 1979년 제작된 텔레노벨라(telenovela, 남미의 TV드라마를 일컫는 말)인 〈부자들도 울 때가 있다(Los Ricos También Lloran)〉이다. 젊은 여주인공 마리아나의 고난과 시련을 중심으로 이야기가 전개되는 이 드라마는 20여 개국 언어로 더빙되어 100여 개국 이상에서 방영되면서 수많은 시청자들에게 사랑을 받았다.

이 드라마는 중국과 사우디아라비아에도 수출되었다. 또한 구소련 붕괴 직후인 1992년 5월 첫 방영된 이후 1억 명의 러시아 시청자들을 사로잡으며, 러시아 국민들에게 자본주의 사회의 대중문화를 접할 수 있는 기회를 제공했다. 보리스 옐친 대통령도 이 드라마의 팬이었다. 러시아 신문 〈프라브다〉의 보도에 따르면, 아브하즈와 그루지야 양측 군인들은 이 드라마가 방영되는 시간에 암묵적으로 휴전하기도 했다.

드라마의 줄거리는 다소 복잡하다. 여주인공 마리아나는 못된 계모에 의해 가족들과 살던 대농장에서 쫓겨난다. 이후 한 부유한 후견인이 마리아나를 돌봐 주는데, 이 후견인의 아들이 그녀에게 구애하여 두 사람은 결혼한다. 두 사람의 관계는 연적의 등장과 질투심으로 얼룩진다. 복잡한 사연으로 인해, 마리아나는 남편과의 사이에서 낳은 아들 베토를 복권을 파는 여인에게 보내기로 결심한다. 그리고 마리아나는 오랜 세월이 흐른 뒤 베토를 다시 만나 위험을 넘기고 무사히 품에 안고 나서야 행복을 찾는다.

다소 기이한 구성 및 흐름과 배우들의 촌스러운 복장에도 불구하고 이 드라마가 수많은 사람들에게 인기를 얻은 것은, 그 플롯이 로맨스 드라마의 원형에 기대고 있기 때문이다. 즉 가련한 여주인공이 운명의 반전을 만나 돈 많고 풍요로운 삶을 살게 되지만 행복을 찾지 못하다가 진정한 사랑을 발견하고 나서야 행복을 얻게 된다는 플롯 말이다. 진부한 주제를 차용하긴 했지만, 이 드라마가 전하는 메시지는 시대를 초월하여 세계 많은 사람들에게 공감을 얻어 냈다. 흔히 부자가 되면 행복해진다고 생각하기 쉽지만 사실 물질적 부와 마음의 행복은 크게 관련이 없다는 사실에 많은 이들이 공감한 것이다.

지금으로부터 한 세기도 훨씬 더 전에 철학자 아르투르 쇼펜하우어 역시 그와 같은 맥락의 말을 했다. "돈은 추상적인 형태의 행복이다. 따라서 구체적으로 행복을 누리지 못하는 인간은 돈을 모으는 데에만 전념한다."

암살당하기 3개월 전인 1968년 3월, 로버트 케네디는 미국이 경제 성장에만 목을 매는 현실을 혹독하게 비판하면서 이렇게 말했다. "GNP는 대기 오염과 담배 광고비를 따지고, 도로 위 부상자를 실어 나르는 구급차의 개수를 셈에 넣는다. 또 문에 다는 특수 잠금 장치의 생산량과 그것을 부수고 침입하는 범죄자들을 집어넣을 감옥의 개수와 비용도 따진다. 그리고 거기에는 삼나무 숲 파괴와 불규칙하게 확장되는 도시로 인한 자연 파괴도 반영되어 있다. 하지만 GNP는 아이들의 건강, 교육의 질, 그들이 느끼는 즐거움은 측정하지 않는다. 또 GNP는 문학의 아름다움, 결혼 생활의 안정성, 공공 담론의 적절성, 정부 관리들의 성실성은 반영하지 못한다. 그것은 우리의 지혜와 용기, 학습, 열정, 애국심도 반영하지 못한다. 요컨대 GNP는 우리 삶을 가치 있고 의미 있게 만들어 주는 요소만 제외하고 모든 것을 측정한다."

과거 로버트 케네디가 강조했던 이러한 신념이 다시금 되살아나고 있는 것 같다. 많은 사람들이 글로벌 경제 위기의 여파와 전 세계를 휩쓴 불황 속에서 고군분투하는 가운데, 일부 정책 입안자들은 물질적 부를 향해 정신없이 내달리는 우리의 태도에 뭔가 문제가 있다는 인식을 갖기 시작했다. 즉 경제 성장뿐만 아니라 그보다 더 중요한 무언가를 추구해야 한다는 생각 말이다. GDP 증가에만 온 에너지를 쏟는 것이 결국 재앙을 초래할지 모른다는 인식이 늘어나고 있는 듯하다.

프랑스 경제가 불황으로 빠져들고 있던 2008년, 니콜라 사르코지 대통령은 노벨상 수상 경제학자인 아마르티아 센과 조지프 스티글리츠, 그리고 프랑스 경제학자 장 폴 피투시를 발탁해, 사람들의 사회 경제적 진보를 좀 더 효과적으로 측정하는 방법을 연구해 줄 것을 의뢰했다. 그리고 그들이 작성한 보고서는 이렇게 결론을 내렸다. "이제는 경제 생산량 측정만을 강조하는 방식에서 사람들의 행복도를 측정하는 방식으로 옮겨가야 할 때다." 또한 보고서는 정부가 통상적인 경제 데이터를 다른 정보들(예컨대 국민들의 행복도 등)로 보완하는 것이 바람직하다고 제안했다.

국민 대다수가 불교를 믿는 히말라야 산맥에 위치한 조그만 나라 부탄에서는 이와 같은 인식이 확고하게 자리 잡고 있다. 부탄에는 국민 총행복(Gross National Happiness, GNH)이라는 것이 존재한다. 그리고 이 개념을 사용하여 정부 정책을 평가하고 국민들의 행복 지수를 가늠한다. 지그메 싱기에 왕추크(Jigme Singye Wangchuck) 전 국왕이 1972년에 이 말을 만들었으며, 36년이 흐르고 그가 왕좌에서 물러난 이후인 2008년에 부탄은 최초로 민주적인 총선을 실시했다. 그리고 부탄 국민들은 세계 최초로 GNH 지수를 만들어낸 왕당파 의원들로 구성된 정체(政體)의 수립에 동의했다.

GNH 지수는 9개 영역(심리적 웰빙, 지역 사회의 활력, 생태계, 좋은 거버넌스, 시간 활용 등)에서 70가지가 넘는 변수를 따져 산출된다. 또 다양한 행동에 대해 점수를 설정한다. 사람들이 기도나 명상을 자주 하거나 가족들을 잘 이해하고 있다고 느끼면 행복 점수가 올라가고, 스스로

이기적이라고 느끼면 행복 점수가 내려간다. 하지만 좋아하는 어떤 행동을 많이 할수록 반드시 바람직한 것은 아니다. 예컨대, 부탄 사람들은 박치기를 하여 한쪽 사람이 다른 쪽 상대방을 항복시키는 전통 경기 랑타브(Langthab)를 매우 좋아하지만 삶의 행복도를 위해서는 한 달에 한두 번 정도면 충분하다는 것이다. 이 경기를 자주 한다고 해서 거기에 비례해 행복 지수가 높아지는 것은 아니었다. 또 돈도 행복 지수를 높여 주긴 하지만, 연간 가구 소득 7만 597눌트룸(약 1550달러)을 넘어가면 재산 증가가 반드시 행복을 증가시키지는 못했다.

그런데 물질적 부가 행복과 거의 또는 전혀 관련이 없다는 생각이 점차 늘고 있긴 하지만, 이런 생각을 다소 재고해 볼 필요가 있는 것도 사실이다. 쇼펜하우어의 의견과 마리아나의 삶이 우리에게 시사하듯 물질적 부의 공허함을 강조하는 말들은, 경제 성장이 인간 삶에서 가장 중요한 것들은 제공해 주지 못하므로 경제 성장을 추구하는 것이 시간 낭비라는 미심쩍은 전제에 더욱 힘을 실어 준다. 경제 성장에 집중하는 방식에 대한 회의론과 물질 중심주의를 향한 거센 비난들에도 불구하고, GDP가 낮은 것보다는 높은 것이 바람직한 것은 사실이다. 하루에 2.5달러 미만 소득으로 살아가는 30억 이상의 사람들(세계 인구의 절반에 해당한다) 중 누군가에게 행복하냐고 물어보라. 그럼 '그렇다'는 대답이 얼마나 돌아올까?

실제로 설문 조사 결과를 보면 물질적으로 풍요한 사람이 가난한 사람보다 더 행복한 경향이 있음을 알 수 있다. 돈은 삶의 질을 개선해 주는 많은 것들을 제공해 주기 때문이다. 일반적으로 부유한 나라에서는 국민들이 더 건강하고 아동 사망률도 더 낮으며 평균 수명도

더 길다. 또 환경도 더 깨끗하고 교육 수준도 높으며 국민들이 육체
적으로 덜 위험하고 좋은 일자리에서 일한다. 대개 부자는 가난한 사
람에 비해 더 많은 여가 시간을 즐기고, 여행을 더 많이 다니고, 문화
생활도 더 영위한다. 물질적 부는 사람들로 하여금 많은 제약을 극복
하게 해 주고 삶에 대한 주도권을 쥘 수 있도록 해 준다. 로버트 케네
디가 뭐라고 말했든 간에, GNP 증가가 아이들의 건강 증진에 도움
이 되는 것은 사실이다.

영국에서 실시한 한 연구 결과, 1점(만족도 가장 낮음)에서 7점(만족도
가장 높음)까지 점수를 매긴다고 쳤을 때 연간 수입이 12만 5000파운
드 증가하면 삶의 만족도가 1점 높아진다는 사실을 발견했다. 오스
트레일리아의 연구 팀은 다양한 설문 조사 결과를 토대로 특정한 사
건들과 관련된 사람들의 행복도를 수치화한 결과를 발표했다. 이에
따르면, 1만 6500~2만 4500달러의 공돈이 생기는 것은 결혼을 했을
때와 거의 비슷한 행복도 증가를 가져온다. 또 17만 8300~18만
7600달러를 잃는 것은 자녀의 죽음을 경험하는 경우와 비슷한 수준
의 불행감을 가져온다. 2009년 갤럽 조사에 따르면, 연간 소득 2만
4000달러 이하인 미국인들 가운데 30퍼센트가 우울증을 겪는 데 반
해 연간 소득 6만 달러 이상인 사람들 가운데 우울 증세를 겪는 사람
은 13퍼센트에 불과한 것으로 나타났다. 물질적 부는 행복 증가에 분
명히 영향을 미친다.

GDP 대신 행복도를 측정해야 한다는 주장에는 문제가 있다. 사람
들을 행복하게 만드는 요인을 누가 정확하게 정의할 수 있을까? 특
정 지수 산출 결과 국민의 행복도가 높은 것으로 나온다면 이득을 볼

쪽은 그 정부가 아닐까? 예를 들어, 부탄의 언론 보도들을 보면 부탄 국민들이 과거에 비해 랑타브를 비롯한 전통 경기들에 흥미를 많이 잃었음을 알 수 있다. 그럼에도 불구하고 정부의 국민 총행복 산출에서 이 경기들은 행복을 주는 요인으로 포함된다. 부탄은 대단히 권위주의적인 국가다. 부탄 정부는 1999년이 되어서야 텔레비전 방송을 도입했다. 1989년에는 모든 부탄 국민이 공공 장소에서 종카어(부탄의 공식 언어)만을 사용하도록 의무화했다. 1985년에는 부탄 남부에 사는 네팔계 소수 민족 가운데 1958년 이전에 이주해 정착했음을 증명하지 못하는 사람들을 무국적자로 규정하는 새로운 시민권법을 제정하여, 약 10만 명의 네팔계 소수 민족을 추방했다. 국토의 72퍼센트가 삼림이고 관광객이 거의 없어 자연 훼손도 적은 점 등을 비롯해 부탄에는 좋은 측면들도 있다. 그러나 부탄은 여자 영아 살해 및 낙태가 많고 남성 100명당 여성 89.2명으로 성비 불균형이 심하다. 이런 상황을 감안한다면, 만일 좀 더 민주적인 국가라면 국민이 행복하다고 규정하는 데 어려움을 겪을지도 모른다. 부탄이 행복한 나라일지는 모르지만, 이는 국민 총행복 지수의 여러 항목들과 관계가 있다기보다는 물질적 풍요와 관계가 있을 가능성이 높다. 1980년 부탄의 1인당 GDP는 인도보다 10퍼센트 높았다. 현재 부탄의 1인당 GDP는 인도보다 75퍼센트 높다. 2009년 전 세계가 불황으로 몸살을 앓을 때도 부탄의 경제는 6.9퍼센트 성장했다. 한편 2008년에 부탄의 경제 규모는 20퍼센트 성장했다. 세계의 다른 나라들과 마찬가지로 부탄 역시 경제 발전에 비례해 행복도가 증가했다.

전 세계 국가들을 대상으로 실시하는 세계 가치관 조사(World

Values Survey)의 지난 20년간 결과를 보면 국민의 행복도가 가장 높은 나라는 부유한 덴마크이다. 가장 행복도가 낮은 나라는 가난한 국가인 짐바브웨다. 2006년 갤럽 세계 조사에서는 132개국 성인들에게 삶의 만족도를 물어 0점에서 10점까지 점수를 매겨 달라고 했다. 1인당 GDP가 832달러에 불과한 나라인 토고 국민들의 평균 점수는 3점 남짓이었다. 반면 토고보다 55배쯤 더 부유한 미국 국민들의 행복도 점수는 7점이었다.

행복이란 무엇인가

'행복'만큼 정의하기 어려운 개념이 또 있을까? 행복이란 말에는 수많은 의미가 담겨 있다. 역사 속의 많은 사상가들도 행복에 대해 논했다. 간디는 "행복이란 생각과 말과 행동이 조화를 이룰 때 찾아온다."라고 말했다. 에이브러햄 링컨은 이렇게 말했다. "사람은 자신이 행복해지겠다고 마음먹는 만큼 행복해진다." 만화 〈피너츠〉에 나오는 '철학자' 강아지 스누피의 다음 말은 내가 생각하기에 근원적인 인식론적 문제를 대단히 정확하게 건드렸다. "내 인생엔 목표도, 방향도, 의미도 없어. 그런데도 난 행복해. 왜 그럴지 알 수가 없네. 내가 뭘 잘하고 있는 거지?"

행복을 연구한 많은 심리학자와 경제학자들은 '주관적 웰빙(subjective well-being)'이 다음 세 가지 요소로 구성된다는 사실에 동의한다. 만족감(자신의 꿈과 비교했을 때 현재 삶에 대한 만족도), 긍정적인 감정(예: 즐거움)의 존재, 부정적인 감정(예: 분노)의 부재가 그 세 가지다.

행복은 분명히 존재하는 무언가다. 그리고 그것은 삶의 질에 영향을 주는 객관적인 척도들과 직접 연결되어 있다. 평균적으로 국민들의 행복도가 높은 나라에서는 고혈압 발병률이 더 낮다. 행복한 사람은 감기에 걸리는 비율도 더 낮다. 또 걸린다 하더라도 행복도가 낮은 사람보다 훨씬 더 빨리 낫는다. 삶의 만족도가 높은 사람은 몸을 다치더라도 더 빨리 회복하는 경향이 있다. 스스로 행복하다고 말하는 사람은 더 자주 웃으며, 더 잠을 잘 자고, 스스로 건강하다고 느끼며, 주변 친척들도 행복한 경우가 많다. 그리고 많은 연구 결과는 행복도와 자살률이 반비례함을 보여 준다. 행복한 사람은 죽고 싶다는 생각을 하지 않는다.

하지만 행복이란 결코 측정하기 쉽지만은 않다. 예컨대 종합 사회조사에서 행한 방법처럼, 당신 스스로에게 '나는 얼마나 행복한가?'라고 묻고 1-3점 가운데 점수를 매겨 보라. 그리고 그 점수가 무엇을 의미하는지 설명해 보라. 사람들에게 이렇게 질문을 던지면 대답이 각양각색으로 나온다. 우리 머릿속에서는 본능적인 반응과 이성적인 분석이 뒤엉키고, 우리는 장기적 꿈과 관련해 삶의 상태를 평가하는 것과 단기적인 즐거움을 혼동한다. 우리는 미래에 어떤 것이 성취되면(명예, 재산, 이상적인 배우자 등) 행복해질지 스스로 잘 안다고 생각한다. 하지만 막상 미래가 되어 그것을 성취하고 나서 그로 인해 완전한 행복감을 느끼는 경우는 별로 없다. 우리는 평생 지속되는 만족감과 순간적인 만족감을 구별할 줄 안다고 느끼지만, 사실 순간적인 즐거움이 현재의 우리 존재를 제압하는 경향이 있다.

1980년대에 한 흥미로운 실험이 실시되었다. 행복도를 묻는 설문 조사에서, 첫 번째 그룹은 답하기 전에 복사기 위에서 우연히 10센트 동전을 발견하게끔 상황을 만들어 놓고, 두 번째 그룹은 그냥 설문 조사를 실시했다. 그 결과 첫 번째 그룹이 두 번째 그룹보다 삶의 만족도가 훨씬 높다고 대답했다. 또 다른 연구에서는 사람들에게 초콜릿 바를 주고 설문 조사를 실시하자 삶의 만족도가 높다는 대답이 나왔다. 혹자는 삶에 대한 우리의 전반적인 만족도가 평생에 걸쳐 일정한 수준을 유지한다고 생각할지도 모른다. 일상 속의 즐거움이나 불만들에 별로 영향을 받지 않는다고 말이다. 하지만 사람들에게 삶의 행복도를 물어보고 한 달 뒤에 다시 똑같은 질문을 던지면, 두 번째 에는 완전히 다른 대답을 할 때가 많다.

지그문트 프로이트는 "본래 사람들은 행복을 추구한다. 그들은 행복해지고 싶어 하고 그 상태를 유지하고 싶어 한다."라고 말했다. 행복이란 말 대신 경제학 용어인 '효용'이라는 단어를 사용하는 대부분의 경제학자들도 이 말에 동의할 것이다. 이 간단한 명제는 경제학자들에게 소득이 아닌 다른 것을 측정해야 한다는 로버트 케네디의 주장을 반박할 수 있는 강력한 도구를 제공해 준다. 왜냐하면 사람이 본래 행복을 추구하는 동물이라면, 사람을 행복하게 만드는 요인이 무엇인지 알아내려고 애쓰느라 시간을 낭비할 필요가 없기 때문이다. 그저 사람들의 행동을 관찰하기만 하면 된다. 우리는 대부분 일을 하고 돈을 버는 것을 선택한다. 이런 시각에서 보면, 경제 성장은 우리가 행복을 추구하기 때문에 생겨나는 결과물이다. 그리고 경제 성장은 우리의 행복 증진에 기여한다.

이와 같은 접근법에는 한계가 존재한다. 우리는 종종 얼핏 이해하기 힘든 선택을 내린다. 즉 반드시 우리를 더 행복하게 만들어 주지는 않는 선택들 말이다. 우리는 암과 폐기종에 걸릴 확률이 높아진다는 사실을 잘 알면서도 담배를 피운다. 또 살이 쪄서 불만스러워질 것을 잘 알면서도 끊임없이 음식을 먹는다. 최근 갤럽 여론 조사에 따르면 미국인의 거의 3분의 2는 자신이 과체중이라고 생각한다. 하지만 체중을 감량하기 위해 진지하게 노력을 기울인다고 답한 사람은 4분의 1밖에 되지 않았다. 1980년대에 나타난 프로스펙트 이론(Prospect Theory, 행동 경제학의 중심 이론)에서는 심리학 도구들을 이용해 인간의 경제적 행동을 분석했다. 행동 경제학자들은 인간을 행복하게 만들어 주는 요인과 관련된, 경제학의 표준적인 관점으로는 설명되지 않는 다양한 종류의 특이한 행동들을 밝혀냈다. 예를 들어, 무언가를 얻음으로써 증가하는 행복감의 양보다 무언가를 잃음으로써 줄어드는 행복감의 양이 더 크다. 다시 말해 인간은 이득보다 손실에 더욱 민감하다. 이를 '손실 회피' 경향이라고 한다. 우리는 우리를 행복하게 만들어 줄 가능성에 차이가 있는 선택들을 현명하게 구분하지 못할 때가 많다. 우리는 불과 몇 번의 경험을 토대로 추정하여 일반적인 결론(대개는 잘못된 결론)을 내리곤 한다. 또 우리는 주변의 행동들을 모방하며 무리의 행동을 따른다.

하지만 우리가 우리를 행복하게 만들어 준다고 생각하는 행동을 추구하는 것은 일반적으로 사실이다. 그리고 어떤 선택은 우리에게 행복을 가져다주지 못하기도 하지만, 또 어떤 선택은 행복을 가져다준다. 에이브러햄 링컨과 관련된 일화가 하나 있다. 비 오는 어느 날

저녁 링컨이 친구와 마차를 타고 가고 있었다. 그는 친구에게 사람은 누구나 자신의 행복을 최대화하려고 노력한다는 경제학자들의 이론에 자신도 공감한다고 말했다. 그때 그는 돼지 한 마리가 강둑 옆의 진흙탕 속에 빠져 옴짝달싹 못하는 모습을 발견했다. 링컨은 마차를 세우라고 지시하고는 마차에서 내려 진흙 속에 빠진 돼지를 구해 주었다. 손발이 더러운 진흙투성이가 된 링컨에게 친구가 물었다. 돼지를 구하기 위해 대단히 힘들고 귀찮은 일을 한 것은 아까 링컨이 한 말과 모순되지 않느냐고 말이다. 그러자 링컨은 이렇게 대답했다. "지금 내 행동은 아까 말한 견해에 충분히 부합하는 것일세. 만일 저 돼지를 구해 주지 않았다면 나는 대단히 우울해졌을 테니까."

로버트 케네디의 우려 섞인 제안에 대한 적절한 대답은 다음 정도가 될 것이다. 경제 성장의 추구 과정에서 종종 우리의 행복을 위협하는 여러 부정적인 부작용(과다한 탄소 배출, 환경 파괴 등)이 발생하는 것은 사실이다. 하지만 미국인들(그리고 세계의 많은 사람들)이 경제적 소득을 얻고 GDP를 높이는 활동에 엄청나게 많은 시간과 에너지를 쏟는 것 또한 여전히 사실이다. 경제적 부가 삶의 안녕과 행복을 높여 준다고 생각하기 때문이다. 그리고 그것은 실제로 삶의 행복도 증진에 기여한다.

시멘트 바닥이 가져다준 행복

물론 행복이 전적으로 물질적 부에만 좌우되는 것은 아니다. 일반적으로 성생활을 하지 않는 사람은 정기적으로 성생활을 하는 사람에 비해 행복도가 낮다. 또 실업률이나 범죄율이 높은 지역, 높은 인플레이션을 겪는 지역, 공장의 화석 연료 사용으로 인한 황산화물 오염이 많은 지역일수록 사람들의 행복도가 더 낮다. 행복도가 높은 사람들 가운데는 결혼한 사람이 많고 이혼한 사람이 상대적으로 적으며, 삶의 행복도가 높은 사람은 대개 친구가 많다. 또 보수 정치인이 진보 정치인보다 행복도가 높은 경향이 있다.

퓨리서치센터(Pew Research Center)가 실시한 설문 조사 결과, 2008년 11월 미국 대선에서 공화당 후보 존 매케인의 패배가 거의 확실해져가고 있을 때에도, 삶의 행복도에 대한 질문에서 공화당원들 가운데 37퍼센트가 스스로 '매우 행복하다'고 답한 데 반해, 민주당원들은 25퍼센트만이 그렇게 대답했다. 종합 사회 조사(General Social Survey)가 1972년부터 그와 같은 설문 조사를 꾸준히 실시해 왔는데, 비슷한 추세가 이어져 왔다. 세계 많은 나라에서도 보수와 진보 사이에 그러한 행복도 차이가 존재한다. 아마도 이는 진보 진영 정치인들이 느끼는 모종의 죄책감 내지는 책임감과 관련이 있을 것이다. 뉴욕 대학교의 심리학 교수들이 행한 연구에 따르면, 사회의 소득 불평등이 심화될수록 보수-진보 정치인들의 행복도 차이가 더 커진다고 한다. 이는 보수 정치인들이 불평등을 인간 사회의 자연스러운 현상이라고 설명하는 경향이 강하고, 따라서 그런 현실과 관련된 죄책감이나 책임감을 덜 느낀다는 것을 암시한다.

그러나 경제적 상황을 개선하면 사람들이 느끼는 삶의 행복도가 더 높아질 가능성이 많다. 1989년 11월 베를린 장벽이 무너지고 10여

년이 흐른 뒤, 구동독 사람들은 구서독 사람들에 비해 여전히 삶의 행복도가 좀 더 낮았다. 통일 이후 이루어진 소득 증가가 없었더라면 아마도 그들의 행복도는 그보다 훨씬 더 낮아졌을 것이다. 구동독 국민들이 느끼는 삶의 만족도는 1991년에서 2001년 사이에 약 20퍼센트 높아졌다. 여기에는 암울한 독재 정권에서 벗어나 자유를 얻었다는 해방감이 큰 영향을 미쳤다. 그러나 가계 소득이 60퍼센트 증가했다는 점 또한 중요한 역할을 했다.

러시아 연방의 GDP는 1990년에서 1995년 사이에 25퍼센트 감소했다. 이를 감안하면, 러시아 국민들의 삶의 만족도가 17퍼센트 낮아진 것도 그리 놀랍지 않다. 구소련 해체 이후 남성 자살률이 급격히 높아진 현상을 분석한 이후, 전문가들은 1인당 GDP가 100달러 증가하면 러시아 남성의 자살률이 0.14-0.20퍼센트 낮아진다고 결론을 내렸다. 또 일자리를 갖고 있는 인구의 비율이 1퍼센트 증가하면 남성 자살률이 약 3퍼센트 낮아지는 것으로 나타났다.

만일 당신이 바닥이 흙으로 된 집에서 산다면 삶의 행복도가 어떨지 생각해 보라. 2000년 멕시코 북부의 코아우일라 주 정부는 '피소 피르메(Piso Firme, 견고한 바닥이라는 뜻)'라는 정부 프로그램을 실시했다. 이는 한 가구당 약 1500페소가 들어가는 비용(당시 환율로 약 150달러이며, 한 가구의 한 달 반 소득에 해당하는 금액)을 정부가 부담하여, 내부가 흙바닥인 집에서 사는 국민들의 집에 시멘트 바닥(최고 50제곱미터까지)을 깔아 주는 프로그램이었다. 해당 가구들은 공사 날짜를 사전에 통보받고 가재도구를 치워 두는 등 준비를 했다. 대형 트럭들이 공사 자재를 싣고 빈민층 지역에 들어가 각 가정에 시멘트를 공급했고, 해당 집에 사는 주민들도 모두 나서서 시멘트를 바닥에 바르고 평평하게 고르는 작업에 참여했다.

이 프로그램이 시행되고 몇 년 후, 세계은행과 미국 대학 두 곳의 전문가들이 휴대용 체중계 및 의료 검사 장비들을 갖추고 코아우일라의 주요 도시인 토레온에 있는 빈민가 일대를 방문했다. 주민들의 삶이 변화한 정도를 체크하고 평가하기 위해서였다. 더러운 흙바닥은 각종 벌레와 기생충이 번식하는 온상이 된다. 이 때문에 아이들 몸에 기생충이 득실거릴 뿐만 아니라 아이들이 수시로 설사를 하고, 이로 인한 영양실조에 시달리게 된다. 또 열악한 집안 환경은 빈혈과 발달 장애도 유발한다. 빈민가를 찾은 전문가들은 먼저 아이들의 상태를 체크하기 위해, 대변 샘플을 받고 빈혈 검사용 혈액도 조금씩 뽑았다. 그리고 인지 발달 검사도 실시했다. 전문가들은 부모들에게도 어린 자녀가 동물이나 가구 이름 같은 기본적인 단어를 얼마만큼 알고 있는지 물었다. 조금 더 큰 아이들에게는 단어와 해당 그림을 연결하는 테스트를 실시했다. 또 전문가들은 각 가구의 엄마에게 삶에 대한 만족도가 어떤지 물어보았다.

새로 깔린 시멘트 바닥의 영향을 평가하기 위해서, 전문가들은 토레온 가정들의 건강 및 행복도를 인근 도시인 고메스팔라시오(시멘트 바닥 깔기 사업이 시행되지 않은 곳) 가정들과 비교했다. 전문가들의 조사 결과, 시멘트 바닥 깔기가 시행된 지역에서는 아이들의 기생충 감염이 78퍼센트 감소한 것으로 드러났다. 설사 증세도 절반가량 줄어들었고 빈혈도 80퍼센트 감소했다. 시멘트 바닥의 집에서 사는 아이들이 인지 능력 테스트에서 옳은 답을 말하는 비율은 흙바닥 집에서 사는 아이들보다 30-100퍼센트 더 높았다. 또 엄마들이 느끼는 행복도도 전보다 높아졌다. 자녀를 둔 여성들이 겪던 우울증이 절반쯤 줄어들었으며 스트레스 수치도 떨어졌다. 시멘트 바닥에서 살게 된 엄마들이 느끼는 삶의 만족도는 69퍼센트 증가한 것으로 드러났다. 이러한 행복을 얻는 데 든 비용은 가구당 150달러 정도였다. 물론, 이후 멕시코 연방 정부는 시멘트 깔기 프로그램을 다른 주들에도 확장 시행했다.

개발 도상국에 비해 선진국이 물질적으로 풍요로운 것은 물론 사실이다. 그런데 선진국에서도 역시 물질적 부는 행복 증가에 기여한다. EU의 여론 조사 기관 유로바로미터(Eurobarometer)에서는 회원국 국민들의 삶에 대한 만족도를 30년 넘게 조사해 왔다. 이 조사에 따르면, 소득 상위층 25퍼센트 가운데 거의 3분의 1에 해당하는 사람들이 '매우 만족한다.'고 대답했다(1990년대 말 기준). 반면 소득 하위층 25퍼센트 가운데 그렇게 대답한 사람들은 23퍼센트에 불과했다.

미국의 경우도 비슷했다. 미국인들의 행동 및 신념을 파악하기 위해 1970년대 초부터 실시된 종합 사회 조사의 결과를 보면, 소득 상위층 25퍼센트 가운데 40퍼센트 이상의 사람들이 매우 행복하다고 대답했다. 그러나 소득 하위층 25퍼센트 중에서 그렇게 답한 사람은 25퍼센트에 불과했다.

물질적 부가 영원한 행복을 보장해 주는 것은 아닐지도 모른다. 그러나 코넬 대학교 경제학 교수 로버트 프랭크의 다음 말에는 분명히 일리가 있다. "소득 수준 하위 5퍼센트에서 상위 5퍼센트로 옮겨가는 것만큼 행복도를 크게 높여 주는 삶의 변화는 아마도 없을 것이다."

뉴욕의 제11 하원 의원 선거구(내가 살고 있는 곳이다)는 그다지 잘살
지 못하는 지역에 속한다. 인구 조사 자료에 따르면 이 선거구 지역
에 있는 가구들의 평균 연소득은 5만 1300달러로, 이는 전국 가구 소
득 중앙값보다 1만 2000달러 낮은 액수다. 우울한 동네가 아닐 수 없
다. 2009년에 여론 조사 기관 갤럽, 건강관리 서비스업체인 헬스웨
이즈(Healthways), 로비 단체인 미국건강보험계획은 미국 국민들을
대상으로 생활, 일, 건강에 대한 만족도에 대한 설문 조사를 실시하
여, 그 결과를 토대로 선거구별 행복도 지수를 발표했다. 내가 사는
선거구는 전국에서 421위였으며, 이는 끝에서 15번째였다.

미국에서 가장 행복도가 높은 선거구는 뉴욕의 제11 하원 의원 선
거구와는 정반대 쪽 끝에 있는 캘리포니아의 제14 선거구였다. 이 선
거구는 태평양 연안의 샌프란시스코와 새너제이 사이에 있으며, 최
첨단 산업의 밀집지인 실리콘밸리의 대부분 지역을 포함한다. 이곳
은 주변 풍경이 대단히 멋지며 뉴욕 브루클린보다 날씨도 훨씬 좋다.
또한 가구 연소득 중앙값은 11만 6600달러다.

제자리걸음 하는 행복

물질적 부와 행복을 단정적으로 연결지어 생각하는 데에는 한계가
있다. 이는 인간 고유의 특성인 적응력 때문이다. 가족의 죽음을 경
험한 이후에도 사람들은 어느 정도 시간이 흐르면 원래 일상으로 복
귀한다. 영국의 한 연구는, 사고 등으로 인해 불구가 된 사람들은 큰

절망감에 빠지지만 그들 중 다수가 잃어 버렸던 행복감의 대부분을
1~2년 내에 되찾는다는 사실을 밝혀냈다. 결혼 및 행복에 관해 독일
에서 실시한 연구에 따르면, 남편을 잃은 여성이 상실감과 충격에서
벗어나는 데에는 약 2년이 걸린다.

슬픔뿐 아니라 기쁨도 영원히 지속되지는 않는다. 독일 여성들은
연애에서 결혼에 이르기까지의 2년 동안 점진적으로 행복도가 상승
한다. 그러나 결혼한 해를 기점으로 이후 2년간은 행복도가 점차 내
려가서 원래의 상태로 돌아간다. 부자가 된 사람들의 경우에도 비슷
한 현상이 나타나는 것으로 보인다. 여러 연구 결과에 따르면, 복권
에 당첨되었을 때 느끼는 환희와 기쁨은 비교적 빠른 시간 내에 희미
해진다. 설령 당첨 금액이 수백만 달러라 할지라도 말이다. 당첨된
이후 6개월 내에 주인공이 느끼는 행복감은 당첨되기 이전의 상태로
돌아간다.

1970년대에 서든캘리포니아 대학교의 경제학 교수 리처드 이스털
린은 행복과 관련하여 대단히 흥미로운 연구 결과를 발표했다. 행복
과 관련된 25년간의 설문 조사 자료를 연구한 뒤, 그는 눈부신 경제
발전에도 불구하고 미국인들이 느끼는 행복도가 2차 세계 대전 직후
에 비해 그다지 크게 높아지지 않았다고 결론 내렸다.

그 원인은 인간이 적응하는 동물이기 때문이다. 또 이스털린은,
삶의 질의 절대적인 수준이 아니라 '주변 사람들과 비교할 때 나의
삶의 질이 어떠한가?' 하는 점이 우리의 행복을 좌우하는 것 같다고
말했다.

이후 다른 경제학자들도 행복의 상대적 성질에 관해 유사한 연구

결과를 내놓았다. 주변 사람들이 더 부유하면 우리는 상대적으로 행복감을 덜 느낀다. 대략적으로 말해서, 내가 1000달러를 잃는 것과 옆 사람이 1000달러를 얻는 것은 비슷한 정도의 불행감을 유발한다. 계층 간 소득 격차가 큰 나라일수록 자살률이 높은 경향이 있다. 많은 경제학자들은 극빈층 사람들에게는 물질적 풍요가 확고한 행복감을 가져다줄 수 있다는 생각에 동의한다. 소득이 높아지면 극빈층 삶의 여러 제반 조건이 현격히 나은 쪽으로 변화할 수 있기 때문이다. 그러나 충분한 부의 한계선을 넘어가면 더 많이 갖는 것은 별로 의미가 없어진다. 부자는 빈자보다 더 행복할 가능성이 있지만, 이미 부자인 사람이 더 많이 갖는다고 해서 그에 비례해 행복도가 높아지지는 않는다. 소득 수준의 사다리를 한 계단 올라서서 새로운 삶에 곧 적응하며, 자신을 더 부자인 사람들과 비교하게 되기 때문이다.

적응력은 인간에게 유용한 특성일 수 있다. 경제학자 게리 베커와 루이스 라요는 행복이 상황 중심적이고 단기적인 특성을 갖는 것은 진화론적인 관점에서 의미를 갖는다고 말한다. 발전이 일시적으로라도 우리의 행복감을 높여 준다면, 우리는 끊임없이 발전하려는 동기를 부여받게 된다. 마찬가지 이유로 인해, 주변 사람들에게 뒤처지지 않으려는 욕구 역시 작동하게 된다. 발전하고 성장하려는 욕구가 강할수록 우리가 생존할 확률도 높아진다. 250년 전 애덤 스미스는 행복을 성취할 수 있다는 생각은 "인간의 산업 사회를 끊임없이 움직이도록 만드는 교묘한 착각"이라고 말한 바 있다.

우리는 자기 기만적인 게임에 발을 들여놓고 있는 것일까? 이스털린의 말이 옳다면, 경제 성장이란 암울한 목표에 불과할지도 모른다.

모든 사람의 소득이 똑같이 증가한다면, 그들이 느끼는 상대적인 위치도 변하지 않는다. 만일 경제 발전으로 인해 어떤 사람들이 다른 사람들보다 더 큰 몫을 가져간다면, 제로섬 게임이 되어 전자의 행복이 증가한 만큼 후자는 행복이 감소한다. 적응력은 우리에게 훨씬 덜 희망적인 세상을 보여 준다. 끊임없이 같은 자리만 달리는 러닝머신처럼, 스스로 느끼는 행복이 늘 제자리걸음만 하는 세상 말이다. 미국 건국의 아버지들은 행복 추구권을 모든 국민이 반드시 지녀야 하는 양도할 수 없는 권리로 천명했다. 하지만 우리가 모든 상황과 수준에 적응하는 동물이라면, 행복해지려고 노력하는 것이 무슨 의미가 있는가?

일부 심리학자들은 행복이 두뇌에 선천적으로 내장되어 있다는 주장을 하기도 했다. 환경이나 여건의 변화가 아니라 각 개인의 유전적 특성이 행복을 결정한다고 말이다. 그리고 행복도에 유전적 요인이 영향을 미친다는 증거도 제시된 적이 있다. 미네소타 쌍둥이 등록 프로젝트(Minnesota Twin Registry)에서는 1936~1955년 사이에 태어난 수천 명의 쌍둥이를 조사했다. 그리고 연구진은 유전적 특성이 동일한 일란성 쌍둥이인 두 사람의 행복도 변화가 대단히 밀접한 상관성을 지닌다는 사실을 발견했다. 즉 두 사람이 함께 자랐는지 서로 떨어져서 자랐는지 여부와는 상관없이, 한쪽 사람의 행복도는 다른 쪽 사람의 행복도와 상당히 유사했다. 각자의 교육 수준이나 재정 상태와의 관련도는 상대적으로 더 낮았다. 반면 이란성 쌍둥이의 경우에는 서로 간의 행복도 상관관계가 거의 없었다.

하지만 만일 유전적 요인이 행복을 좌우하는 것이라면, 우리는 로버트 케네디의 질문보다 훨씬 더 심각한 질문에 답해야만 한다. 즉, 유전적 요인이 아닌 다른 어떤 것도 우리의 행복감을 높여 주지 못한 다면, 무언가를 성취하려고 애쓰거나 추구하는 것에 무슨 의미가 있을까? 이 질문은 경제 발전을 완전히 다른 시각으로 바라보게 만든다. 몇 년 전 이스털린은 '경제 발전과 행복에 관한 착각을 심화시키는 것들'이라는 제목의 글을 발표했다. 그는 이 글에서 행복에 관해 수십 년간 해 온 연구에 대한 결론을 이렇게 내렸다. "조사 결과들을 보면, 경제 발전에 집중하는 것이 사회 구성원들에게 가장 이로운 길이라는 견해의 근거가 취약하다는 사실을 알 수 있다." 사실, 우리가 제자리걸음만 하는 '행복의 러닝머신' 위를 달리고 있다는 전제는 사회가 발전할 수 있는 무언가라는 믿음을 손상시킨다.

미국인들의 행복 방정식

하지만 아직 절망할 필요는 없다. 행복의 러닝머신은 극단적인 비유이다. 그리고 이스털린의 주장은 다소 과장되어 있다. 경제적인 것이든 다른 형태든 발전이 인간을 더욱 행복하게 만들어 준다는 전제를 반박하는 증거는 매우 미약하다. 경제 발전은 여전히 인간에게 많은 것을 제공해 줄 수 있다.

미국인들의 행복도는 경제 발전에 특히나 영향을 덜 받는다. 1946년에서 1991년 사이에 미국의 1인당 소득은 2.5배 높아졌다. TV나 자동차 같은 내구 소비재의 소유율도 높아졌고, 학력도 크게 높아졌으며, 평균 수명도 높아졌다. 하지만 설문 조사에 나타난 미국인들의 평균 행복도는 약간 떨어졌다. 미국은 2000년에서 2006년 사이에 삶의 만족도가 떨어진 4개 나라 중 하나였다(나머지는 헝가리, 포르투갈, 캐나다였다).

그러나 미국 밖으로 눈을 돌려보면, 소득 증가가 거의 항상 행복도 증가를 가져온다는 사실을 알 수 있다. 과거 25년간 소득이 높아진 52개국에서 실시된 설문 조사를 보면, 45개 나라에서 행복도가 증가했고, 7개 나라에서만 행복도가 감소했다. 52개국 가운데 상대적으로 국민 소득이 낮은 나라들(인도, 아일랜드, 멕시코, 푸에르토리코, 한국 등)에서는 행복도가 크게 높아졌다. 1973년 유럽 공동체 회원국이었던 9개 나라 가운데 벨기에만 제외하고 나머지 나라는 모두 이후 경제 발전에 따라 국민들의 행복도가 높아졌다.

이러한 데이터는 한 단계 올라설 때마다 원하는 목표도 또 다시 높아지기 때문에 행복이 제자리걸음을 한다는 전제와 모순된다. 이들 데이터는, 실제로 우리가 증가된 소득이 주는 행복감에 적응한다 할지라도 그것이 우리의 모든 행복감을 앗아가는 것은 아니라는 사실을 암시한다. 우리가 옆 사람보다 소득이 더 높아지는 데에서 상대적인 행복감을 느끼는 것도 사실이지만, 또한 우리는 물질적 부가 가져다주는 삶의 질 상승으로 인해 행복감을 느낀다.

만일 100달러가 미국 국민들에게 가져다주는 행복감보다 아프리카 부룬디 국민들에게 가져다주는 행복감이 훨씬 더 크다면, 이는 연간 소득이 4만 달러 이상일 때보다 연간 소득이 400달러 이하인 경우에 100달러라는 돈이 훨씬 더 중요한 의미를 지님을 의미한다. 하지만 잘사는 나라에서도 역시 경제 발전이 삶의 만족도 증가에 영향을 미치는 것으로 보인다. 사실 우리가 이스털린의 연구에서 얻게 되는 교훈은, 일정한 발전 수준을 넘어서면 경제 발전이 더 이상 추가적인 행복 증가를 가져다주지 않는다는 사실이 아니다. 경제 발전은 분명히 추가적인 행복 증가를 가져온다. 물론 이미 소득이 높은 사람이라면 조금 더 소득이 많아지는 것이 별로 의미가 없다. 이것이 바로 경제학자들이 말하는 '수확 체감의 법칙'이다. 그런데 우리의 행복을 위해서는 다른 요소들(자유로운 여가 시간, 공해 없는 깨끗한 환경 등)도 역시 중요하다. 돈의 중요성이 낮아질수록(즉 소득 증가가 행복에 별로 영향을 미치지 않을수록) 그러한 요소들은 더 중요해지기 시작한다. 만일 우리가 이들 요소를 희생시켜서 경제 번영을 성취한다면, 순수하게 증가한 행복의 양은 증가한 소득과, 그 소득을 얻기 위해 포기한 다른 요소들을 헤아려서 계산해야 한다.

미국인들은 유럽 사람들보다 잘 산다. 미국의 1인당 GDP는 4만 7700달러 안팎으로, 이는 프랑스나 독일보다 30퍼센트 이상 많은 액수다. 하지만 1-3점으로 매겼을 때 미국인들의 삶의 행복도는 2.2점이었다(종합 사회 조사의 설문 조사 결과). 이는 유럽 사람들의 행복도와 거의 비슷한 수준이다. 유럽 사람들은 1-4점으로 매겼을 때 2.9점이었다(유로바로미터의 설문 조사 결과).

미국인들의 삶 만족도가 경제 수준에 비해 크게 높아지지 않는 현상을 설명해 줄 만한 요인이 몇 가지 있다. 첫째는 미국 국민들의 소득 성장이 한쪽으로 편중되어 있다는 점이다. 1972년에서 2005년 사이에 소득 수준 중위 이하 미국인들의 가계 소득은 20퍼센트 미만 높아졌지만, 상위층 20퍼센트에 속하는 사람들의 가계 소득은 59퍼센트나 높아졌다. 행복도 증가도 그에 따른 결과를 보였다. 즉 소득 상위층 40퍼센트 사람들의 행복도는 약간 높아졌지만, 그 나머지 사람들의 행복도는 떨어졌다. OECD 회원국들 중 선진국 가운데 미국이 행복 불평등이 가장 심하다면, 그것은 미국이 소득 불평등이 가장 심한 나라이기 때문일 가능성이 높다.

그러나 다른 설명 가능성들도 있다. 돈이 행복도를 증가시키는 가능성에 대해 논할 때, 우리는 '증가하는 것이 정확히 무엇인가'를 생각해 볼 필요가 있다. 프린스턴 대학의 대니얼 카너먼과 앵거스 데톤은 미국인 약 45만 명을 대상으로 실시한 설문 조사 결과를 분석하여, 연간 소득이 약 7만 5000달러가 된 이후에는 사람들의 '정서적 행복감'(기쁨이나 슬픔 등의 정서 상태에 대한 대답을 토대로 측정함)이 더 이상 높아지지 않는다는 사실을 발견했다. 그러나 생활에 대한 만족도는 소득이 증가함에 따라 꾸준히 증가했다.

물질적 부가 우리의 행복감을 높여 주듯이 자유로운 여가 시간 역시 행복감을 높여 준다. 미국인들은 유례없는 경제 번영을 성취하기 위해서 엄청난 시간을 희생했다. 물질적 부의 증가가 미국인들의 행복 증가에 기여하지 못했다는 이스털린의 연구 결과는, 사실 돈을 버는 데 쏟아 붓는 시간이 그 돈을 소비함으로써 얻을 수 있는 행복감을 빼앗아 가고 있다는 사실을 방증하는 것이다.

전문가들은 하루 24시간을 쓰는 방식과 그에 대한 자신의 기분을 날마다 일기장에 적은 텍사스 여성 1000명을 연구 분석했다. 그 결과 여성이 가장 행복감을 느끼는 활동은 섹스, 퇴근 후 친구들과의 교제, 휴식이었다. 가장 싫어하는 것은 출퇴근하고 일하는 시간이었다. 안타깝게도, 그들이 하루 중 자신이 좋아하는 일을 하며 보내는 시간은 약 3시간 40분에 불과했다. 그리고 약 9시간은 하기 싫은 활동을 하며 보냈다.

선진국들 가운데 미국만큼 노동 시간이 긴 나라는 없다. OECD 회원국 가운데 미국을 제외한 모든 나라가 유급 휴가와 유급 공휴일을 법으로 규정해 놓고 있다. 포르투갈에서는 1년 중 유급 휴일이 총 35일이고, 일 많이 하기로 유명한 나라인 일본에서도 유급 휴일이 10일이다. 반면 미국에는 법적으로 정해진 유급 휴가가 없다. 그리고 미국인들은 휴가를 떠나는 기간도 더 짧다. 대부분의 선진국들에서 근로 시간이 줄어들었지만, 미국의 경우에는 지난 30년간 근로 시간에 거의 변화가 없었다. 미국의 정규직 근로자들은 평균적으로 1년에 46주 일한다. 이는 스페인보다 5주가 많은 날짜다. 40년 전에 일본 근로자들의 연간 근로 시간은 미국인들보다 350시간 더 많았다. 그러나 2006년에 미국인의 근로 시간은 일본인보다 많았다.

이와 같은 노동은 경제가 크게 성장하는 데 기여했다. 1975년에서 1997년 사이에 미국의 1인당 GDP는 거의 50퍼센트 성장했다. 그런데 문제는 추가적인 소득 증가로 인해 얻은 미국인들의 행복감이, 1년에 76시간 더 일해야 하는 데서 오는 불행감에 의해 상쇄되었다는 사실이다. 미국을 프랑스의 경우와 비교해 보자. 프랑스 경제는 서서히 성장했다. 그러나 프랑스 인들은 1975년에 비해 1997년에는 근로 시간이 260시간 줄었다. 전문가들은 소득이 가져다주는 행복 증가와 여가 시간이 가져다주는 행복 증가를 비교해 본 뒤, 미국인들에게 늘어난 노동 시간에 대해 보상해 주고 프랑스 인들과 똑같은 수준의 행복감을 제공해 주기 위해서는 미국 경제가 실제보다 세 배는 더 빠른 속도로 성장했어야 할 것이라는 계산을 내놓았다.

　물질적으로 좀 더 풍요로워지면 행복을 위한 방정식도 변화한다. 소득이 높아지면, 여가 시간의 가치는 높아지는 반면 돈으로 살 수 있는 물질적인 것들은 덜 중요해진다. 그래서 대개 선진국 국민이 개발 도상국 국민보다 더 적은 시간 일하는 것이다. 한국인의 연간 여가 시간은 멕시코인보다 650시간 더 많지만, 벨기에인보다는 400시간 더 적다. 하지만 돈이냐 시간이냐 하는 선택은 그 자체로 다소간의 근심을 유발한다. 소득이 높아질수록, 비생산적인 활동으로 시간을 보내는 경우에 포기해야 하는 돈의 액수도 많아지기 때문이다. 예컨대 연봉이 20만 달러인 사람과 2만 달러인 사람이 1시간 노동으로 벌어들이는 수입의 가치는 전자가 훨씬 높다. 즉 연봉 20만 달러인 사람은 1시간을 포기하면 더 많은 돈을 포기하는 셈이다. 우리의 소득이 가장 높을 때에 시간과 돈 사이의 긴장도 가장 높아진다.

　평생에 걸친 행복 곡선은 U자와 비슷한 모양이 된다. 즉 행복도가 인생 초반에 높다가 서서히 낮아져서 중년쯤에 최저점을 찍고 다시 상승한다. 미국 남성들의 행복도가 가장 낮은 시기는 50대 초반이고 유럽 남성 및 여성들의 경우엔 40대 후반이다. 멕시코 사람들은 약 41세에 행복도가 가장 낮다. 중년기는 인생에서 다소 우울한 변곡점이 될 수 있다. 마침내 자신의 한계를 인식하고 받아들이는 시기, 연예인 스타 혹은 갑부가 되거나 세계 일주를 하겠다는 등의 오랜 꿈을 접게 되는 시기이기 때문이다. 또 이즈음은 그동안 쌓아온 노력들을

토대로 자신의 직업이나 경력 내에서 가장 높은 위치에 올라서며 가
장 소득이 높아지는 시기이기도 하다. 하지만 자유로운 여가 시간이
가장 적은 때이기도 하다. 미국 중년 남성의 평균 수면시간은 8.3시
간이며, 이는 10대 후반과 20대 초반의 9.8시간보다 낮은 수치다.

흔히 삶의 질을 높여 주는 혁명적 도구로 묘사되는 정보 기술은 때
로 오늘날 경제 사회에 족쇄가 되기도 한다. 닷컴 열풍이 한창이던
1990년대에, 투자 은행인 모건스탠리의 수석 이코노미스트였던 스
티븐 로치는 정보 기술로 인해 서비스 분야의 노동 생산성이 현저히
증가했음을 보여 준다고 하는 정부의 통계 발표를 혹독하게 비판했
다. 그는 말했다. 서비스 분야 종사자들의 생산물은 손으로 만질 수
있는 물건이 아니라 대부분 생각과 아이디어들인데, 그들의 시간당
생산량을 그렇게 쉽게 증가시키는 일이 어떻게 가능한가?

로치는 컴퓨터가 생산성 증가를 가져왔다는 생각은 착각일 뿐이
라고 결론 내렸다. 사실 기술의 발달은 근로자들로 하여금 더 오랜
시간 일하도록 만들었다는 것이다. 노트북 컴퓨터, 휴대 전화, 기타
최신 기기들 때문에 사람들은 장소와 시간에 구애받지 않고 일할 수
있게 되었다. 로치는 말했다. "정보 시대의 암울한 진실 하나는, 정
부가 파악하는 업무 시간 이외에도 사람들이 점점 더 많은 일을 하
게 되었다는 점이다." 좀 더 만족을 주는 다른 활동들에 쏟곤 했던
시간을 이제 우리는 첨단 기기로 일하는 데에 쏟고 있다. 1985년에
미국인들이 하루에 음식을 만들고 먹고 치우는 데에 쓰는 시간은 평
균 2시간 29분이었다. 하지만 2003년에 이 시간은 1시간 50분으로
줄어들었다.

삶의 기쁨

미국인들이 항상 다른 나라 국민들보다 더 많이 일한 것만은 아니다. 과거 1970년대에는 유럽 사람의 근로 시간이 미국인보다 더 길었다. 오늘날 유럽의 근로 시간이 줄어든 것에 대해, 일부 경제학자들은 높은 세금이 사람들의 노동 의욕을 저하시킨 것이라고 말한다. 또 어떤 이들은 강력한 노조를 원인으로 꼽는다. 노조들이 유럽의 사회 민주주의 정부들에게 압박을 가하여 법정 휴일, 짧아진 1주 노동 시간 수를 비롯하여 좀 더 많은 여가 시간을 보장받게 되었다는 것이다. 1990년대 말 프랑스 국회는 실업률을 낮추기 위한 전략의 일환으로서, 주당 노동 시간을 35시간으로 정하는 법을 통과시켰다. 근로자 1인의 노동 시간이 줄어들면 더 많은 사람들이 일자리를 얻을 수 있으리란 생각에서였다. 이 정책은 실업률을 해결하는 데에는 실패했지만, 결과적으로 근로자들에게 일터에서 벗어난 자유 시간을 더 많이 주게 되었다.

오랜 시간 주로 미국에서 활동해 온 프랑스 인 경제학자이자 IMF 수석 이코노미스트인 올리비에 블랑샤르는 물질적 풍요와 생산성을 이뤄 가는 과정에서 유럽과 미국이 매우 다른 선택을 내렸다고 말한다. 미국인들은 높아진 생산성을 활용해 더 많은 돈을 벌고 더 많은 재화 및 서비스를 구매하는 쪽을 선택했다. 반면 유럽 인들은 생산성 향상을 토대로 여가 시간과 집안일을 돌보는 데 쓰는 시간을 더 늘렸다는 것이다.

많은 경제학자들은 이것이 서로 다른 선호도를 반영하는 이성적인 선택이라고 말할 것이다. 유럽 인은 시간을 선택하고 미국인은 돈을 선택한 것은 그들이 각자 그것을 더 선호하기 때문이며, 따라서 그들의 선택은 각자 자신을 행복하게 만들어 줄 것이라고 말이다. 하지만 또 다른 해석도 가능하다. 미국인들이 더 불행해지는 길을 택한 것은 아닐까?

미국인의 행복도가 2차 세계 대전 직후에 비해 별로 높아지지 않았다고 했던 그 연구에서는 프랑스 인들의 행복도는 과거에 비해 높아졌다고 밝히고 있다. 프랑스 인들은 미국인들보다 1년에 440시간 더 적게 일한다. 그 부분적인 이유는 미국인들의 휴가는 4주 미만인데 비해 프랑스 인들은 7주의 휴가를 쓰기 때문이다. 프랑스 인은 선진국 국가들 가운데 수면 시간이 가장 길다. 또 미국인보다 식사에 더 많은 시간을 투자하여, 하루 중 2시간 15분 정도를 요리하고 먹는데 쓴다. 그리고 프랑스 인은 하루에 약 1시간을 여가 활동으로 보내는데, 이 역시 미국인보다 더 많은 시간을 할애하는 것이다.

프랑스 여성이 요리에 소비하는 시간은 미국 여성보다 두 배 이상이며, 여가 활동(스포츠, 공연 관람 등)에 쏟는 시간은 약 50퍼센트 정도 더 많다. 프랑스 여성보다 미국 여성은 일하는 데에 10퍼센트 더 많은 시간을 쓰고, 수동적인 여가 활동(TV 시청 등)에 30퍼센트 더 많은 시간을 쓴다. 설문 조사 결과에 따르면, 미국인들은 프랑스 인들의 생활 방식을 부러워한다. 만일 미국 여성들이 프랑스 여성과 똑같은 방식으로 하루를 보낸다면, 프랑스 인과 '똑같은' 수준으로 행복해지지는 않겠지만 적어도 현재 삶에서 느끼는 것보다는 행복도가 더 높아질 것이라고 전문가들은 말한다.

미국인들의 행복 탐구에서 우리가 이끌어 내야 할 결론은 '물질적 부가 행복을 높이지 못한다'는 것이 아니다. 물질적 부는 행복을 증가시킬 수 있다. 중요한 것은 물질적 부가 유일한 변수는 아니라는 사실이다. 행복은 돈이 아닌 '다른 형태의 통화'로도 획득할 수 있는 것이다. 이를테면 사랑, 시간 같은 무형의 통화 말이다. 그리고 만일 앞뒤 가리지 않고 소득 증가만을 추구하면 우리는 행복을 가져다주는 다른 요소들을 희생시킬 수밖에 없다.

멕시코의 드라마도 이제 조금 변화했다. 1990년대에 멕시코의 TV 방송국 텔레비자(Televisa)는 〈부자들도 울 때가 있다〉의 기록적인 시청률을 재현하고자, 리메이크 작품인 〈바리오의 마리아(María la del Barrio)〉를 제작 방영했다. 원작의 미숙한 가치관을 극복하려는 요량이었는지, 아니면 세상을 바라보는 새로운 시각을 전달하려는 것이었는지, 드라마 작가는 여주인공 마리아 에르난데스에게 다음과 같은 새로운 대사를 써 주었다. "부자도 울 때가 있다는 것, 나도 알아요. 하지만 가난한 사람은 더 많이 울지요."

여성의 가격

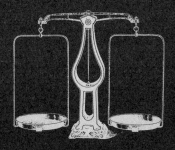

The Price of Women

CHAPTER 4

　가끔 나는 일부다처제가 그처럼 나쁜 평판을 받게 된 이유가 궁금해지곤 한다. 과거 부자들이 많은 자식을 보기 위해 여성을 마치 가축처럼 사고팔며, 규방에 여자들을 끌어모으던 과거의 야만적 관습이라며 우리는 일부다처제라는 말에 눈살을 찌푸린다. 갤럽의 여론 조사에 따르면, 미국인들 중 90퍼센트가 일부다처제를 잘못된 관습으로 생각하는 것으로 나타났다. 이는 인간 복제나 낙태, 사형에 반대하는 사람의 비율보다도 훨씬 높은 수치다. 대부분의 국가에서 일부일처제는 표준으로 정착되어 있다.

　하지만 역사적으로 보면 엄격하게 일부일처제를 준수하는 경우가 오히려 드문 사례였다. 사실 일부다처제는 인간 역사 속에서 지속적으로 유행했다. 과거 거대한 제국에서는 다수의 짝을 감당할 수 있었던 왕이나 황제들에게 그것이 큰 인기를 끌었다. 조로아스터교의 이 란이나 파라오의 이집트, 그리고 아즈텍과 잉카 제국의 권력자들 사 이에서는 일부다처제가 공통적인 관습이었다. 솔로몬 왕은 700명의 아내와 300명의 첩을 두었다. 하지만 성경에 따르면, 그것이 신에게 문제가 된 것은 단지 그의 아내들 중 다수가 유대인이 아니라 모아브 인과 암몬 인, 히타이트 인 기타 등등 다른 부족 출신인데다 각자 다 른 신을 섬기고 있었기 때문이었다. 게르솜 벤 유다(Gershom ben Judah)에 의해 소집된 종교 회의를 통해 아슈케나지파 유대교로부터 일부다처제가 금지된 것도 불과 기원 후 1000년경의 일이었다.

문화 인류학자 조지 머독은《인종 지도 사전》을 편찬하여 과거와 현 재를 망라하는 거의 1200개 공동체들의 전통과 관습을 기록했다. 그 중 850개 공동체에서 일부다처제가 일반화되어 있었다. 1960년대와 1970년대에 172개의 북아메리카 서부 인디언 공동체를 대상으로 문 화 인류학적 조사를 벌인 결과 그와 유사하게도 단지 28개 공동체에 서만 일부다처제가 아예 존재하지 않거나 희귀한 사례였다.

일부다처제는 일본의 경우 1880년까지, 인도에서는 1995년까지도 합법이었으며, 인도의 경우는 그 당시 힌두교도만 금지했을 뿐 이슬 람교도는 아직도 일부다처제를 지키고 있다. 미국의 경우 몰몬교는 20세기로 접어들 무렵에 비로소 일부다처제를 금지했다. 그것도 1887년 종교 단체의 지위를 박탈당하고 교단의 재산을 압류당하는 등 미국 의회로부터 강력한 압박을 받은 끝에 어쩔 수 없이 그렇게 한 것이었다. 심지어 1980년대에도 학자들은 세계 인구의 10퍼센트 가 일부다처제 공동체 속에서 살고 있는 것으로 평가했다. 지금도 중

동의 일부 지역과 아프리카의 대부분 지역, 그리고 미국 서부의 몰몬교 분파들 사이에서 한 명 이상의 부인을 맞는 것은 여전히 일상적인 일이다.

일부다처제는 우리의 유전자 속에 존재하는 속성이다. 유전학자들은 중국과 프랑스, 아프리카, 남태평양 지역의 거주민들을 대상으로 유전적 변형을 조사해 남성보다는 여성이 자손에게 더 많은 유전적 다양성을 전달한다는 사실을 발견했다. 이는 남성보다는 여성의 숫자가 많을수록 유전적으로 성공할 가능성이 높다는 사실을 암시한다. 이는 일부다처제의 전형적인 특징과도 잘 일치한다. 즉 부유한 남자는 다수의 여성들과 짝을 짓는 반면 가난한 남성은 거의 자손을 보지 못하거나 전혀 볼 수 없다.

일부다처제와 이혼에 대한 소론에서, 18세기의 스코틀랜드 계몽주의 철학자 데이비드 흄은 일부다처제를 자연에 반하는 것으로 격렬하게 비난했다. "남성을 왕과 다름없는 신분으로 만드는 이런 관습은 진정한 찬탈 행위이다. 평등성은 말할 것도 없고 자연이 남성과 여성 사이에 설정한 종의 유사성을 파괴하는 행위이다." 하지만 그로부터 200년 이상이 흐른 1979년, 호메이니(Ayatollah Ruhollah Khomeini)는 이탈리아 언론인 오리아나 팔라치(Oriana Fallaci)에게 "네 명까지 아내를 허용하는 것은 대단히 진보적인 법으로 남성보다 여성이 더 많기 때문에 여성을 위해 작성된 것"이라고 말했다. 그는 일부다처제가 '일부일처제보다 낫다'고 결론 내렸다.

남성과 여성 사이에서 벌어지는 대단히 사적인 거래에 시장의 보

이지 않는 손을 적용하는 것은 이상하게 보일지도 모른다. 하지만 이
들 짝짓기 방식에도 경제적 논리가 존재한다. 그 논리는 정자의 가치
가 상대적으로 낮다는 사실과 관계가 있다.

가격은 우리가 알고 있는 가장 사적인 거래에서도 뚜렷하게 부각
된다. 짝짓기를 위한 시장에서, 여러 상품에는 가격이 부가된다. 여
기서도 가격은 슈퍼마켓의 상품 진열대에서 하는 것과 마찬가지 역
할을 수행하여, 그에 따른 이익을 극대화하는 방향으로 자원을 할당
한다. 이 특정한 시장에서 이익은 대체로 자손의 생존이라는 형태를
띠게 된다.

다윈의 자웅 도태 이론은 미래 세대에게 자신의 유전자를 계승시
키는 긴급한 과제가 행동의 최우선 구동력이라고 단정했다. 그와 같
은 노력을 수행하는 과정에서 남성은 단지 소량의 정액만이 요구되
는 반면, 여성은 난자를 생성하고 뱃속에서 태아를 수정하며 길러야
하는 구조이기에 부부가 비대칭적인 출산 전략을 갖게 되는 것은 매
우 자연스러운 일이다.

자연계에서 이것은 가능한 많은 여성에게 자신의 씨를 뿌릴 수 있
게 해 주는 체계가 남성에게 가장 이상적인 체계라는 의미이다. 자식
을 뱃속에 품어야 하는 엄청난 비용으로 인해 출산 능력을 제한당하
는 여성은 여러 남성을 활용하려고 하지 않을 것이다. 대신 여성들은
양이 아닌 질을 추구하여 다음 세대의 생존을 보장하는 데 필요한 능
력을 가진 남성을 선택하게 될 것이다.

짝짓기 방식을 결정하는 데 필요한 고려 사항은 한 가지가 아니다.
암컷 보노보 침팬지는 유달리 문란하다. 그들은 주변에 수컷이 보이

기만 하면 언제든 성교를 나눈다. 연구자들은 이런 행동이 영아 살해를 피하기 위한 전략으로 발달된 것이라고 제안한다. 수컷은 엄마가 수유를 중단하고 다시 임신 가능한 상태가 되도록 자기 자손이 아닌 새끼를 죽이는 경향이 있다. 무차별적인 성교를 통해 수컷은 그녀의 아기가 자신의 자식인지 결코 확신할 수 없게 된다.

짝짓기 전략은 온갖 종류의 환경적 제약에 영향을 받는다. 제약은 먹이의 양에서부터 인구 밀도까지 다양하게 존재한다. 새들 중 많은 종은 안정적인 일부일처의 관계를 형성한다. 이것은 한 마리의 수컷을 두고 암컷들끼리 경쟁하는 사태를 방지하기 때문에 수컷이 자손을 양육하는 일에 좀 더 긴밀하게 협력하게 된다. 하지만 새들 사이에서 간통은 일반적인 현상이다. 수컷들이 결혼의 제약을 떨쳐 버리고 자신의 생식 능력을 극대화하는 반면, 암컷은 자신의 충직한 짝보다 더 좋은 유전자를 갖고 있는 수컷을 찾으려고 애쓴다.

하지만 번식에 대한 암컷과 수컷의 투자 비대칭이란 관점에서 보면 많은 성적 습관들을 이해할 수 있게 된다. 예를 들어, 보통 바람을 피우는 남편이 자기 아내보다 더 어린 여자를 찾는 반면, 바람을 피우는 아내는 남편보다 더 교육 수준이 높은 사람을 찾는 이유도 그것을 통해 설명할 수 있다. 남성은 임신 능력을 보여 주는 척도인 여성의 몸매에 가장 큰 관심을 보이는 반면, 여성은 자원에 대한 통제력을 나타내는 척도로서 남성의 수입에 관심을 갖는다. 또한 투자 비대칭은 인류 역사 전반에 걸친 다양한 공동체에서 여성이 한 가지 가치만을 인정받아 왔던 이유도 설명해 준다.

일부다처제는 불평등의 자손이다. 그것은 최저 생계의 공동체, 자

원이 희귀한 사회에서는 거의 보이지 않는다. 왜냐하면 남성이 다수
의 여성을 부양할 수 없기 때문이다. 게다가 모든 남성이 똑같이 가
난하다면, 여성이 한 남자의 첫 번째 부인이 되기보다 다른 남자의
두 번째 부인이 되는 선택을 할 이유가 없다. 일부다처제가 우세하게
되는 이유는 경제적으로 성공한 남성이 자신의 성공을 번식 시장으
로 확장하여 여러 명의 배우자에게 자신의 씨를 심을 수 있기 때문이
다. 또한 그것을 통해 한 명 이상의 여성이 자원을 풍부하게 보유하
고 있는 남성과 짝을 맺음으로써 그의 성공적인 유전자를 공유하게
된다. 이와 같은 인센티브의 결합으로 남성이 입찰을 하고 여성은 출
산 서비스를 제공하는 시장이 탄생했다. 자원이 많은 남자는 더 많은
출산 서비스를 수용할 수 있다. 이런 시장 체계는 종종 남자가 돈을
주고 신부를 사는 관습으로 이어지기도 한다.

　머독의 《인종 지도 사전》에 기록된 공동체들 중 대략 3분의 2가 신
부에게 돈을 지불하는 관습을 갖고 있다. 그런 공동체 중에 케냐의
목축 및 농경 사회인 킵시기(Kipsigis)가 있다. 문화 인류학자 모니크
멀더는 1980년대와 1990년대에 그 공동체를 연구하여 부인 한 명당
남성의 번식력에 6.6명의 자식이 추가된다는 사실을 발견했다. 이런
생식력은 보통 신랑이 신부의 가족에게 지급하는 가격을 결정한다.
1960년대로부터 1980년대 초까지 킵시기 신부의 가격은 젖소 여섯
마리와 염소 여섯 마리, 800케냐 실링이었다. 평균적인 수입을 가진
남자에게 그것은 그가 가진 젖소의 3분의 1, 염소의 절반, 두 달분의
급료에 해당했다.

　하지만 신부의 가격도 수요와 공급에 따른 상승과 하강을 반복한

다. 멀더는 토지가 귀해져 남자들이 결혼하기에 충분한 재산을 모으기 위해 더 오랜 시간이 걸렸던 1970년대와 1980년대에 신부의 가격이 하락했다고 보고했다. 킵시기의 남성들은 가급적 어린 여성들과 결혼하기 때문에 여성에 대한 남성의 비율은 남성 쪽에 더욱 유리하게 기울어졌다. 더 나아가 여성이 혼외 임신을 하게 되어 신부로서 가치가 떨어지게 되는 사례도 증가했다.

일부다처제는 골칫거리가 될 수도 있다. 그것은 가난을 대물림하고 생산 활동에 투입돼야 할 자본을 신부 시장으로 전환시킨다. 그것은 남성들에게 자손을 많이 갖도록 부추겨 그들 자손의 교육에 투자할 수 있는 자원을 감소시킨다. 한 연구에서는 아프리카에서 일부다처제를 금지할 경우 출산율이 40퍼센트 감소하고 저축은 70퍼센트 증가하며 1인당 경제적 산출이 170퍼센트 증가할 것이라는 의견을 제시했다. 하지만 그것은 일부다처제가 일부일처제보다 여성에게 더 나쁘다는 의미가 아니다.

인간 역사 전반에 걸쳐, 세상은 대체로 가부장제 사회를 유지해왔다. 일부일처제든 일부다처제든 아들이 혈통을 계승하고 가문의 유산을 물려받는 것이 보통이었다. 딸은 결혼하여 남편의 가문과 이름을 따랐다. 하지만 거기에는 매우 중요한 차이점이 존재한다. 일부다처제 사회에서는 남성 대 여성의 성비가 여성에 유리한 쪽으로 기울어진다. 따라서 여성은 자신보다 지위가 높은 남성과 짝을 맺게 될 가능성이 높다. 일부일처제 사회에서는 등급이 낮은 여성이 등급이 낮은 남성과 결혼할 수밖에 없다. 미국 문화 인류학자 로라 베직은 이런 말을 했다. "광대 보조(Bozo the Clown)의 첫 번째 아내가 되려고 존 케네디의 세 번째 아내를 마다할 여자가 과연 어디에 있겠는가?"

물론 신부의 가격은 신부 본인에게 지급되는 경우가 거의 없다. 그것은 보통 그녀의 부모에게 지급되며 그런 다음 입장이 바뀌어 그들은 아들의 신부를 사기 위해 그 돈을 사용한다. 따라서 뿌리 깊은 가부장 문화에서조차 부모는 딸을 통해 현금 수입을 기대할 수 있기 때문에 그녀를 더욱 귀중하게 여기게 된다. 캘리포니아 대학의 경제학자 시어도어 버그스트롬은 일부다처제의 경제 모델을 개발하여 가족이 딸을 시집보내면서 받은 돈을 아들의 신부를 사는 데 사용할 때, 적어도 한 명의 아들을 가진 가족은 딸의 숫자가 더 많을수록 더 많은 손자를 보게 된다는 결론을 내렸다. 이런 사실로 인해 여성의 값어치는 더욱 높아진다.

많은 일부일처제 사회에서, 딸들은 단지 부담에 불과한 경우가 많다. 그런 사회에서 신부는 거의 아무런 가치를 갖지 못한다. 오히려 여기서는 신부 지참금이 특색을 이루는데, 신부의 가족이 신랑에게 지불하는 돈을 의미하는 지참금은 일부다처제 문화에서는 사실상 상상도 할 수 없는 일이다. 전통적으로 일부일처제였던 많은 사회에서 여아를 살해하거나 낙태하는 경향이 보이는 이유가 아마 거기에 있을지도 모른다.

지난 2000년에 걸쳐 일부다처제는 서서히 쇠퇴했는데, 그것이 처음에는 유럽에서 시작되어 그들의 식민지가 확장됨에 따라 점차 전 세계로 번졌다. 하지만 여성의 반대로 인해 일부다처제가 사라지고 있는 것 같지는 않다. 오히려 남성들이 거기에 등을 돌렸다고 보는 편이 나을 것이다. 한 이론에서는 경제 발전으로 인해 부유한 남성들의 번식에 대한 목표가 바뀌었기 때문에 일부일처제가 촉진됐다고 단정했다. 주로 상속을 통해 부를 얻게 되는 저개발 사회에서는 자식의 교육에 투자하는 것이 현명한 일은 아니다. 이런 사회에서 남자가 결혼하는 목적은 가급적 많은 아이를 낳아서 자신의 유전자가 다음 세대까지 전달될 수 있는 가능성을 높이는 데 있다. 이것은 여성의 자질에 관계없이 부인의 숫자를 최대로 늘리는 전략을 권장한다.

경제가 발전하고 부를 축적하는 방법이 직업을 갖는 것이 되면서 아이들의 인적 자본에 대한 투자가 현명한 전략으로 부각되기 시작했다. 이런 부유한 세계에서는 더 많은 아이들이 생존하여 성인이 되기 때문에 남성에게는 가능한 아이를 많이 낳기 위해 부인을 많이 거느려야 할 필요성이 줄어들었다. 대신 자식들을 교육시킬 수 있는 현명한 아내를 얻는 것이 중요해졌다. 이런 변화는 여성의 교육을 부추겼다. 가난하고 원시적인 사회에서는 여성을 교육시키는 것이 경제적 불안을 초래하는 것은 둘째 치고 그 자체가 아무런 소용이 없는 일이다. 하지만 일단 남성의 목표가 많은 자식을 낳는 것에서 소수의 자식에게 더 나은 교육을 제공하는 것으로 바뀌자 그들을 양육하기 위해 어머니가 될 여자를 교육시키는 것은 유용한 투자로 자리매김했다. 이와 같은 우선순위의 변화는 짝짓기 시작의 경제 논리에도 변화를 일으켰다. 고학력 여성의 가격이 상승했기 때문에 일부다처제는 더 이상 감당할 수 없는 제도가 된 것이다.

하지만 가장 매력적인 가설은 경제가 발전한 대규모 사회는 사회적 응집력을 필요로 하기 때문에 일부다처제가 그런 요구에 굴복했다는 것이다. 사회는 응집력이 강할수록 그보다 조직적이지 못한 이웃보다 경쟁에서 유리하다. 156개 국가를 비교한 1999년의 조사에서, 일부일처제 사회는 일부다처제에 비해 더 인구 밀도가 높고 부패도 덜하며 사형 선고의 비율도 낮고 더 부유한 것으로 나타났다.

일부다처제는 부자가 모든 여성들을 매점하고 가난한 사람을 유전자 풀에서 탈락시키기 때문에 불균형을 고착시킨다. 그럴 경우 조화로운 사회적 관계는 기대하기 어려워진다. 2000년대의 대부분 기간 동안, 몰몬교에서 분리되어 유타 주와 애리조나 주 사이의 국경 지대에서 집단 거주지를 형성하고 있는 예수그리스도후기성도 교회는 종교 지도자들이 각자 수십 명의 신부를 거느릴 수 있도록 수백 명의 10대 소년들을 추방했다. 이런 논거 속에는 거대한 민주주의 국가가 생존하기 위해서 일부다처제가 반드시 사라져야 한다는 암시가 숨어 있다.

호머의 그리스 시대 엘리트 계층 사이에서는 일부다처제가 일반적인 현상이었다. 하지만 기원전 10세기부터 그리스로마 시대는 거의 일부일처제 사회에 가까워졌다. 즉 시민들에게 오로지 한 명의 배우자만 허용하고 첩과 함께 동거하는 것은 허용되지 않았던 반면, 자기 노예와는 원하는 만큼 성교를 할 수 있었다. 당시 노예는 대부분 다른 문명을 상대로 한 전쟁의 전리품이었다. 연구원들은 이와 같은 구조를 통해 힘없고 가난한 사람들도 아내를 맞이하여 자손을 볼 수 있었을 뿐만 아니라 능력 있는 사람들은 원하는 만큼 자신의 씨를 뿌릴 수 있었을 것이라고 주장한다.

그리스로마 시대로부터 중세 교회를 통해 일부일처제가 유대-기독교 세계 전역에 전파되었다. 기원 5세기, 성 아우구스투스는 일부일처제를 '로마의 전통'이라고 불렀다. 125년 뒤, 유스티니아누스 황제는 '고대 법률'은 남편이 아내와 첩을 동시에 거느리는 것을 금지했다고 말했다. 기독교는 고대 세계 전역에 일부일처제를 전파했다. 간헐적으로 일부다처제가 불쑥 등장했던 경우를 제외하면 서구에서는 혼인 제도로서 일부일처제가 정착됐다.

여성 노동의 가치

경제학자 게리 베커는 1960년대부터 단순 시장 거래를 넘어서 인간의 행동과 상호작용에 대한 다수의 연구를 수행해 노벨 경제학상을 수상했다. 가족에 대한 그의 분석은 그중 최고의 성과였다. 베커는 남편과 아내가 상호 보완적인 가사 용품에 특화된 생산자이며 가족은 일종의 작은 공장으로 간주했다. 즉 여성은 양육이라는 서비스를 갖추고 남성을 상대로 가사라는 상품을 제공하며, 남성은 노동 시장에서 먹을 것을 벌어서 가정에 공급한다는 것이다. 두 사람이 같이 공동의 재화를 제공함으로써 가정은 이익을 얻는다. 여기서 가장 중요한 이익 중 하나가 바로 자손이다. 경제적 형식을 갖춘 베커의 분석은 단순히 핵가족을 설명하는 것 이상의 능력을 갖고 있다. 그것은 남성과 여성 간의 관계를 지배하는 다양한 제도를 조명하여 부부와 가족의 재화에 대한 시장 거래까지 추적했다.

결혼이라는 거래가 경제적인 성격을 갖고 있다는 사실로부터 우리는 대부분의 사회가 자원에 대한 여성의 접근을 보장하기 위해 특별 보호 수단을 법제화하고 있는 이유를 설명할 수 있다. 다윈의 진화론 적인 세계에서 남성에게 가장 적합한 전략은 가급적 많은 여성에게 자신의 씨를 뿌리는 것이기 때문에 그와 같은 보호 수단을 통해 여성 은 성공적으로 자식을 키우는 데 필요한 자원을 확보하게 된다. 기원 전 2000년 이전부터 수메르인들은 우르 남무 법전(Ur-Nammu)을 통 해 이혼에 대한 가격을 정해놓고 있었다. 남성은 전처에게 세 명의 노예를 살 수 있을 정도의 금액인 1민나(mina) 무게의 은을 제공하거 나, 그녀가 그 전에 결혼했다가 과부가 된 경우라면 그 절반을 지불 해야만 했다. 함무라비 법전은 남자가 자기 자식의 엄마를 떠날 때 그녀의 지참금을 돌려주고 그들의 생계가 가능하도록 충분한 수입을 제공하도록 했다.

하지만 이들 법들은 여성이 남성의 재산을 받아내는 데 활용되기 때문에 그들은 남성이 다른 남자의 아이들을 양육하는 경우가 발생 하지 않도록 엄격한 기준을 정해놓기도 했다. 역사적으로 간통죄를 범한 여성에게 가혹한 처벌을 내리는 것은 여성을 위한 최적의 번식 전략으로부터 남성을 보호하는 데 목적이 있다. 즉, 여성에게는 결혼 과 물질적 안정을 얻기 위해 그저 그런 남자를 선택한 뒤 기회를 보 아 남편보다 우월한 유전자를 지닌 다른 남성과 정사를 즐기는 것이 유리한 전략인 것이다.

문화 인류학자 브로나이슬로 말리노우스키는 파푸아뉴기니의 트 로브리안드군도(Trobriand Islands)에서 아내가 불륜을 저질렀을 경우 남편은 그녀를 죽일 수 있는 권리를 갖고 있는 반면, 남편이 불륜을 저지른 경우 아내는 그를 떠날 수 있는 권리만 갖고 있다고 기록했다. 수메르 법전에서는 자발적으로 불륜을 저지른 아내는 죽음을 당해야 하지만, 사랑의 불장난을 저지른 남편은 다른 남자의 아내가 처녀인 상태였을 때만 죽음의 형벌을 받는다. 만약 어떤 여성이 불륜으로 고발당했을 경우, 그녀는 자신의 결백을 증명하기 위해 유프라테스 강에 뛰어들어야 했다. 만약 그녀가 익사한다면, 그녀에게 죄가 있기 때문이었다. 만약 그녀가 살아 나온다면, 그녀를 고발한 사람은 남편에게 은 20세겔, 즉 198그램을 지불하게 되어 있었다.

이런 체제의 흔적은 아직도 우리들 주변에 남아 있다. 1970년대까지만 해도 미국의 가족법은 남성에게 부인이 생활 수준을 유지할 수 있도록 부양의 의무를 지웠다. 지금도 수입이 낮은 배우자에게 이혼 수당을 제공하는 것은 이혼 소송에서 일반적으로 볼 수 있는 모습이다. 하지만 결혼 생활에서 발생하는 거래의 조건은 변화하고 있으며 여성이 유급 직장으로 이동하고 있는 현상이 그런 변화의 주된 동인이 되고 있다.

1955년에 출판된 ≪경제 성장론≫에서 개발 경제학자 아서 루이스는 이런 글을 썼다. "경제 성장이 남성에게 유익한지 아닌지의 여부에 대한 논쟁은 남성에게나 해당된다. 여성에게 경제 성장이 바람직한지를 두고 논쟁한다는 것은 곧 여성이 짐을 나르는 짐승의 지위를 벗어나 인간의 대열에 합류할 수 있는 기회가 있겠는가의 여부에 대한 논쟁이다." 노골적인 자연 도태적 시장에서는 남성의 정자와 경제적 자원과 교환할 수 있는 자궁과 번식 서비스, 가사 서비스로서 여성의 가치를 평가한다. 하지만 경제 발전으로 그와 같은 거래 조건에 변화가 일어났다. 그것은 여성에게 시장의 생산자로서 또 다른 기능을 제공했다. 따라서 경제 발전은 가정과 사회 전반에서 여성의 가치를 높이는 결과를 초래했다.

20세기 전반에 걸쳐 일어난 경제 성장으로 인해 산업 사회의 여성은 가정을 벗어나 새로운 기회를 갖게 됐으며, 결국 그것은 가정에서 여성의 역할에 변혁을 일으키고 그들의 구매력을 향상시켰다. 직업으로 인해 여성들의 전망에 변화가 일어났다. 즉, 새로운 경력과 생활을 누리게 된 것이다. 루이스는 "여성이 단조로운 가사 노동에서 해방되어 가정의 울타리를 벗어나게 되자 마침내 완전한 인간이 될 수 있는 기회가 찾아 왔으며, 이제 자신의 지능과 재능을 남성들과 똑같은 방법으로 발휘할 수 있게 되었다."고 주장했다.

하지만 경제 성장이 여성에게 일련의 새로운 기회의 문을 열어 주었다면, 직장에 여성 인력이 추가되면서 그들은 성장의 경로를 설정하는 데 기여했다. 여성들은 남성들과 다른 기능을 갖고 노동 시장에 등장했기 때문에 서구의 부유한 국가들은 중공업에서 서비스 기반의 경제로 쉽게 전환할 수 있었다. 그에 못지않게 중요한 사실은 여성들이 가정의 투자와 지출에 대한 결정에서 점점 더 큰 영향력을 발휘하게 되면서 서구 문명을 완전히 변화시킨 대규모의 사회적, 경제적 변화를 이끌어내는 데 커다란 기여를 했다는 것이다.

경제사학자 클라우디아 골딘의 주장에 따르면, 여성 노동력이 공급되자 국가가 발전하면서 일종의 역류 현상이 발생했다. 식민지 아메리카와 같은 산업화 이전의 사회에서 여성들은 육아를 비롯해 비누와 양초를 만드는 등 다양한 노동을 감당하는 동안 남성은 가족의 토지를 경작했다. 가족은 거의 생산 단위라고 할 수 없었다. 가족 경제 체계에서는 누구든 일을 해야 할 정도로 생산성이 낮았다. 하지만 경제가 성장하면서, 가정의 수입이 증가하자 여성들이 가족의 생산 활동에 참가해야 할 이유가 점점 줄어들었고, 결국 여성들은 노동 인력에서 제외되어 자녀의 양육에만 전념하게 되었다. 경제 발달의 초기 단계에서 '남자들의 일'이란 대체로 지저분한 공장 노동이었기 때문에 여자에게 그런 일을 맡기지 않으려는 성향이 강력하게 대두되었으며, 충분히 부가 축적되어 여성들에게도 고등 교육과 화이트칼라 사무직을 제공할 수 있게 되자 비로소 그들은 사회적 모욕감을 초래하지 않고도 노동 시장에 복귀할 수 있었다.

인도의 서벵골 주에서는 1960년에서 1970년대의 녹색 혁명 기간 동안 이와 같은 역동적 흐름의 첫 단계가 시작됐다. 그 시기에 수확량이 많은 밀과 쌀, 기타 작물들이 도입되어 농가 생산성의 폭발적인 증가와 가구 수입의 증대를 초래했을 뿐만 아니라 농장에서 요구되는 노동의 형태에도 변화를 일으켰던 것이다. 살충제로 인해 전통적으로 여성들의 전유물이었던 김매기의 필요성이 감소했다. 트랙터를 비롯해 각종 농업용 기계가 늘어나면서 농사는 남자들의 전유물이 되었다. 그 결과, 가정은 점점 더 분업화되었다. 남자들이 농지에 남아 있는 동안 여성들은 집안으로 들어가 가사에 전념하게 되었다. 벵갈 인들의 출산율이 증가한 것은 그리 놀라운 일이 아니다.

이와 같은 유형은 18세기말 미국에서도 나타났다. 직물 공장은 미혼 여성에게 일자리를 제공하는 역할을 했고, 그들은 그렇게 번 돈으로 가족의 수입을 보충하는 동시에 유력한 결혼 후보자가 되기 위해 신부 지참금을 모았다. 하지만 결혼을 하는 순간, 그들은 새로운 가정을 돌보기 위해 공장을 떠났다.

미국 여성들은 상당히 오랜 기간 동안 가정에만 머물렀다. 19세기 말까지 미국에서는 기혼 여성 중 5퍼센트만이 가사 이외의 직업을 가졌다. 사실 19세기 말까지만 해도 남성들은 자기 아내의 수입과 재산에 대해 법적으로 권리를 갖고 있었다. 각 주 정부에서 여성들에게 재산권을 부여하는 법률을 통과시키기 시작한 것도 19세기를 불과 몇 년만 남겨 두었던 시점에 도달해서야 가능했다. 경제학자들은 그렇게 된 이유가 여성들이 유급으로 직장에 다니며 재산을 축적할 수 있는 기회를 거의 갖지 못했기 때문이라고 제안했다. 하지만 산업화로 인해 여성이 직업을 가질 수 있는 기회가 늘어났을 때, 재산권 문제는 여성들이 자발적으로 직업을 가져야 할 의욕을 느끼지 못하게 했으며, 경제 발전에도 걸림돌이 되기 시작했다.

골딘이 설명한 유형은 현재 세계의 경제 발전 곡선과 잘 부합된다. 르완다와 탄자니아 같은 극빈국에서는 45세에서 50세 사이의 여성 중 십중팔구가 직장을 다니고 있다. 국가가 발전함에 따라 여성 노동 종사자의 수가 점차 감소하다가 멕시코와 브라질 수준의 성장 단계에 도달했을 때 최저점에 도달한다. 그런 다음 국가가 스웨덴이나 오스트레일리아, 미국의 수준에 도달하면 다시 증가하기 시작한다.

직장 밖의 사회적 역학 관계도 세계 전역에서 진화하는 여성의 역할을 결정하는 데 분명 기여하고 있다. 1900년대 초에서 1970년대 사이에 미국 여성들은 광범위한 평등권 운동의 일환으로 참정권과 임신 중절을 결정할 수 있는 권리를 획득했다. 여기에는 기술 발달도 일조했다. 세탁기로부터 냉동 가공 식품, 전자레인지에 이르는 새로운 발명품들 덕분에 여성이 외부 활동을 추구할 수 있는 기회를 찾기가 더 쉬워졌다. 피임약이 대량으로 공급되면서 남성들은 더 싼 가격에 섹스할 수 있게 되었고, 결혼을 해야겠다는 동기 부여가 줄어들었다. 하지만 동시에 그것은 여성에게 임신을 통제할 수 있는 능력을 부여했기 때문에 그들은 결혼을 늦추고 직업을 갖기 시작했다. 여성은 이제까지 물질적 지원의 원천이었던 것을 잃는 대신 경제적 자립성을 갖게 된 것이다.

이와 같은 변화의 핵심은 바로 일이었다. 직업은 여성의 영향력을 강화시켰으며 직장과 가정에서의 성적 평등과 더 나아가 광범위한 법적, 정치적 변화를 추구할 수밖에 없는 상황으로 그들을 내몰았다. 그에 따른 제도상의 변화에 자극을 받아 더 많은 여성들이 일터로 나가게 되었으며 긍정적인 피드백이 훨씬 더 많은 여성들을 자극하는 과정이 반복되고 있다. 예를 들어, 여성들의 영향력 증가로 인해 1970년대에는 일방적인 이혼이 확산되는 결과가 초래되기도 했다. 그와 같은 변화로 인해 결혼 생활을 끝내는 데 필요한 비용이 감소했으며, 결혼 생활이 끝날 경우에 대비한 일종의 경제적 보험으로서 여성에게 직업이 갖는 매력이 더욱 커졌다.

여성 노동력은 20세기 전반을 통해 급격하게 증가했다. 1920년에 35세부터 44세 사이의 기혼 여성 중 10퍼센트만이 직장에 다니고 있었다. 1945년이 되자, 그 비율은 20퍼센트대로 상승했다. 여성의 학업 성취도도 급격하게 증가했다. 미국 남부 지역 밖에서는 고등학교를 마친 여성의 비율이 1910년부터 1938년 사이 다섯 배나 증가한

56퍼센트에 달했다. 이로 인해 경제 전반에 걸쳐 새롭게 사무직 직종들이 생겨나고 있었지만 그에 걸맞은 자격을 갖춘 인력들이 지속적으로 공급될 수 있었다.

하지만 교육을 받은 여성들 앞에는 더 나은 자리를 차지하기 위한 힘든 투쟁이 기다리고 있었다. 1950년대까지 인생의 전성기에 있는 기혼 여성들 중 25퍼센트가 노동 시장에 나와 있었지만, 인구 조사 결과에 따르면 당시 여성들의 최고 직종은 교사와 비서, 간호사였다. 미국 최초의 여성 대법관 샌드라 데이 오코너는 1952년 스탠퍼드 로 스쿨을 졸업하면서 졸업생 중 최고의 성적을 거두었지만 법률 회사에 입사하기 위한 취업 면접에서는 고전을 면치 못했다. 결국 그녀가 면접을 보게 됐을 때, 그녀가 제안 받은 자리는 법률 비서였다. 대법원에서 은퇴한 지 2년 뒤인 2008년, 그녀는 당시를 회고하며 "나는 충격을 받았습니다."라고 말했다. "내가 법률가가 되지 못할 것이라는 생각은 한 번도 해 본 적이 없었거든요." 결국 그녀는 공공 부문에서 직업을 구했다. 캘리포니아주 샌마테오카운티의 부검사였다.

직업에 대한 여성의 태도에도 변화가 일어났다. 1929년에는 여성 노동 인구는 그들 남편의 급료가 상승할수록 감소했다. 이것은 그들이 오로지 가족의 수입을 보충할 필요가 있을 경우에만 일을 한다는 사실을 암시한다. 하지만 1960년대 초, 경제학자 제이콥 민서는 여성이 남편의 임금이 아니라 자신의 임금을 기준으로 취직 여부를 결정하고 있다는 사실을 발견했다.

직업은 심지어 여성의 체형에도 변화를 일으켰다. 남성들은 자손을 생산해야 하는 문제로 인해 엉덩이와 가슴이 큰 여성을 선호하는 경향이 있다. 여성의 콜라병 체형은 출산의 징조로 간주됐다. 여성도 어릴 때는 남성과 비슷한 체형을 갖지만 그들에게 에스트로겐 수준이 증가하는 시기인 사춘기부터 가슴과 엉덩이에 지방이 축적되기 시작한다. 하지만 이것들이 성공을 좌우하는 유일한 결정 요인은 아니다. 고용 시장에서 여성의 기회가 늘어나면서, 그들은 기존과 다른 날씬한 체형을 미의 전형으로 받아들이기 시작했다. 짝짓기 놀이에서 성공할 수 있게 설계된 커다란 가슴과 잘록한 허리의 체형은 좀 더 날씬한 체형에 밀려나고 있다. 굴곡진 몸매의 여성은 단지 짝짓기 상대로만 여성을 보는 남성들이 지배하고 있는 직업의 세계에 훨씬 더 이상적이다.

1900년경에 〈보그〉지에 등장하는 모델들의 가슴둘레는 그들의 허리둘레의 두 배였다. 하지만 점점 더 많은 여성들이 전문 직종에 종사하게 되면서 〈보그〉지 모델들의 가슴은 계속 줄어들어 1925년이 되면 가슴둘레가 허리둘레보다 10퍼센트 더 긴 수준에 머물렀다. 1930년대와 1940년대에는 여성의 체형이 다시 콜라병 체형으로 회귀하는데, 아마 그것은 2차 세계 대전으로 인해 남성의 숫자가 부족해지고 종전 이후 결혼이 급증하면서 많은 여성들이 직장을 떠났기 때문일 것이다. 하지만 여성은 다시 가늘어지기 시작했다. 1940년대 이후 30년에 걸쳐 여성들이 밀물처럼 전문 직종에 합류하면서 가슴둘레는 점진적으로 감소하기 시작했으며, 결국 1980년대가 되면 〈보그〉지 모델들은 1925년에 도달했던 가슴둘레 대 허리둘레의 최저 비율에 근접했다.

이상적 체형에 대한 관념은 다른 문화에서도 변화를 보여 준다. 십

여 개의 원시 사회를 대상으로 한 연구에서 여성의 노동을 중시하는
사회에서는 풍만한 여성을 별로 선호하지 않았다는 사실이 발견됐
다. 이는 체지방이 에너지를 많이 축적하고 있어서 출산에 적합한 반
면, 일에는 능숙하지 못한 것으로 간주됐다는 사실을 암시한다.

노동 시장에서 여성 인력에 대한 수요가 높아진 것과 더불어 교육
은 여성의 희망을 영원히 바꾸어 놓았다. 1960년 미국의 4년제 대학
졸업자들은 여성 한 명당 남성 1.84명의 비율을 이루고 있었다.
2008년이 되면, 남녀 비율이 역전되어 남성 1명당 여성 1.34명으로
나타났다. 게다가 이들 고등 교육을 받은 여성들은 모두 직업을 가졌
다. 2000년의 경우, 직장을 가진 1년차 대학원생들 중 약 40퍼센트
가 여성이었으며, 그중 절반은 의료계와 법계에 종사했다. 직업을 갖
고 있든 혹은 구직 중이든, 노동 가능 여성 인구의 60퍼센트가 공식
적인 노동에 참여하고 있다. 이것은 남성의 노동 참여율에 비해 아직
도 약 11퍼센트 포인트 낮은 수치였다. 하지만 40년 전에는 남성의
비중이 여성에 비해 15퍼센트 포인트나 높았다.

직장에서 남성과 여성의 지위에는 여전히 차별이 존재한다.
2009년, 여성의 중간 소득(median income)은 남성에 비해 80퍼센트
수준까지 상승했다. 하지만 이후 여러 해에 걸쳐 임금 격차는 더 이
상 줄어들지 않고 있다. 여성은 남성들보다 파트타임으로 근무하는
경우가 더 많을 뿐만 아니라 자주 일을 쉬어야 하기 때문에 아직도
임금에 있어서 차별을 받고 있으며, 이는 주로 여성이 아이를 양육해
야 하기 때문이다. 시카고 대학의 부스 경영 대학원에서 MBA를 이
수한 졸업생들을 대상으로 한 조사에서 성별 임금 격차는 졸업 당시

연간 평균 1만 5000달러에서 9년이 흐른 뒤에는 15만 달러로 벌어진
것으로 나타났다. 또한 졸업 후 9년 뒤에는 여성 졸업자들 중 69퍼센
트만이 상근직으로 근무하고 있어 남성의 93퍼센트와 큰 대조를 이
루었다. 하지만 임금 격차가 여전히 존재함에도 불구하고, 대부분의
여성에게 일은 하나의 표준으로 정착된 상태이며 직장을 갖는 데 있
어서 수입은 더 이상 문제가 되지 않는다. 이제는 남성들과 마찬가지
로 여성들도 직업을 갖는다. 그리고 그것이 미국 사회를 송두리째 바
꾸어 놓았다.

결혼 조건 협상

새로운 역학 관계로 인해 전통적인 결혼 조건이 얼마나 크게 뒤집
혔는지는 아무리 강조해도 부족함이 없다. 가족 구성을 위한 표준 거
래 조건에서는 여성이 자궁과 아이의 양육, 가사 노동을 남편의 수입
과 교환하는 형태였지만 그것은 여성이 자신의 급료를 들고 집에 도
착하는 순간 구시대 유물로 전락해 버렸다. 20세기로 접어들 무렵,
여성들은 주당 약 47시간을 가사에 헌신했다. 2005년이 되자, 여성
의 가사 노동 시간은 주당 29시간으로 감소했다. 반면 남성이 집안일
을 하는 시간은 주당 17시간으로 네 배나 증가했다. 1970년대 말의
여론 조사에서는 "아내가 자신의 경력을 추구하는 것보다 남편의 경
력을 내조하는 것이 더 중요하다."는 진술에 반대한 여성이 전체 응
답자들 중 3분의 1에 머물렀다. 1990년대에는 5분의 4가 반대했다.

남성과 여성은 가정이 제공하도록 되어 있던 여러 사항들, 예를 들면 저녁 식사와 빨래, 섹스 그리고 아이들 같은 요소들을 굳이 가정이 아니라도 가질 수 있다는 점을 동시에 깨달았다. 2007년, 미국에서 이루어진 출산의 약 40퍼센트는 결혼하지 않은 채 임신한 경우였다. 1970년대 초에는 미국인 1000명당 11건의 결혼이 있었다. 2006년이 되면 그 숫자는 7건으로 감소하여 역사상 최저치를 기록했다. 이혼율은 급격하게 치솟았다. 반면 전형적 가족 단위의 주된 목적이었던 아이 갖기는 인기가 떨어졌다. 네 명 이상의 자녀를 갖는 여성의 비율은 1976년 36퍼센트에서 2006년에는 11퍼센트로 떨어졌다. 현재 여성의 5분의 1이 아예 자녀를 갖지 않고 있다.

남성과 여성 모두 새로운 거래 조건에 적응하는 데 애를 먹고 있다. 몇 년 전, 나는 여성 노동 인력의 공급이 둔화되고 있음을 보여주는 미국 고용 통계에 대한 기사를 쓴 적이 있다. 40년에 걸친 성장 끝에, 노동 시장에 진입하는 여성의 비율이 1990년대 중반의 어느 시점부터 정체된 것처럼 보였다. 나는 전직 실리콘밸리 기업의 경영진이었던 37세의 캐시 왓슨-쇼트와 이야기를 나누었던 기억을 갖고 있다. 그녀는 다시 직장에 복귀하기를 원하지만 업무를 수행하면서 세 명의 어린 딸을 양육할 수 있는 방법을 찾지 못한 상태였다. 가장 흥미로웠던 부분은 두 가지 일을 모두 해 낼 수 없다는 사실에 그녀가 충격을 받았다는 것이다. "우리들 대부분은 일을 하면서 아이를 가질 수 있을 거라고 생각했어요. 적어도 우리가 자라면서 앞으로 우리의 모습이라고 생각한 것이 바로 그것이었죠. 전혀 문제될 것이 없었어요." 하지만 결국 그녀는 여성이 일터를 향해 행진하면서 일어난 그 모든 혁명적 변화에도 불구하고 남성과 여성 사이의 관계는 충분히 변화하지 않았다는 결론을 내렸다. "직장에서는 남녀가 평등해요." 그녀는 나에게 이렇게 말했다. "하지만 집에서는 그렇지 않아요."

미국인들을 대상으로 시간 활용에 대해 조사한 결과도 아이를 돌보는 일에 남성보다는 여성이 두 배나 더 많은 시간을 사용한다는 사실을 확인해 주었다. 남성들은 집 밖에서 일하는 데 50퍼센트나 더 많은 시간을 사용했다. 하지만 이성 간 힘의 균형이 변화하면서 생긴 상황을 헤쳐 나가기 위해 힘든 시간을 보내고 있는 것은 남성들도 마찬가지다. 지난 50년 동안 25세에서 54세 사이의 장년기 여성들 중 직업을 가진 인구가 40퍼센트에서 약 70퍼센트 수준으로 높아졌다. 같은 기간 동안, 장년기 남성의 고용 비율은 93퍼센트에서 81퍼센트로 감소했다. 2009년 실업률이 정점에 도달했을 때 장년기 남성 무직자의 비율은 2차 세계 대전 이래 최고 수준을 기록했다. 그것은 결혼 시장에서도 파멸적인 결과를 초래했다. 가정에 재정적 기여를 한다는 장점을 상실하자 많은 남성들은 제공할 것이 거의 없는 상태로 전락했다.

미국 남성들의 결혼율 감소에 대한 한 기사를 연구하던 중 나는 인터넷에서 형성되고 있는 상대적으로 새로운 시장을 발견했다. 온라인 결혼 중개업체가 좌절에 빠진 미국 남성들을 위해 콜롬비아나 우크라이나 같은 국가에서 배우자를 찾아 주고 있었던 것이다. 내가 만났던 남성들은 대부분 중년이었다. 일부는 고등 교육을 받았고 재정적으로도 안정되어 있었다. 일부는 잠깐 성관계를 즐기기 위한 해외의 이국적 여성들을 찾고 있을 뿐이었다. 하지만 다른 사람들은 도리에 맞게 인생의 반려자를 찾고 있었다. 그들은 과거의 규칙대로 결혼 생활을 해 줄 여자를 원했다. 1950년대 도리스 데이 같은 여성 말이다. 전직 보험 영업 사원이었다가 '나는 라틴계를 좋아해요(I Love Latin)' 서비스를 설립한 휴스턴의 샘 스미스는 나에게 이렇게 말했다. "이 모든 것이 여성 해방 운동에서 시작됐지요. 남자들이 북아메리카 여성들의 자기 본위 태도에 완전히 질려 버린 겁니다." 콜롬비아 신부를 소개하는 BarranquillasBest.com은 외국 여성들이 미국 여성들을 닮지 못하게 만드는 비법을 갖고 있다. "그녀에게 콜롬비아 있는 가족과 지속적으로 연락할 수 있게 하는 겁니다. 전화 카드와 일 년에 두 번 집에 보내 주는 것이 아주 중요하지요."

샘은 항공 요금과 호텔 숙박비, 댄스파티가 포함된 895달러짜리 바랑키야 여행 패키지를 제공하는데 댄스파티에서 17명의 미국인들은 750명의 젊은 콜롬비아 여성들을 소개받는다. "남자들은 자기들이 죽어서 천국에 온 거라고 생각하지요." 그는 나에게 그렇게 말했다. 샘 자신도 미국에서 이혼한 뒤 두 번째 결혼 상대로 콜롬비아 여성을 선택했다.

2008년에는 4만 2000명 이상의 외국 여성들이 약혼자 혹은 배우자 임시 비자로 미국인 남편을 따라 입국했다. 어떤 면에서는 그들이 참여한 거래는 과거식 결혼의 거래와 다르지 않다. 남성은 영주권과 상대적으로 부유한 삶의 기회를 제공한다. 이에 대해 여성은 젊음과 미모, 묵종을 제공한다. 나는 그런 경우에 해당하는 부부 중 행복하다고 밝힌 몇몇 커플과 이야기를 나누었다. 그들 중 일부는 이미 결혼 생활을 한 지 오래된 상태였다.

이 거래에 따르는 위험은 남성들이 종종 도리스 데이 모델은 이미 다른 나라에서도 더 이상 적용되지 않는다는 사실을 깨닫지 못하는 데 있다. "그는 집안의 왕이 되고 싶기 때문에 러시아에서는 좀 더 전통적인 성향의 여성을 만날 수 있다는 홍보를 쉽게 믿습니다. 러시아 여자는 저녁을 차리고 섹스를 하며 그 외에는 입을 다물고 있을 것이라는 거죠." 미국인 약혼자나 남편에게 학대당하는 외국인 여성을 대표하는 변호사 랜달 밀러는 이렇게 말했다. "여자가 거리낌 없이 의사를 표현하고 자기 주장을 내세우며 직업을 갖고 싶어 할 때 그런 남자는 깜짝 놀라기 마련입니다."

결혼 관계의 변화는 심지어 정치에도 깊이 파고들었다. 변화로 인해 경제적 취약성이 커진 여성들은 과세와 정부의 혜택을 지지하게 되면서 좌익으로 쏠리는 경향이 있다. 그리고 똑같은 변화가 여성들보다 수입도 더 많고 양육권도 여성에게 위임하기 마련인 남성들을 우익으로 편향시키고 있다. 선거 여론 조사에 따르면 1979년에 미국 여성들이 진보를 선호한다고 대답할 가능성은 남성에 비해 5퍼센트 더 높았다. 1998년이 되자, 그 격차는 13퍼센트까지 벌어졌다. 2008년 미국 대통령 선거 당시, 여성은 오바마 후보에 투표할 가능성이 그의 상대인 공화당의 존 매케인 후보에 투표할 가능성에 비해 30퍼센트가 더 높았다. 이와는 대조적으로 남성들은 양 후보에 대한 지지가 균등하게 분포되어 있었다.

어느 정도까지는 이와 유사한 역학 관계가 여러 산업 사회에 영향을 미치고 있다. 캐나다와 뉴질랜드, 북유럽 국가들 사이에서는 심지어 미국의 경우보다도 많은 여성들이 직업에 종사하고 있다. 게다가 이탈리아와 스페인, 일본처럼 전통적으로 가부장적인 사회 구조를 갖고 있던 국가에서도 여성의 노동 인력 공급이 증가하고 있다. 1994년에서 2008년 사이에 직업을 가진 스페인 여성의 비율은 32퍼센트에서 56퍼센트로 증가했다. 이탈리아의 경우 36퍼센트에서 48퍼센트로 상승했다.

　이들 국가에서도 역시 전통적인 가족 제도는 붕괴하고 있다. 경제개발협력기구에 속한 산업 국가들 전역에서 인구 1000명당 연간 평균 결혼 건수가 1970년대 초의 8건에서 5건으로 감소했다. 1980년대에 정점에 도달했던 미국의 이혼율과 비슷한 수준에 도달한 국가는 아직 없지만, 그래도 여전히 증가하는 추세를 유지하고 있다. 게다가 여성이 직업 경력을 추구하기 위해 임신을 뒤로 미루면서 출산율은 급격하게 감소했고 새로 형성되는 가정의 수도 줄어들고 있다. 경제개발협력기구 소속 31개 국가들 중 미국과 아이슬란드, 뉴질랜드, 멕시코, 터키 등 불과 5개만이 소위 인구를 안정적으로 유지하는 데 필요한 대체율인 여성 한 명당 2.1명 이상의 아이를 낳고 있다. 스페인의 경우, 여성들이 평균 1.5명의 아이를 낳고 있으며 독일 여성은 1.3명, 일본 여성은 1.4명이다. 출산율이 너무 낮다보니 이들 국가들 중 일부에서는 이미 인구가 감소하기 시작했다. 2050년까지, 한국의 인구는 17퍼센트 감소할 것으로 예측됐다.

새로운 짝짓기 시장

현재 진행되고 있는 가족 구조의 변화를 고려했을 때, 미국인들이
여전히 아이를 많이 낳고 있는 이유는 인구에 대한 세계적 미스터리
들 중 하나이다.

그것은 종교 때문일지도 모른다. 종교는 다른 부유한 국가들에 비
해 미국에서 인기가 높다. 나는 라디오 방송에서 퀴버풀(Quiverfull, 화
살 통이 가득하다는 뜻)이라는 이름의 소규모 복음주의 운동에 대한 이
야기를 들었다. 그 이름은 "젊은 자의 자식은 장수의 화살 같으니,
이것이 그의 화살 통에 가득한 자는 복되도다."라고 되어 있는 성경
의 시편 127편에서 따온 것이다. 그들 집단은 낙태에 반대한다. 그
들은 충분히 많은 자식을 낳을 경우 몇 세대가 흐른 뒤 의회를 장악
할 수 있다고 믿는 것이 분명하다. 그들 지도자 중 한 명은 이렇게
말했다. "자궁은 그처럼 강력한 무기입니다. 그것으로 적을 상대할
수 있지요."

미국의 연금 혜택이 미미하기 때문에 아이를 많이 낳아 두는 것이
노년에 대한 확실한 대비책이 된다는 것도 미국인의 다산 풍조를 설
명하는 이유가 될 수 있다. 전형적인 미국인의 경우, 사회 보장 연금
으로부터 정년 당시 급료의 40퍼센트밖에 받지 못한다. 유럽의 연금
은 그보다 훨씬 더 자비롭다. 이탈리아의 경우, 오랜 기간에 걸쳐 감
소하던 출산율이 1996년부터 서서히 상승하기 시작했다. 그것은 아
마도 그해부터 연금 제도의 개혁이 효력을 발휘하기 시작해 젊은 세
대의 노동자들은 정년 당시 받았던 급료의 85퍼센트가 아니라 65퍼

센트를 받게 되었다는 사실과 무관하지 않을 것이다. 실제로 경제학자들은 연금을 삭감당한 사람은 그렇지 않은 사람과는 달리 아이를 가질 확률이 10퍼센트 증가했다는 사실을 발견했다.

　하지만 가장 설득력 있는 설명은 미국이 다른 나라에 비해 직업과 출산을 동시에 수용하는 데 더 뛰어났다는 것이 아닐까 한다. 미국과 스웨덴이나 덴마크와 같은 몇몇 국가에서는 남성이 일부 가사 노동을 인수하여 여성의 임신에 따르는 비용을 낮춤으로써 아이들과 직장 사이에서 외줄타기를 해야 하는 여성들의 부담을 줄여 주었다. 또한 일부 분석 결과에 따르면 결혼의 결속력 약화가 미국의 출산율에 상대적으로 영향이 적었던 것은 미국 여성이 결혼 없이도 아이를 갖기로 했기 때문이다. 이탈리아와 스페인 같은 나라는 남성과 여성의 역할에 대한 전통적인 구분이 더욱 뿌리 깊게 자리 잡고 있기 때문에 결혼한 여자만 임신을 할 수 있고 남녀의 역할이 다르다는 전통적인 믿음을 극복하느라 힘든 시기를 보내고 있다. 사람들이 어머니에게 혼자의 힘으로 어린 자식을 키우는 역할만을 기대하는 곳에서는 여성이 더욱 선명한 선택과 마주하게 된다. 직장을 갖거나 아니면 아이를 낳는 것이다. 취업의 기회가 찾아왔을 때, 많은 여성이 직장을 선택하고 엄마가 되는 것을 완전히 포기하고 있다.

　결혼의 전통적인 거래 방식이 무력화됐다고 해서 현대에서 결혼이 아무것도 제공하지 않는다는 뜻은 아니다. 결혼을 통해 주택 임대료에서부터 신문 구독료까지 다양한 부분에서 상당한 비용 절감이 가능해진다. 캐나다의 독신자와 결혼한 사람들 사이의 지출을 비교한 한 조사에서는 혼자 사는 독신자는 부부가 함께 지출하는 돈의 절반

보다 상당히 많은 금액을 사용해야만 그들의 생활 수준과 같은 수준을 유지할 수 있는 것으로 나타났다.

또한 결혼은 일종의 보험이기도 하다. 두 개의 수입원을 가진 가족은 하나인 가족보다 재정적으로 훨씬 더 안정적이며 따라서 재정적 위험을 감수하려는 경향이 훨씬 더 강하다. 이탈리아 여성을 대상으로 한 조사에서 독신 여성은 기혼 여성에 비해 위험 자산에 투자하려는 경향이 약한 것으로 나타나 독신녀들이 재정적으로 취약하다고 느끼고 있다는 사실을 암시했다. 다른 연구원들은 1996년 아일랜드에서 이혼이 합법화되자 부부들의 저축률이 높아졌는데, 이는 이혼 가능성이 높아지면서 그에 따른 재정적 손실에 대비하고 자신의 재정 상태를 강화하려는 움직임이었다. 그 결과 결혼한 부부들은 빚을 지게 되는 경향이 10내지 13퍼센트 줄어들게 되었다. 더욱이 종교를 갖지 않아 이혼의 가능성이 더욱 높은 부부의 저축률은 가장 빠르게 증가했다.

미국에서 결혼은 그 어느 때보다도 대칭적인 제도가 되었다. 즉 부모가 모두 일을 하고 모두 자녀를 돌본다. 현재 배우자가 모두 돈을 버는 부부는 전체의 57퍼센트를 차지하고 있다. 이들 맞벌이 부부들 중 4분의 1은 여성이 남성보다 수입이 더 많으며 20년 전에는 그런 맞벌이 부부의 비율이 16퍼센트였다. 이제는 배우자의 연령이나 교육 수준, 가능 수입 등이 서로 비슷하다. 과거와 같은 자식 생산 공장이 아니라 이제 결혼은 일종의 클럽과 같아서 남편과 아내가 각자의 수입을 합쳐 시장에서 여가와 탁아 시설 같은 기타 재화를 사는 데 쓰고 있다.

고전적 할리우드 영화의 공식을 보면, 기업 경영자는 일단 자기 비서가 안경을 벗는 순간 그녀가 젊고 아름다운 여성이었음을 깨닫고 결혼을 하게 된다. 하지만 이와 같은 공식은 이제 누구도 믿어 주지 않는다. 오늘날, 미국인들은 자기보다 교육 수준이 높거나 낮은 사람보다는 비슷한 수준에 있는 사람과 결혼할 확률이 대략 네 배나 더 높다. 게다가 배우자 중에 한쪽의 교육 수준이 높을 경우 그것이 아내일 가능성이 높다. 아내와 남편은 가족 단위가 필요로 하는 것을 생산하기 위해 서로에게 의지할 필요가 적어졌기 때문에 한때 죽을 때까지 헤어지지 않는 것을 의미하던 결혼은 과거 어느 때보다도 다양한 형태의 제도가 됐다.

변화에 따른 피해도 만만치 않다. 가난하고 교육 수준이 떨어지는 미국인들 사이에서 결혼은 불안정한 제도가 됐다. 그들은 어린 나이에 결혼하여 아이를 낳지만 상대적으로 빠른 시기에 이혼과 동거, 재혼을 반복하게 된다. 고등학교를 다니지 못했을 정도로 교육 수준이 낮은 사람들 사이에서는 결혼이 드문 반면, 여자 혼자 아이를 키우는 경우가 많았다.

그와는 대조적으로 대학 졸업자들은 결혼을 하는 경우가 많았다. 1960년대 인구 조사에서 학사 학위 이상의 학력을 가진 60대 여성들 중 29퍼센트가 한 번도 결혼한 적이 없다고 응답했다. 2009년에는 학사 학위 이상의 학력을 가진 60대 여성들 중 결혼한 적이 없는 경우는 8퍼센트에 불과했다. 교육을 많이 받을수록 혼기가 늦어져 20대보다는 30나 40대에 결혼하게 되지만 대신 그들은 계속 결혼 생활을 유지하는 경향이 있다. 학사 학위를 가지고 1970년에 결혼했던 백인

여성들 중 23퍼센트는 10년 내에 이혼했다. 1990년이 되자 그 비율
은 16퍼센트로 떨어졌다.

결혼 생활의 경험에서 나타나는 이와 같은 차이는 경제적으로 분
명한 이유를 갖고 있다. 가난하고 교육 수준이 떨어지는 사람들에게
결혼은 생산 단위를 공유한다는 구시대적 논리를 유지하고 있다. 여
기서는 남성과 여성이 일터와 가정에서 상호 보완적인 기능을 주고
받는다. 남편은 일터에서 돈을 벌어 아내의 양육과 가사 노동을 구입
한다. 이런 결혼은 여성이 남성보다 더 안정적인 직장을 가질 수 있
다는 현실에 적응할 능력이 없다.

고등 교육을 받은 사람들에게 변화를 받아들이기가 어려운 일은 아
니었다. 그들은 결혼을 생산 위주가 아닌 소비 위주의 동반자 관계로
변화시킬 수 있었다. 상품과 서비스, 여가를 쉽게 구입할 수 있는 사
람들에게 결혼은 기쁨을 공유하는 관계로 전환되고 있다. 하지만 전
직 실리콘밸리 기업의 경영진 캐시 왓슨-쇼트의 경험은 고등 교육을
받은 미국인 가정이라도 몇 가지 변화에 대해서는 아직도 대응 방법
을 배우고 있는 중이라는 사실을 암시한다. 직장과 가정 사이에서 발
생하는 긴장으로 인해 일부 여성들은 직업을 갖는 문제를 재고하게
되는 것 같다. 생산 인구 중 장년층의 여성들 비율은 10년 전 77퍼센
트로 최정점에 도달한 뒤 그 이래로 약간 감소하는 추세를 보이고 있
다. 취학 연령 전 자녀를 가진 기혼 여성의 경제 활동 참가율은 1998년
최고치에 도달한 뒤 약 4퍼센트 포인트 감소하여 2005년에는 60퍼센
트에 머물렀다. 1997년 퓨리서치센터의 조사에서 직업을 가진 어머
니들 중 3분의 1이 정규직에 종사하고 있다고 대답했다. 2007년이 되

자 이 비율은 5분의 1로 감소했다

많은 가정의 재정적 압박을 증가시킨 2008년 금융 위기가 발생할 때까지 출생률은 수년 만에 처음으로 증가세로 돌아서고 있었다. 전문적 경력을 쌓기 위해 15년 전에 결혼과 출산을 미루었던 젊은 여성들 중 다수가 이제는 중년의 직업인이 되어 처음으로 임신을 고려하기 시작했던 것이다. 1970년대 말에는 40세의 여성 중 10퍼센트만이 가정에 머물며 아이를 낳은 것으로 보고됐다. 21세기의 초기에는 그 비율이 30퍼센트로 뛰어올랐다. 일부 경제학자들은 이처럼 고령 출산이 급증하면서 여성의 노동 시장 진출이 정점에 도달한 것이라는 의견을 내놓았다.

하지만 이처럼 일시적인 감소세가 보인다고 해서 여성이 직장 생활을 통해 만들어 낸 새로운 정체성을 거부하게 될 것이라는 뜻은 아니다. 거의 한 세기에 걸쳐 여성들이 일터를 향해 진격한 이후, 나는 그들이 가정으로 총퇴각하게 될 것이라는 어떤 조짐도 발견하지 못했다.

싸구려 여성

몇 년 전 내가 인도를 방문했을 때, 아침 커피를 마시는 동안 〈타임스 오브 인디아〉에 실린 결혼 광고를 해석하면서 시간을 때우는 습관이 생겼다. 그들 광고는 불가해하면서도 흥미로웠다. 한 구혼자는 자신을 이렇게 묘사했다. "남자 27/171/4-LPA B.E. Sr S/W Engr in

IBM" 나는 이것을 27세 남성으로 신장 171센티미터, 중요한 조건 네 가지를 갖추고 있으며 공과 대학을 졸업한 뒤 IBM에 근무한다는 내용으로 해독했다.

다른 남성은 "준수한 힌두교 마이르 라지푸트 스와른카(Mair Rajput Swarnkar, 하위 카스트의 일종) 남성 M.Sc. Mtech PhD (IIT) 32/170/ 23000 pm 중앙 정부 1급 공무원"임을 알렸다. 아마 이것은 잠재적 남편이 공무원이며 인도 공과 대학에서 박사 학위를 받았다는 의미일 것이다.

축약적인 언어 구사나 미국 부동산 광고란에서 보는 것과 유사한 어조를 넘어서, 인도의 결혼 광고는 인도의 중매 과정이 이를테면, 뉴욕이나 런던의 그것과 얼마나 다른지를 뚜렷하게 보여 주고 있었다. 나는 특히 광고의 간소함과 사랑의 대상을 세밀하게 분할하는 것에 깊은 인상을 받았다. 광고의 간소함은 크레이그스리스트(Craigslist, 미국 생활 정보 거래 전문 웹사이트)의 론리하트(lonely-hearts) 섹션에서 인도의 결혼 광고와 유사한 내용의 간청이 보일 듯 말 듯 암시적으로만 표현되는 것과 완전히 거리가 멀었다. 광고는 브라만과 크샤트리아, 바이샤 같은 카스트 제도의 대분류에 그치는 것이 아니라 12개의 카스트와 지역 및 인종 집단, 언어 등의 항목까지 적용하여 마치 러시아 인형처럼 항목 속에 세부 항목이 또 나오는 복잡한 분류 방식을 취하고 있다.

인도에서는 결혼의 70퍼센트가 같은 카스트 내에서 이루어지며 인도인들은 공공연하게 카스트 간의 결혼에 반대한다. 서벵골 주의 주도 콜카타에 사는 중산층 여성은 교육을 받지 않았지만 같은 카스트에 속한 남성을 석사 학위를 갖고 있는 다른 카스트의 남성보다 더 우선시할 것이다. 인도의 한 조사에서 남성은 '아름다운 외모'의 여성을 택하기보다는 '평범한 외모'라도 같은 카스트에 속한 여성을 선택하는 것으로 나타났다.

하지만 결혼 조건의 분류 방식에서 가장 주목할 만한 특징은 광고 문구의 노골적인 사업적 어조이다. 광고에서 분명하게 드러나는 사실은 결혼이 양가 부모들 사이에 교섭이 이루어지는 일종의 가족 사업으로서 혈통이 다음 세대로 확실하게 전달될 수 있도록 하는 데 목적이 있다는 것이다.

점점 더 많은 여성들이 직업을 갖고 더 크게 자기 목소리를 내기 시작하면서 전형적인 짝짓기 거래의 양상을 뒤집어 버렸기 때문에 세계 전역에서 결혼 제도에 변화가 일어나고 있다. 하지만 파리와 베를린, 심지어 멕시코와 같은 곳에서도 여성의 힘이 강화됐음에도 불구하고, 그 외의 지역에서는 구시대적 결혼 행태가 변화에 저항을 계속하고 있다. 이런 저항은 여자의 가격이 형편없이 낮은 지역에서 발생한다.

인도에서는 많은 남성들이 결혼 광고에 등장한다. 하지만 겉보기와 달리, 이것은 여성의 권한과 아무런 관계가 없다. 인도는 남성이 여성을 쇼핑하는 일부 뒤처진 사회의 반대편에 해당하지 않는다. 인도에서 신부는 아무런 권한이 없다. 그들의 부모가 신랑에게 지참금을 지불하는 관행은 여전하겠지만 그럼에도 신부는 여전히 신랑의 소유물에 불과하다.

지참금은 부담되는 존재이다. 연구원들은 카르나타카(Karnataka)

지방의 옹기장이 하위 카스트 사이에서 지참금의 평균 액수가 신부 가족들의 6년치 수입에 해당한다는 사실을 발견했다. 인도 서부 해안의 고아(Goa)에서는 신부 지참금이 1920년의 2000루피에서 1980년에는 50만 루피와 100만 루피 사이로 상승했다. 그러고도 지참금은 계속 상승하고 있다. 한 조사에서는 1921년부터 1981년까지 인도 전역에서 지참금이 매년 15퍼센트씩 상승했다고 평가했다. 일부에서는 그것이 경제 발전과 수입 불균형의 증가에 따른 현상이라고 주장한다. 그 결과 낮은 계급의 부유한 집안 여성이 지참금을 높여 더 높은 계급의 남성에게 입찰을 할 수 있게 됐다는 것이다. 다른 사람들은 1920년대 급속한 인구 증가로 인해 남성 대 여성의 성비가 남성에게 유리하게 기울어진 것이라고 판단했다. 그렇게 된 이유는 여성이 남성보다 더 어린 나이에 결혼하기 때문이다. 인구가 증가할 때, 더 일찍 태어난 신랑감에 비해 어린 신붓감의 숫자가 더 많아진다. 사실 카르나타카 옹기장이의 한 여성은 15세 된 자기 딸이 여섯 명의 남자를 두고 13명의 다른 처녀들과 경쟁을 해야 한다고 불평했다.

하지만 신부의 가족이 신랑에게 아무리 높은 금액을 지불해도 그것이 결혼에서 신부의 안전을 보장해 주지는 않는다. 심지어 상위 계급 여성들조차 결혼 이후 더 많은 지참금을 요구하는 남편 및 시댁 식구들로부터 협박과 구타 심지어 살해를 당하고 있다고 보고되었다. 인도 국립범죄기록국은 연간 약 6000건의 '지참금 살인'이 발생한다고 보고했는데, 시댁 식구들이 신부를 산 채로 화장한 경우도 있었다. 또 다른 조사에서는 지참금 살인이 연간 2만 5000건에 이른다고 보고했다.

　여성의 가치를 두고 따져 보면 지참금까지 줘야 하는 것은 상대적으로 드문 경우에 해당하지만 그렇다고 그것이 전적으로 인도에만 국한된 관행도 아니다. 2001년 방글라데시의 차파이나와브간지(Chapainawabganj)와 치타공(Chittagong), 셰르푸르(Sherpur) 지역에서 연구원들은 지참금이 16만 타카(taka)까지 올랐다고 보고했는데, 이것은 방글라데시의 1인당 국내 총생산의 거의 4배나 되는 금액이다. 또한 그들은 여성에 대한 극단적 폭력 사례도 보고했다. 보통 지참금이 낮을 경우 고도의 가정 폭력을 초래된다. 하지만 지참금을 지불하지 않은 여성은 고액을 지불한 여성과 거의 비슷하게 낮은 수준의 가정 폭력을 경험했다. 아마도 여성이 다른 방식의 권력을 갖고 있었기 때문에 지참금을 내지 않았을지도 모른다.

　이런 사실을 보면 자연스럽게 이런 의문을 갖게 된다. 신부가 돈을 내고 폭행을 당해야 하는 이유는 무엇인가? 무엇보다 지참금이 존재하는 이유는 무엇일까? 일반적으로 그것은 신부가 결정할 일이 아니다. 신부의 부모가 결혼을 성사시키는 역할을 맡는다. 인도는 아내가 남편의 혈통을 따라 남편의 가족과 함께 사는 문화를 갖고 있다. 아들이 가문의 혈통을 계승하고 부모의 집에 머물며 그들을 봉양하고 재산을 상속받는다. 그와는 대조적으로 딸은 천덕꾸러기다. 부모는 딸이 자신의 집을 떠나 남편의 집에서 살게 될 것임을 알고 있다. 부모는 딸을 결혼시키기 위해 얼마가 들든 비용을 지불해야 한다.

　하지만 가난한 인도인 가정의 경우, 그것은 엄청난 부담이 될 수 있다. 그들이 태아일 때 미리 여아를 선별해 내 결혼 연령에 도달하지 못하게 하려는 이유가 바로 그것이다.

여아 살해

인도 북서부의 펀잡(Punjab)과 하리아나(Haryana)의 경우를 살펴보
자. 1981년 인도의 인구 조사에 따르면, 이들 지역에서는 6세 이하의
아동 중 여자 100명당 약 108명의 남자가 존재하여 이미 성비가 한쪽
으로 심하게 기울어진 상태였다. 이후 초음파 기술이 인도 전역에 보
급되면서 부모들은 출산될 아이의 성별을 조기에 알 수 있게 되었다.
그리고 선별적 낙태가 급증했다. 2001년의 인구 조사는 100명의 여
자 아이 각 집단에 대해 남자 아이는 124명이 존재한다고 보고했다.
여성이 가족에게 큰 부담이 될 수밖에 없는 가장 큰 이유가 바로
지참금이라는 사실에는 의문의 여지가 없다. 하지만 동아시아와 남아
시아에서 가족이 딸이라는 부담을 떨쳐 버리려고 노력하는 이유는 그
것이 전부가 아니다. 한국의 경우, 딸을 결혼시키는 것보다 아들을 결
혼시키는 데 훨씬 더 큰 비용이 든다. 하지만 2000년 인구 조사에서
는 4세 이하의 여자 아이 100명당 남자 아이는 110명이 존재하고 있
는 것으로 보고됐으며 이렇게 큰 격차는 체계적인 여아 선별이 있었
다는 사실을 암시한다. 한 조사 결과에 따르면, 1989년에서 1990년
사이 중국에서는 1000명의 아이가 태어날 때마다 61명에서 94명의
여아가 '실종'됐다. 그리고 한국에서는 1992년 1000명당 70명의 여
아가 실종됐다.

이 모든 것이 수요와 공급의 문제일지도 모른다. 예를 들어 케냐의 킵시기처럼 일부다처제 문화에서는 부자가 다수의 여성을 거느림으로써 그들의 가치를 높여 주기 때문에 여성이 부족해질 수밖에 없다. 인도의 경우, 여성은 그와 같은 희소성의 혜택을 누리지 못한다.

세계은행의 인구 통계학자 모니카 다스 굽타는, 20세기로 접어들 무렵에는 인도 북서부에서 신부의 가격이 비슷했었다고 믿는다. 유아 사망률이 감소하여 인구가 증가하면서 짝짓기의 균형이 남성 쪽으로 기울면서 지참금이 등장했다. 그녀가 나에게 들려 준 이야기에 따르면, 이제는 인구 증가율이 감소하고 태아 때부터 여아에 대한 선별이 이루어지면서 나이가 많은 남성들의 결혼 대상이 되는 젊은 여성들의 숫자가 감소하고 있어서 추세가 역전되고 있다. 요즘 펀잡의 부모들은 인도의 다른 지역을 헤매며 돈을 주고 자기 아들과 결혼할 여자를 찾고 있다.

또한 남성이 후계자가 된다는 것은 가문의 혈통을 남성이 계승한다는 것을 의미하는 가부장적 문화에서 여성의 수요는 더 낮을 수밖에 없다. 동아시아와 남아시아에서 여아 살해가 증가하는 것은 초음파 기술의 발달에만 이유가 있는 것이 아니라 출산율의 감소로 가족의 규모는 작아지지만 남자 아이가 적어도 하나는 있어야 한다는 요건에는 변화가 없기 때문이기도 하다.

연구원들의 주장에 따르면, 동아시아와 남아시아의 가부장제도 속에서 여성의 가치가 낮은 이유는 여성들이 친정의 호적에서 삭제되어 영원히 남편의 호적에 편입되기 때문이다. 여성은 혈통을 이어가는 데 전혀 쓸모가 없으며 부모를 경제적으로 부양하지도 못한다. 여성은 씨족의 일원이 아닌 것이다. 남성이 사회 체제를 결정하고 여성은 그저 남편의 생식을 도와 줄 뿐이다. 여성은 반드시 아들을 낳아야 한다. 그렇지 않으면 아무런 쓸모가 없다.

이런 성향 중 일부는 아예 법률로 규정되어 있다. 1958년 한국의 가족법에 따르면 승계는 부계를 통해서만 이루어지며, 남성은 자기 가문에 속하지 않는 여성과 결혼해야 하고, 아내는 반드시 남편의 호적에 편입된다. 당연히 자식도 부계에 속하게 된다. 2005년이 돼서야 비로소 대법원은 결혼 후에도 여성이 친정의 호적에 남아 있을 수 있다고 판결했다. 2008년에는 부모가 모친의 성으로 아이를 호적에 등록하는 것을 허용했다.

이런 관습은 원래 소속되어 있던 사회적 경제적 배경을 벗어나도 계속 유지됐다. 미국의 2000년 인구 조사에 대한 연구에서 중국인과 인도인, 한국인 부모를 둔 아이들 사이에서 모국과 유사한 남녀 성비의 격차가 발견됐다. 만약 가정에 두 명의 딸이 존재할 경우 세 번째가 아들인 경우가 딸인 경우보다 50퍼센트나 많았다.

하지만 심지어 동아시아와 남아시아에서도 인구 통계적 변화와 경제적 변화로 인해 여성의 가치가 상승할 수 있는 희망이 보이고 있다. 한국에서는 산업 발전으로 인해 사회적 경제적 삶의 중심으로서 가족의 중요성이 감소하고 있다. 부모가 도시에 살면서 연금을 받게 되자 자식에 대한 의존성이 줄어들었고, 덕분에 자식도 독립적인 삶을 추구할 수 있게 되었다. 사내아이를 낳는 것은 이제 예전만큼 긴급한 일이 아니다. 동시에 딸들이 교육을 받고 노동 시장에 합류하면서 결혼 외적인 가치를 획득하고 있다.

지난 반세기 이상의 기간 동안 신생아의 성비 불균형이 지속적으로 악화일로를 걸었던 인도와 달리, 1995년에서 2000년 사이 한국에서는 인구 조사 결과 여아 100명당 남아의 숫자가 115명에서 110명으로 감소했다.

실종 신부

31세의 세 아이 엄마인 지앙 진(Jiang Jin)은 자녀 셋을 낳았기 때문에 장시성(江西省)에 있는 고향에 돌아가 중국의 일인자녀법 위반으로 처벌을 당하기보다 베이징에서 신분을 숨긴 채 살아가기로 했다. 생활비는 언니의 아이들을 돌보고 한 달에 1000위안을 받아서 해결했다. 중국의 시골에서는 그 법을 철저하게 적용하지 않았다. 때때로 두 아이를 낳아도 처벌을 받지 않는 가족도 나왔다. 하지만 그녀의 말에 따르면 불법적으로 태어난 아이의 출생을 신고하고 학교에 보내려고 할 경우 장시성 당국은 최대 5000위안의 벌금을 부과할 가능성이 있었다. 그녀는 이렇게 말했다. "만약 벌금을 물지 않으면, 그들은 우리 집을 압류하고 우리에게 불임 시술을 할 겁니다."

이와 같은 곤경에 처한 사람이 지앙 진만은 아니다. 다른 많은 중국인들처럼, 그녀는 남자 아이를 원하기 때문에 사내가 태어날 때까지 계속 아이를 낳았을 뿐이다. 다른 중국인들은 훨씬 더 극단적인 방법에 의지하고 있다. 덩샤오핑이 1979년 한 자녀 정책을 제정했을 때 그의 의도는 인구 증가를 억제하여 12억에서 정점에 도달한 뒤 21세기 중반까지 7억까지 줄이려는 것이었다. 하지만 그는 산아 제한 정책의 악명 높은 결과를 예상하지 못했다. 딸을 낳은 가정은 자신의 혈통을 다음 세대로 전달하기 위해 아들이 필요하기 때문에 자식을 낳을 수 있는 여지를 남기기 위해 고의적으로 딸을 살해하는 것이 바로 그것이다. 일부 농촌 지역에서는 두 자녀를 갖는 것이 허용되기도 하지만 그래도 이미 딸 하나를 낳은 부모는 두 번째도 딸이 예상될 경우 낙태를 고려하지 않을 수 없다. 2010년 중국 사회과학원은 여아 100명당 남아 119명이 출생했다고 보고했다.

역설적인 사실은 이것은 결국 중국에서 여성의 가치가 대단히 높아지게 된다는 의미라는 것이다. 현재 중국은 수천만 명의 여성이 '실종' 당하고 있다. 이것은 이제까지와 다른 인구 통계학적 도전을 제기한다. 결혼에 실패한 수천만 명의 중국 남자들을 광군(光棍), 혹은 '헛뻗은 가지'라고 부르는데, 도대체 이들을 어떻게 한단 말인가? 하버드 대학의 경제학자들은 2020년에 20세부터 30세 사이의 잠재적인 신부 100명당 22세에서 32세까지의 결혼 적령기의 남자 135명이 존재하게 될 것으로 추산했다. 중국 사회과학원은 2020년에 결혼 적령기 남성 2400만 명에 대한 배우자가 부족하게 될 것이라고 평가했다. 시골에 사는 40대 이상의 남성이 배우자를 찾게 될 확률은 사실상 전무하다.

이것은 중국의 발전에 검은 그림자를 드리운다. 남녀 성비의 불균형으로 인해 좌절하고 고삐 풀린 젊은이들이 거리를 방황하면서 범죄율이 높아질 가능성이 크다. 그것은 매춘을 증가시키고, 그에 따라 HIV 바이러스 감염도 증가할지 모른다. 그리고 수백만 명의 남자들이 자신을 돌봐 줄 후계자가 없이 노년에 도달하면서 경제적 불안이 증가할 것이다. 성비의 불균형은 내륙 가난한 지역의 여성들이 직업과 결혼 시장에서 더 나은 상대를 찾기 위해 부유한 해안 지방에 몰려들면서 지역적 편차를 더욱 심화시키게 될 것이다.

심지어 연구원들 사이에서는 성비 불균형으로 인해 중국의 가정들은 점점 더 격렬해지는 결혼 시장의 경쟁에서 아들이 유리해질 수 있도록 자금을 확보하기 위해 저축 경쟁에 돌입했다는 주장도 나왔다. 그들의 엄청난 저축률 덕분에 2009년 중국은 2조 5000억 달러라는 외환을 보유하게 되었다. 만약 우리가 전임 미국 연방준비제도이사회 의장이었던 앨런 그린스펀의 말을 믿는다면, 대부분의 중국 저축이 세계의 금융 체제를 통해 사방으로 흘러넘치면서, 세계 전역에서 이자율 상승을 억제하는 동시에 주택 가격의 상승을 부채질했기 때문에, 중국의 성비 불균형은 세계적 부동산 버블을 팽창시키는 역할을 했다.

결혼에 따르는 불균형을 넘어, 여성을 비하하는 사고방식으로 인해 중국은 귀중한 자원을 낭비하고 있다. 2000년 인구 조사에 따르면, 15세부터 29세 사이의 여성이 중국 국내 이주의 절반 이상을 차지하고 있다. 중국의 경제 성장에 동력을 제공하는 대부분의 이주 노동자들은 여성이며, 그들은 중국의 농촌 지역에서 해안가의 거대 조립 라인까지 먼 길을 움직였다.

개발 도상국들에 대한 조사에서 여성들은 가정의 자원을 할당하는 문제에 있어서 남성들보다 훨씬 더 생산적인 결정을 내린다는 사실이 밝혀졌다. 특히 여성들은 자녀들의 복지에 상당한 투자를 한다.

중국 농촌 지역에서 찻잎을 따는 일을 하는 여성들에 대한 조사에서 찻값이 오를 경우 여자 아이의 생존율이 높아진다는 사실이 밝혀졌다. 또한 남아와 여아 모두 학력이 높아진다는 것도 주목할 만한 사실이었다. 이것은 찻값이 오르면 여성의 임금도 상승하고, 그것은 자기 자녀의 건강과 교육에 대한 투자로 이어지기 때문이다.

마오쩌둥의 인민해방군에게 패한 장제스와 국민당 군대가 1949년 타이완으로 도주했을 때, 섬에 독신 남자들이 대거 유입되면서 타이완의 성비는 급격하게 여성에게 유리한 쪽으로 기울어졌다. 이로 인해 짝짓기 시장에서 여성의 협상력이 강화되었다. 그 결과 여아의 생존율이 높아지는 반면 출산율은 감소하고 아이들의 교육에 대한 투자가 증가했다.

위기를 감지한 중국 정부는 이제 '여성 보호' 운동처럼 부모의 눈에 보이는 딸의 가치를 높이는 정책들을 마련하고 있으며, 이를 통해 여성에게 무료 공교육을 실시하는 등 각종 인센티브를 제공하고 있다. 더불어 선택적으로 한 자녀 정책도 완화하기 시작했다. 그 정책이 실시된 지 30년이 흐른 시점에서 심지어 상하이 당국은 두 자녀를 갖고자 하는 가정에 재정적 인센티브를 제공하고 있다.

적어도 성비의 불균형으로 인해 여성들은 결혼 시장에서 새로운 사업 기회를 갖게 되었다. 신부 가족에게 돈을 지불하는 것은 중국의 농촌 지역에서는 차이리(財禮)라는 이름으로 일반적 관습으로 정착했다. 또한 농촌의 가정이 어떤 대가를 치르더라도 아들의 신부를 구해야 하는 절박함이 점차 가중되는 가운데 차이리는 2000년 초 이래로 끊임없이 치솟아 수만 위안에 이르렀다. 〈월스트리트 저

널〉은 중국 중부의 산시성(陝西省), 한중(漢中)에서 두 달 동안 새로
결혼한 신부 11명이 남편을 버리고 도망쳤다고 보도했다. 물론, 예
물은 모두 들고 나갔다.

노동의 가격

The Price of Work

CHAPTER 5

국제노동기구가 추정한 바에 따르면, 전 세계적으로 강제 노동을 하고 있는 사람들은 성 노동자를 제외하면 810만 명에 달한다. 인류 역사를 통틀어 강제 노동에 시달린 인구를 생각하면 그리 높은 수치 는 아니다.

노예 제도와 강제 노동은 아즈텍 제국과 이슬람 제국, 고대 그리스 에서부터 봉건 유럽에 이르기까지, 남북 전쟁 이전의 미국 남부에 이 르기까지 널리 행해져 왔다. 어떤 기준에서 보면 오늘날의 노동 시장 도 강제 노동에 부합한다고 생각할 수도 있을 것이다. 오늘날의 노동 시장은 고용주들이 돈을 절약하도록 도우니까 말이다. 오늘날 근로 자들이 받는 임금과 복리 후생은 국민 소득의 거의 65퍼센트를 차지 한다. 정부가 이와 관련해 지속적으로 통계를 내기 시작한 80년 전에 비해 10퍼센트 상승한 수치이다. 이 정도의 액수라면 고용주들이 근로자들을 노예로 만들 만한 꽤 강력한 인센티브처럼 보인다. 그런데 왜 그러지 않는 것일까?

우리는 노예 제도를 혐오하라고 배웠을 것이다. 그러나 역사 기록에 따르면, 근로 조건에 대한 사회의 선택은 가치관이나 도덕보다는 노동의 조직 방식에 따른 수익성과 관련된다. 16세기 러시아에서부터 아메리카 대륙의 유럽 식민지들에 이르기까지 연한(年限) 계약 노동자를 고용하느냐 자유노동자를 고용하느냐는 임금을 지급하는 방식과 노예들에게 의식주를 제공하고 그들의 노예 생활을 보증하는 보증인에게 돈을 지불하는 방식 중 어느 쪽이 더 저렴한가에 좌우되었다.

역사를 통틀어 자급자족 경제, 이를테면 사람들이 자신의 생계를 유지할 정도로만 생산하던 원시 수렵 사회에서는 노예 제도를 찾아보기 힘들었다. 초기 원예 문화의 경우, 토지가 비옥하지 않아서 부수적인 노동자들의 고용을 정당화할 만큼 잉여물이 창출되지 않았다. 그러나 식량 생산의 진보로 잉여물이 창출되고, 이로써 더욱 많은 사람들에게 양식을 제공하고 부수적인 노동자들의 고용을 정당화할 수 있게 되자, 지주들은 노동 비용의 상승을 피하기 위해 강제 노동에 의존하기 시작했다. 부족한 땅에서 많은 노동자들이 일자리를 놓고 경쟁할 정도로 인구가 증가하고 나서야 비로소 지주들에게는 임금 제도가 노예 제도보다 더 매력적인 제안이 되었다.

《인종 지도 사전》의 자료에 따르면, 인구 밀도가 1평방마일(약 2.56평방킬로미터)당 40명이었던 진보된 원예 사회에서는 지주들 가운

데 약 80퍼센트가 노예를 고용했다. 그러나 쟁기의 사용으로 농업 생
산량이 증가하고 인구 밀도가 1평방마일당 100명 이상으로 증가하
자 절반 이상의 지주들이 강제 노동 대신 임금 제도를 택했다.

그러나 어떤 이유로 토지와 노동력의 비율이 바뀌면 노예 제도가 곧
바로 부활했다. 14세기에 유럽 인구의 절반을 쓸어 가고 이후 300년
동안 정기적으로 찾아온 흑사병은 그러한 변화를 제공하는 한 가지
원인이었다. 러시아의 경우, 16세기 이전에는 농노제라는 것이 존재
하지 않았다. 그러나 흑사병으로 인해 인구가 급격히 줄자 지주 계층
은 소작농들의 이동성을 제한하기 위해 황제에게 로비를 벌였고, 그
리하여 지주들로 하여금 도주 소작농을 되찾도록 허용하는 법안과
채무 예속을 통해 소작농들을 땅에 귀속시켰다.

농노제가 400년 동안 인기를 끈 서유럽의 경우, 아이러니컬하게도
흑사병이 농노제의 소멸을 재촉한 듯 보인다. 물론 이곳 지주들도 마
찬가지로 소작농들을 땅에 귀속시킬 인센티브를 갖고 있었지만, 동
유럽에는 없었던 서유럽의 유력한 도시 엘리트들 역시 노동자를 원
했으므로 그들이 이러한 노력을 막았다.

농노제의 진화는 노예 제도가 오늘날 좀 더 인기를 끌지 못하는 이
유에 대해 한 가지 단서를 제공한다. 흑사병으로 인한 막대한 인구
감소가 서유럽에서 농노제의 발전으로 이어지지 않은 것은 대도시들
이 노동자들에게 농업 이외의 기회를 제시했기 때문이다. 농노제를
재도입하려는 시도가 있긴 했지만 강력한 중앙 당국의 부재로 소작
농들의 이동을 제한하기가 힘들었다. 또한 유력한 도시 부르주아들
이 경제적 이익의 경쟁자로 떠오르면서 지주들은 자신들의 뜻을 강

요할 수가 없었다.

그러나 그렇다고 해서 서유럽 사람들이 농노제를 포기한 것은 아니었다. 남북 아메리카 대륙에서 사람이 거의 살지 않는 광활한 땅들이 발견되면서 서유럽 사람들은 노동력이 부족한 대서양 건너에서 노예 제도를 받아들였다.

18세기에 서인도 제도 인구의 약 90퍼센트가 노예들이었다. 1600년에서 1800년 사이에 약 200만 명의 노예들이 아프리카에서 카리브 해의 섬들로 수송되었다. 그리고 29만 유럽 이주민들의 4분의 3이 연한 계약 노동자였다. 토지가 대규모 농장 경영을 뒷받침하자 노예제도는 특히 효율적인 제도가 되었다. 소수의 관리자들이 대규모 노예 집단들을 감독함으로써 노예 사용 비용을 낮출 수 있었다. 이로써 설탕과 담배 등 수익성 높은 카리브의 농작물은 노예 소유주들에게 특히 매력적인 작물이 되었다.

강제 노동의 감소에는 여러 가지 역학들이 기여했다. 값싼 노예들을 계속 추가하여 생산성을 높일 수 있게 된 고용주들은 노동 절약 기술에 투자할 인센티브를 거의 갖지 못했다. 강제 노동자들은 생산성을 높일 인센티브를 갖지 못했다. 그래봐야 관리자에게 더 많은 잉여물을 안겨 주는 셈이었기 때문이다. 이 두 가지 영향이 모두 경제 발전을 방해하는 요소로 작용했다.

남북 아메리카에서 노예 제도는 자급자족 경제 성장의 침체로 이어졌다. 자메이카와 가이아나처럼 1830년대에 강제 노동이 흔하게 이뤄졌던 아메리카 대륙의 식민지들은 바베이도스나 트리니다드처럼 노예 제도가 드물었던 식민지들에 비해 오늘날 훨씬 더 빈곤하다.

19세기 중반에 강제 노동이 널리 이뤄진 주들, 이를테면 미시시피나 사우스캐롤라이나, 루이지애나 등은 오늘날 코네티컷과 매사추세츠, 뉴저지 등의 자유 주들에 비해 훨씬 더 가난하다.

노예 가격을 검토해 보면 노예 제도가 생산성 증대를 둔화시켰음을 더욱 확실하게 알 수 있다. 사우스캐롤라이나에서 노예 한 명의 가격은 1720년 약 110.37달러에서 1800년 약 307.54달러로 상승했다. 그러나 이러한 가격 상승은 물가 상승률과 거의 일치하는 수준이다. 실질적으로 노예의 가격은 전혀 오르지 않은 셈이다. 그러나 경제학자들이 지적하듯이, 노예의 가격은 농부들이 그들의 노동으로부터 기대하는 수익의 추세를 반영해야 한다. 가격이 오르지 않았다는 것은 이러한 기대 수익이 크게 오르지 않았음을 시사한다.

노예를 불법 이민자로 바꿔 보면 오늘날의 미국에서도 이와 유사한 패턴이 나타난다. 수십 년 동안 미국의 농민들은 값싼 이민자들의 노동력에 의지하여 농작물을 재배했다. 1986년 그들은 이민 개정 및 규제에 관한 법을 통과시키도록 강요했고, 이를 통해 약 300만 명의 불법 이민자들이 합법적인 이민자로 인정받게 되었다. 그 후 미국의 농민들은 더 이상 노동 절약 기술을 위해 투자하지 않았다. 1999년경 자본 투자는 정점에 달했던 1980년에 비해 46.7퍼센트 하락한 상태였다.

사실, 미국의 이민자 노동 제도는 노예 제도가 인기를 끌지 못하는 듯 보이는 이유에 대한 답이 될 수 있다. 노예 제도는 보이는 것만큼 그렇게 성행하지 않은 것이 아니다. 다만 알아보기 힘들게 변형된 형태로 이뤄진 것이다. 불법 이주 노동자들은 연한 계약 노동자들과 크게 다르지 않은 듯하다. 경찰의 눈을 피해 가며 일터에서 자신의 권리도 주장하지 못하는 불법 이민자들은 다른 노동자들과는 다르게 고용주에게 신세를 지고 있는 입장이다. 합법적인 이주 노동자라고 해도 그중 일부는 대체 일자리 모색을 금지하는 비자 요건 등을 통해 공식적으로 현재 일자리에 구속되어 있는 경우도 있다.

그러나 그보다 더욱 설득력 있는 답은, 평균적으로 노동자들이 너무 저렴해서 굳이 노예를 사용할 필요가 없다는 것이다. 일부 근로자들, 예를 들어 은행가 또는 벌이가 좋은 기술을 갖춘 여타의 전문가들은 높은 임금을 받는다. 그러나 연방 최저 임금은 30년 전보다 낮아졌다. 게다가 국제화 때문에 제조업자들은 값싼 노동력을 풍부하게 제공받게 되었다. 2010년 3월, 베트남 정부는 월 최저 임금을 73만 동(40달러에 못 미치는 액수)으로 올렸다. 노예들도 이보다는 싸지 않을 것이다.

공정한 임금이란 무엇인가?

일의 가격은 필경 인간의 삶에서 가장 중요한 가격일 것이다. 노동 시장은 우리가 가진 기술을 생활필수품, 이를테면 집세나 양식과 교환하는 장이다. 임금은 우리가 어떤 종류의 삶을 영위할 것인가를 결정하는데 중요한 요인이 될 것이다.

노예 제도가 자유노동 시장으로 바뀐 이후로 임금은 계속해서 개선되었다. 선진국들의 경우, 지난 20세기에만 해도 임금이 크게 상승했다. 1918년, 달걀 열두 개의 가격은 일반적인 임금을 받는 미국의 보통 제조업 근로자의 노동 시간으로 환산하면 한 시간이 조금 넘는 수준이었다. 오늘날에는 이와 동일한 근로자가 5분 미만의 노동만으로 달걀 열두 개를 살 수 있다. 19세기 후반에 대도시 상품들을 미국 소도시들에 보급하기 위해 문을 연 통신 판매업체 '몽고메리 워드'는 1895년 변속 장치가 없는 자전거를 65달러에 내놓았다. 이것은 일반 근로자의 노동 시간으로 환산하면 약 6주 반에 해당하는 액수였다. 오늘날 온라인 워드는 변속 장치가 있는 자전거를 약 350달러에 판매한다. 이는 일반적인 임금을 받는 보통 평균 근로자의 노동 시간으로 환산하면 19시간 미만에 해당하는 금액이다.

그러나 임금은 개선되었을지 몰라도 몇 가지 측면에서 노동 시장은 과거에 비해 더 관대해졌다고 할 수 없으며, 어떤 면에서는 오히려 더 가혹해졌다. 임금을 조종하는 요인은 두 가지이다. 생산성(해당 일이 고용주에게 얼마나 가치 있는가)과 해당 기술을 가진 노동자들에 대한 수요와 공급이 그것이다. 임금 상승은 정의와는 전혀 상관이 없다. 오늘날의 근로자는 1890년의 근로자가 한 시간에 걸쳐 수행한 일을 10분 안에 해낼 수 있다. 그것이 바로 임금이 오른 이유이다.

노동자들이 받는 보수의 패턴들 가운데 일부는 꽤 쉽게 이해할 수 있다. 교육 수준이 높은 근로자는 학력이 낮은 근로자들에 비해 임금이 높은 경향이 있다. 인도에서는 교육 수준이 동일하다고 해도 영어를 유창하게 하는 사람들이 그렇지 못한 사람들보다 임금이 34퍼센트 더 높다. 그러나 쉽게 이해할 수 없는 패턴들도 있다. 키가 큰 사람들은 약 10센티미터 당 10퍼센트씩 임금을 더 많이 받는다. 키가 약 188센티미터인 미국 남자들은 키가 178센티미터인 사람들에 비해 임원이 될 가능성이 3퍼센트 더 높다. 또, 미모와는 아무 상관이 없는 직업의 경우에도 못생긴 사람들은 잘생긴 사람에 비해 소득 수준이 낮다. 미국과 캐나다의 취업 면접을 토대로 수행한 어느 연구 결과, 면접관들이 평균 이하의 미모라고 판단한 근로자들은 평균 수준의 근로자들에 비해 소득이 7퍼센트 더 낮으며, 평균 이상의 미모를 가진 사람들은 소득이 5퍼센트 더 높은 것으로 드러났다. 또한 남자들은 못생긴 외모에 따른 불이익이 9퍼센트였고, 여자들의 경우 못생긴 사람들의 소득이 5퍼센트 더 낮았다.

이러한 임금의 차이는 부분적으로는 인종 차별에 의한 것일 가능성이 높다. 그러나 그보다 더욱 관련성이 높은 것은 육체적 특징들이 생산성 향상에 어떤 신호를 보내느냐이다. 스웨덴에서 수행된 연구들에 따르면, 키가 큰 사람일수록 더 건강하고 어린 시절의 영양 상태도 좋기 때문에 더 똑똑하고 힘이 세며 좀 더 나은 사교 기술을 갖고 있는 것으로 드러났다. 키가 크기 때문에 자부심도 높다. 키가 작은 사람들은 생산성이 비교적 떨어진다. 그리고 고용주들이 노동 시장에 가는 것은 바로 이 생산성을 구입하기 위해서이다.

일에 대한 근로자들의 경쟁도 빼놓을 수 없다. 향수에 빠져 사는 사람들은 더욱 관대하고 온화한 노동 시장을 회상하길 좋아한다. 임금이 정확히 기술에 따라 좌우되지 않던 시절, 고용주들은 그들의 근로자들이 남부럽지 않은 생활 수준을 유지하길 바라던 시절을 말이다. 20세기 초에 시어스(Sears)와 이스트먼 코닥(Eastman Kodak) 같은 기업들은 노동 안정을 꾀하고 자사 공장들과 매장들에서 노조가 결성되는 것을 막기 위해 근로자들에게 작은 복지 국가를 만들어 주었다.

이스트먼 코닥은 사진 촬영을 전문 스튜디오에서 모퉁이 약국으로 옮겨놓은 것으로 유명했다 (그들의 슬로건은 "당신은 버튼만 누르세요. 나머지는 우리가 하겠습니다."였다). 그러나 창립자인 조지 이스트먼은 노사 관계의 혁신가이기도 했다. 코닥은 1899년부터 이미 근로자들에게 성과급을 지급했다. 루즈벨트가 사회 보장 제도와 노동 관계법을 통과시키기 6년 전인 1929년, 코닥은 이미 이익 배분제와 근로자 상해 보상 기금, 퇴직금과 연금 플랜, 재해 보험, 질병 수당을 갖춘 상태였다. 1932년 이스트먼이 자신의 심장을 총으로 쏴서 자살했을 때 〈뉴욕타임스〉에는 그의 '인격적인 노사 관계 분야에 관한 진보적인 생각'을 칭찬하는 사망 기사가 실렸다.

급료를 하나의 인센티브로 만들려고 노력한 선구자들도 있다. 1914년 1월, 근로자들의 사기 저하와 생산 라인의 높은 이직률로 골머리를 앓던 헨리 포드는 일당을 5달러로 올려 단번에 평균 급료의 두 배를 지급했다. 그것은 분명히 효과가 있었다. 당시 아벨은 그와 같은 임금 상승 후에 포드가 14퍼센트 더 적은 근로자들로 일일 자동차 생산량을 15퍼센트 높였다고 썼다. 훗날 헨리 포드는 이렇게 말했다. "하루 8시간의 일당을 5달러로 올린 것은 그때까지 우리가 취한 비용 삭감 조치들 가운데 가장 훌륭한 전략에 속한다." 점차 자동차 업계의 다른 회사들도 그들을 따랐다. 1928년 무렵 자동차 산업의 임금은 이미 다른 제조 산업에 비해 40퍼센트 높은 수준에 도달해 있었다. 게다가 당시는 전미 자동차 노조(United Auto Workers Union)가 해당 업계에 발을 내딛기도 전이었다.

그러나 한 세기 전의 온화하고 온정주의적인 기업들이 그 자손들과 크게 다른 것은 아니다. 오늘날 결정적으로 달라진 것은 기업들이 보다 저렴한 선택권을 갖게 되었다는 점이다. 게다가 그들은 더 이상 20세기 초 미국 자본주의의 독특한 특성에 의존했던 기업 거물들의 관대함을 감당할 능력이 못 된다. 이스트먼 코닥은 진입 장벽이 높은 새로운 산업의 주요 기업으로서 사진 필름을 독점하다시피 했다. 포드 역시 오늘날의 치열한 경쟁 환경에서는 불가능할 정도로 엄청난 이익을 누렸다. 오늘날, 다국적 기업들은 값싼 노동력과 낮은 세금, 풍부한 원료, 소비자 접근성을 찾아 전 세계를 뛰어다닌다. 그리고 경쟁은 무자비한 수준에 도달했다.

프린스턴 대학의 경제학자들인 전 연방준비은행 부의장 앨런 블라인더와 오바마 행정부의 재무 차관인 앨런 크루거는 미국의 일자리들 가운데 '해외 외주가 가능한 것', 즉 새로운 정보 기술과 통신망을 이용하여 좀 더 저렴한 해외 노동자들이 해낼 수 있는 것이 약 4분의 1에 달한다고 추정했다. 컴퓨터 역시 사무실과 공장의 광범위한 직무들에서 근로자들을 대신하게 되었다. 기술의 발달로 새로운 참가자들이 한때는 뚫을 수 없다고 간주되던 시장들을 두드릴 수 있게 되었다. 미국의 사양 중공업 지대의 강철 공장들은 단지 값싼 수입 강철 때문에 고통을 겪은 것이 아니었다. 고철로 강철을 만든 남부의 고철 재생 공장들도 최소한 외국의 라이벌들만큼 미국의 종합 제철 공장들의 종말에 기여했다.

이러한 경제 요소들은 전 세계 수많은 근로자들에게 번영을 가져다주었다. 중국의 경우, 제조업자들이 중국의 값싼 노동력을 이용하기 위해 그곳으로 생산 시설을 이전시키면서 1인당 국내 총생산이 지난 10년 동안 7200달러로 세 배가 되었다. 1990년 이후 1일 생계비가 1달러 미만인 중국 인구는 60퍼센트에서 16퍼센트로 감소했다. 그러나 미국의 경우, 이처럼 격렬한 경쟁은 20세기 상당 부분에 걸쳐 노동 시장을 지배한 여러 가지 제도와 협약들을 뒤집어 놓았다. 필름이 쇠퇴하고 디지털 이미지가 발달하면서 이스트먼 코닥은 고통스런 변혁을 겪고 있다. 2009년 그들은 약 74년 동안 존재해온 코다크롬(Kodachrome)의 생산을 중단했고, 2억 3200달러의 손실을 기록했다. 직원 수는 정점인 시절과 비교하면 3분의 1도 안 되는 2만 명 이하로 줄었다.

한때 고용주에게서 좀 더 높은 임금을 받아 내는 수단이 되었던 노조들은 그 힘을 잃었다. 민간 부문 근로자들 가운데 노조에 가입한 사람들은 그렇지 않은 사람들보다 소득 수준이 21퍼센트 높았다. 이는 주급으로 환산하면 148달러에 해당하는 프리미엄이다. 노조 협약은 불경기에 유용하다. 불경기에는 고용주들이 쉽게 비용을 삭감할 수 있는 부분들을 모색하기 때문이다. 그러나 노조를 조직한 기업들이 규모가 줄거나 파산하고, 신생 기업들은 필사적으로 노조를 거부하면서 노조들이 죽어가고 있다. 지난 30년 동안 단체 협약을 적용받는 민간 부문 근로자들은 약 21퍼센트에서 7퍼센트로 줄었다.

1970년대 이전까지는 디트로이트의 3대 자동차 제조사들이 미국에서 판매되는 승용차와 경트럭의 90퍼센트를 생산했다. 2009년에 이르자 이 3대 제조사들의 미국 시장점유율은 약 45퍼센트로 떨어졌다. 제너럴 모터스와 크라이슬러는 파산했다가 정부의 비상 구제를

받았다. 미국에는 여전히 자동차 산업이 존재하지만 대부분은 미시
건 이외 지역의 반노조 기업들에서 성장하고 있다. 1999년 전국 자
동차 제조 노동자들 가운데 노조 협약에 적용받는 비율은 약 38퍼센
트였다. 2008년 그 비율은 25퍼센트에 불과했다. 새로이 부상하는
이 자동차 업계는 과거의 유니언 숍(모든 직원이 노조에 가입되어 있는 업
체)들처럼 관대한 급여와 특전을 제공할 가능성이 희박하다.

슈퍼맨에게 돈을 주는 사회

미국의 노동 시장은 부유한 산업 국가답게 무자비하다. 서유럽의
사회 민주주의 국가들은 최소한의 휴가와 최대한의 근로 시간을 요
구하는 많은 규정들을 갖고 있다. 고소득에 대한 세금과 최저 임금이
비교적 높아서 임금이 좀 더 균등한 편이다. 반면 미국의 일터들은
주로 자유 경쟁을 지향한다. 정부의 간섭을 받지 않는다는 얘기다.
인력 시장은 한 가지 목적을 중심으로 구성된다. 성공에 대해 보상하
는 것이 바로 그것이다. 이것이 최고의 사람들과 나머지 사람들 사이
의 막대한 임금 격차로 이어졌다.

1989년 메이저리그 야구에서 가장 비싼 팀이었던 샌프란시스코
자이언츠의 평균 연봉은 53만 5000달러로, 가장 싼 팀이었던 볼티모
어 오리올스 평균 연봉의 다섯 배에 달했다. 얼핏 보기엔 엄청난 차
이 같지만 현재 기준으로 보면 그리 큰 격차가 아니다. 2009년 뉴욕
양키스의 평균 연봉 520만 달러는 최하위 팀 오클랜드 애슬레틱스

평균 연봉의 스무 배에 해당하는 금액이었으니까 말이다.

이와 유사한 역학이 기업에도 작용한다. 1977년 미국 100대 기업의 엘리트 CEO의 급여는 평균 근로자 급여의 약 50배에 달했다. 그로부터 30년 후, 국내 최고 수준의 급여를 받는 CEO들은 생산 라인에 근무하는 평균 근로자의 약 1100배에 해당하는 급여를 받는 것으로 나타났다. 이러한 변화로 '단순한 대부호'와 '엄청난 대부호'가 뚜렷이 구분되기 시작했다. 1970년대 급여를 조사한 결과, 상위 10퍼센트 경영진의 소득은 중간 수준 경영진 소득의 두 배에 해당하는 것으로 드러났다. 그러나 2000년대 초반에 이르자, 최고 수준의 경영진은 중간 수준의 경영진과 비교해서 소득이 네 배에 달했다.

이러한 현상은 한 가지 명쾌한 경제적 진술로 설명할 수 있을 것이다. 1981년 시카고 대학의 경제학자 셔윈 로젠은 〈슈퍼스타의 경제학〉이라는 논문을 발표했다. 간단히 말해 로젠의 주장은, 기술의 발달은 특정 분야의 최고 인재가 더욱 큰 시장의 요구를 충족시키며, 더욱 큰 몫의 수입을 거둬갈 수 있게 하지만, 한편으로는 그보다 재능이 떨어지는 사람들이 가져가는 몫을 크게 줄인다는 것이었다.

이러한 추론은 팝 스타들의 소득 역학과 적절하게 맞아떨어진다. 음악 산업은 1980년대 이래 몇 가지 기술적 변화로 혼란을 겪었다. 처음에는 MTV가 음악을 텔레비전으로 가져왔다. 그 다음에는 냅스터가 음악을 인터넷으로 끌어들였다. 애플 덕분에 팬들은 노래를 한 곡씩 구입하여 갖고 다닐 수 있게 되었다. 이런 변화들을 통해 최고 수준의 가수들은 더욱 큰 팬 기반을 확보하게 되었고, 그에 따라 소비자들의 음악 예산 및 관심을 더 많이 차지하게 되었다. 1982년에는 상위 1퍼센트의 팝 스타들이 콘서트 티켓 수입의 26퍼센트를 차지했다. 2003년경, 그들은 콘서트 수입의 56퍼센트를 긁어모으고 있었다.

슈퍼스타 효과는 톰 크루즈의 급료를 설명하는 데에도 도움이 된다. 톰 크루즈의 급료는 〈위험한 청춘(Risky Business)〉 당시 7만 5000달러였지만 〈미션 임파서블 II〉 촬영 당시는 7500-9200만 달러 사이까지 올랐다. 유럽 축구 팀에도 슈퍼스타 효과가 적용된다. 유럽 축구 팀의 경우, 2009년 최고 20개 팀이 차지한 수입 39억 유로는 전체 유럽 축구 리그의 수입을 모두 합친 것의 25퍼센트 이상이다. 역대 최고의 축구 선수인 브라질의 펠레는 1958년 겨우 열일곱 살의 나이로 스웨덴에서 월드컵 데뷔전을 치렀고 순식간에 지구상의 모든 축구 팀이 탐내는 스타가 되었다. 1960년 그는 자신의 팀 산토스에서 15만 달러(오늘날로 치면 110만 달러)의 연봉을 받았다. 요즘으로 치면 평균 수준의 연봉에 해당한다. 2009-2010 시즌에 최고 연봉을 기록한 크리스티아누 호날두는 스페인 팀 레알 마드리드에서 1300만 유로를 벌었다. 스폰서십을 포함하여 오늘날 수입이 가장 많은 선수는 데이비드 베컴이다. 그는 2009년에 선수 보증 광고로 3300만 달러를 벌었고, 로스앤젤레스 갤럭시와 AC 밀란에서 연봉 700만 달러를 받았다.

펠레가 이 정도의 소득을 올리지 못한 것은 경기 자질 때문이 아니라 작은 수입 기반 때문이었다. 그는 역사를 통틀어 가장 위대한 선수였을지 모르지만 돈을 내고 그의 위대함을 경험할 수 있는 사람은 거의 없었다. 1958년 브라질의 인구는 약 7000만 명이었지만 보급된 TV 수는 35만여 대뿐이었다. 최초의 TV 방송 위성 텔스타 I(Telstar I)은 펠레의 월드컵 데뷔전 후 한참이 지난 1962년 6월이 되어서야 발사되었다. 반면 호날두가 포르투갈 선수로 출전한 2010 남아프리카 공화국 FIFA 월드컵은 200개국이 넘는 나라에 방송되었다. 세계 각지에서 각 경기를 지켜본 관중들의 수를 모두 합치면 이 토너먼트를 관람한 수백억 쌍의 눈은, 전 세계 인구를 초과하는 수이다. 호날두가 펠레보다 뛰어나서가 아니었다. 그가 돈을 더 많이 번 것은 그의 재능이 더욱 많은 사람들에게 방송되었기 때문이다.

로젠의 논리는 경영진의 급여를 설명하는 데에도 사용되었다. 미국의 기업들과 은행들, 뮤추얼 펀드들의 규모가 커지면서 가능한 '최고의' 중역이나 은행가, 펀드 매니저를 관리자로 선발하는 일이 매우 중요해졌다. 이것이 경영 인재 시장에 엄청난 경쟁을 촉발하면서 최고 경영진의 가격이 다른 이들의 급여에 비해 막대하게 증가하기 시작했다. 2006년 뉴욕 대학교의 세이비어 가바익스(Xavier Gabaix)와 어거스틴 랜디어(Augustin Landier)는 1980년대와 2003년 사이에 미국 최고 경영자들의 급여가 여섯 배로 증가한 것은 전반적으로 미국 대기업들의 시장 규모가 여섯 배 커졌기 때문이라고 추정하는 논문을 발표했다.

이러한 패턴은 코끼리바다표범의 짝짓기에 대한 진화론적 논리와 일맥상통한다. 코끼리바다표범 암컷들은 경쟁자들을 때려서 굴복시킬 수 있는 큰 수컷을 선호한다. 몸집이 클수록 상어나 범고래의 밥이 될 확률이 더 높은데도 말이다. 기업들이 임금 체계를 통해 인재를 유인하는 것은 코끼리바다표범들이 몸집을 과시하여 상대를 유인하는 것과 똑같다. 그러나 터무니없이 높은 급여 플랜은 주주들에게 이익을 창출해 줄 가능성이 희박하다. 비대한 급료는 사기를 부추기는 것으로 밝혀졌다. 막대한 스톡옵션을 가진 간부들은 어떻게 해서든 자사의 주가를 올려야 한다는 유혹에 빠지기 때문이다. 비대한 급료는 또한 과도한 리스크 감수를 부추기는 것으로 드러났다.

게다가 이러한 전략이 사회에 널리 이익이 되는지도 의문이다. 지난 15년에 걸쳐 미국의 상위 1퍼센트 가정이 국민 소득 전체 증가분의 절반을 쓸어갔다. 1980년에는 그 비율이 약 10분의 1에 불과했다. 오늘날에는 그들이 국민 소득의 거의 4분의 1을 가져가고 있다. 극소수의 코끼리바다표범이 물고기를 전부 먹어치우고 있는 셈이다.

농민들과 자본가들

가장 큰 바다표범들은 은행을 위해 일한다. 은행들은 최고의 MBA 소지자나 숫자의 천재들을 끌어오기 위해 엄청난 보너스를 지급한다. 이 똑똑한 금융가들은 다시 은행업을 세상에서 가장 수익성 높은 일로 만들어 주는 멋진 신제품들을 고안한다.

1980년대를 기억하는가? 고든 게코(Gordon Gekko: 1987년 영화 〈월스트리트〉에 등장하는 허구의 인물로, 기업 사냥꾼 이반 보에스키를 모델로 했다.)가 은막을 장식했고, 이반 보에스키는 내부자 거래로 체포되었다. 마이클 밀켄은 정크본드를 퍼뜨렸다. 1987년 금융 회사들이 축적한 수익은 미국의 모든 기업들의 수익을 통틀어 5분의 1이 채 안 되었다. 월스트리트의 보너스는 총 26억 달러(월스트리트에서 일하는 사람 1인당 1만 5600달러)였다. 오늘날 이것은 시시한 액수처럼 느껴진다.

2007년 금융계는 국내 민간 부문 이익의 정확히 3분의 1을 책임졌다. 2007년 월스트리트의 보너스는 329억 달러를 기록했다. 1인당 17만 7000달러를 받은 셈이었다.

물론, 이러한 유형의 임금이 모든 산업의 표준은 아니다. 스테로이드에 감염된 맨해튼 남부의 월스트리트에서 멀리 떨어진 미국의 시골 경제에서 급료는 인센티브라기보다는 근로자들의 생존과 직결되는 것이다. 2009년 봄, 미국 농장 노동자들의 임금은 시간당 9.99달러였다.

농민들은 값싼 노동력을 확보하기 위해 다양한 수단을 동원했는데, 그중 하나가 정기적으로 미국 정부에 로비를 벌이는 것이었다. 그들은 1차 세계 대전 때부터 멕시코의 농장 노동자들에게 문을 열어 주라고 정부에 요청했다. 1940년대에 또 한 번 이러한 요청이 이뤄졌을 때 2차 세계 대전에 파견된 미국 남성들을 대체하기 위해 브라세로 프로그램(멕시코의 농업 노동자가 미국에서 계절적 취업을 할 수 있는 제도)이 시작되었다. 이 프로그램은 농민들의 로비 활동 덕분에 1964년까지 살아남았다. 그러나 이 프로그램이 중단되고 농장 노동자들의 임금이 오르기 시작하자 농민들은 그들을 좀 더 값싼 인력으로 교체했다.

오늘날 농민들은 밭을 갈고 농작물을 수확하는 100만여 명의 고용 노동자들 가운데 약 70퍼센트가 불법 이민자인 것으로 추정한다. 2006년 미 의회에서 이민법 점검에 대한 토론이 한창일 때 나는 노스캐롤라이나 피드먼트 고원 지역에서 담배 농사와 토마토 농사 등을 짓는 페일린 휘태커를 만났다. 휘태커는 일반적인 합법적 경로를 통해 이민 노동자를 고용하면 비용이 많이 든다고 걱정하며 좀 더 좋은 거래를 원한다고 했다. 그녀는 이렇게 말했다. "우리도 합법적인 노동자를 쓰고 싶죠. 하지만 합당한 초청 노동자 프로그램이 없으면 불법 이민자를 고용해야죠." 비자가 있으면 해당 지역의 다른 농장 임금과 비교하여 최저 임금을 보장해야 했다. 당시 최저 임금은 시간당 8.24달러에서 시간당 8.51달러로 오를 예정이었다. 반면 불법 노동자들은 시급 6.50달러 이하로 고용할 수 있었다.

물론, 불법 이민자들은 시급 6.50달러짜리 일자리를 원한다. 그래서 국경 순찰대와 범죄 조직, 뱀 등을 피해 가며 목숨을 잃거나 팔다리가 잘릴 위험을 감수하고 국경을 넘어온다. 이것은 수많은 가난한 멕시코 인들이 열망할 수 있는 최고의 일자리이다. 자기 마을의 극심한 빈곤과 비교하여 상대적으로 부유해질 수 있는 일종의 통로이다. 이주 노동자들의 상대적인 부유함은(그들이 고향에 돌아올 때마다 주머니에 든 달러 잔돈을 요란하게 흔드는 것으로 표가 난다.) 그들의 동생들과 사촌들도 일정 나이가 되면 곧바로 모험을 떠나도록 부추긴다. 그들도 역시 부자가 되고 싶으니까 말이다.

이것이 실상이다. 다른 가격들의 격차와 달리 임금의 불균형은 자원(이 경우에는 사람들)을 그것이 가장 생산적으로 사용될 수 있는 곳으로 향하도록 조종한다. 일부 가장 힘들게 일하는 멕시코 인들은 국경의 북쪽에서 달성할 수 있는 상대적인 부유함에 이끌린다. 독일에 거주하는 1100만 이주민들, 사우디아라비아에 사는 700만 이주민들, 그리고 프랑스와 영국, 스페인에 거주하는 650만여 명씩의 이주민들에게도 이와 유사한 동인이 작용한다.

이렇게 막대한 이민을 부추긴 불평등은 자본주의 경제의 불가피한, 사실상 필수적인 한 가지 특징이다. 빈곤한 경제에서 경제 성장이 빠르게 이뤄지면 일부 노동자들은 새로운 기회로부터 이익을 얻고, 또 어떤 노동자들은 그럴 수 없게 되면서 불평등이 심화된다. 중국의 경우, 상위 1퍼센트에게 돌아가는 국민 소득의 몫은 1986년에서 2003년 사이에 두 배 이상 증가하여 거의 6퍼센트에 달했다. 불평등은 다시 사람들로 하여금 인적 자본을 축적하여 생산성을 높이도록 유인함으로써 경제 성장에 박차를 가할 수 있다. 이렇게 되면 다시 가장 뛰어난 최고의 인재들은 가장 벌이가 좋은 일자리로 몰리고, 가장 수익성 높은 기업들이 그들을 고용한다.

그러나 그것이 설사 인센티브의 역할을 한다고 해도 금융계 종사자들과 농장 노동자 사이의 소득 격차가 어떤 식으로든 유용하다고 할 수 있을까? 미국은 지난 30년에 걸쳐 빠르게 성장했다. 1980년 이래 1인당 GDP는 약 69퍼센트 증가했고, 불평등은 1920년대 이래 최고 수준으로 치솟았다. 그러나 1인당 GDP 또한 1951년에서 1980년 사이에 빠르게 증가했다(83퍼센트).

한 연구에 따르면, 1960년 이래로 미국의 상위 10퍼센트에게 돌아가는 국민 소득의 몫과 연간 경제 성장률의 상관관계는 1퍼센트 포인트 당 0.12퍼센트 포인트 상승시켰다. 즉, 상위 10퍼센트에게 돌아가는 국민 소득의 몫이 1퍼센트 포인트 증가할 때마다 연간 경제 성장률은 0.12퍼센트 포인트씩 높아졌다는 얘기다. 그러나 경제 성장률이 점점 높아졌음에도 미국의 하위 90퍼센트가 경제 성장을 가속화하기 위해 그들이 희생시킨 소득의 몫을 회복하기 시작한 것은 그로부터 13년 후였다.

미국은 여전히 부국들 가운데 소득 분배가 가장 편향적인 나라이다. OECD에 따르면, 상위 10퍼센트 미국인들의 소득은 하위 10퍼센트 미국인들의 6배이다. 이에 반해 영국은 4.2배, 스웨덴은 2.8배이다.

게다가 미국인들은 다른 여러 나라의 국민들에 비해 경제적 이동성이 낮다. 소득 분포 하위 20퍼센트에 속하는 미국인의 아들이 동일한 경제적 위치에서 벗어나지 못할 확률은 42퍼센트이다. 영국의 경우 이러한 비율은 30퍼센트, 스웨덴은 25퍼센트이다.

불평등이 경제 성장의 원동력이 된다는 것은 의심할 바 없는 사실이지만, 다른 이유들을 생각해 보면 상위에 부가 집중되는 것을 어느 정도 제한할 필요가 있다. 극심한 불평등은 각 소득 집단들 사이에 불신과 시기, 적대감을 유발한다. 평등은 공동의 목적과 단결심을 키워 주며, 이는 바람직한 사회적 결속에 기여한다.

소득 불평등이 커지면 비교적 가난한 가정들은 좋은 동네에서 밀려나고, 부유한 사람들이 부동산을 독식한다. 맨해튼과 보스턴 중심, 샌프란시스코 같은 도시들에서는 부자들의 집을 청소하고 요리를 해 주고 아이들을 돌봐준 후, 밤이 되면 좀 더 싼 지역에 있는 집으로 돌아가는 사람들을 제외하고는 소득 수준이 낮은 사람들을 찾아볼 수 없다.

1970년에서 2000년 사이에 샌프란시스코 중심지의 집값은 연간 1–1.5퍼센트씩 올라 다른 지역에 비해 빠른 상승세를 보였다. 그리하여 이곳은 부자들의 도시가 되었다. 현재 가치로 연 소득 13만 6000달

러 이상인 가정의 비율이 10퍼센트에서 31퍼센트로 늘었다. 평균 국
민 소득 증가율과 비교하면 두 배가 넘는 수준이다. 소득 수준이 중간
인 사람들은 밀려 나갔다. 1970년 샌프란시스코에서 가계 소득이 현
재 가치로 9만 달러 이하인 가정은 70퍼센트였다. 이것이 2000년에
는 약 50퍼센트로 줄었다.

지리적 분리는 교육의 분리를 조장한다. 학교의 재력은 재산세에
의존하며, 재산세는 부동산 가격에 의해 좌우된다. 사람들의 임금이
교육의 양과 질에 크게 좌우된다는 점을 감안하면, 학교 수준이 열등
한 지역에 사는 가정들은 훨씬 더 뒤처질 수밖에 없다.

결국 성장의 자극제로서 불평등의 힘은 그것이 공정하다고 인식되
는가, 아니면 적어도 완전히 불합리하다고 인식되지는 않는가에 달
려 있다. 오늘날 많은 미국인들은 부유한 사람들이 '받을 만한' 급여
를 받고 있다고 생각하지 않는다. 특히 은행가들의 경우에는 더욱 그
렇다. 어쨌든 그들은 수십 년 만에 처음 보는 엄청난 재앙을 야기하
고도 막대한 보너스를 챙겼으니까 말이다.

사라져가는 중산층

한때 미국은 노동자들에게 성공의 기회를 제시하기도 했다. 나의
친할아버지 친할머니는 적절한 교육을 받지 못하셨다. 위니펙의 농
장에서 성장하신 할아버지는 초등학교도 졸업하지 못하셨을 것이다.
할아버지는 젊은 시절 시카고의 도살장에서 일하셨다. 그러나 이후

피닉스로 이주하여 솔트 리버 프로젝트 발전소에서 노조가 고용을 보장하는 일자리를 구하고 전기 기사 훈련을 받으셨다. 1970년대에 내가 미국에 계신 나의 조부모님 댁에서 여름방학을 보내던 시절, 두 분은 앞마당과 뒷마당, 8트랙 시스템이 갖춰진 서재, 중앙 냉난방 시설이 있는 집에서 사셨으며, 승용차 한 대와 픽업트럭 한 대, 트레일러 한 대를 소유하고 있었다. 당시 내가 살던 멕시코에서는 전기 기사가 그런 삶을 누리는 것이 불가능했다.

20세기에 실현된 폭발적인 기술의 진보로 미국의 1인당 소득은 거의 여섯 배 증가했다. 그러나 이러한 성장과 관련하여 가장 인상적인 특징은 20세기 대부분에 걸쳐 그것이 널리 공유되었다는 점이다. 1928년 미국의 상위 1퍼센트 가정들이 차지하는 국민 소득의 몫은 거의 4분의 1에 달했다. 1950년대에 이르자 그들의 몫은 10퍼센트로 줄었다.

경제학자들은 이러한 역학에 대해 몇 가지 가설을 내놓았다. 그중 일부는 최저 임금제와 노동자 보호법, 사회 보장 제도 같은 정부 프로그램들, 은행업 같은 산업의 수익을 제한하는 엄격한 규제들과 높은 세율 등을 포함하여 뉴딜 정책에서 파생된 제도들 때문에 평준화가 이뤄졌다고 주장한다. 노동조합의 출현도 한몫했다. 이들의 협상을 통해 노조원들의 임금이 개선되었으니까 말이다.

그러나 두드러지는 요인이 또 한 가지 있다. 바로 교육이다. 20세기 전반에 걸쳐 기업들은 기술의 발전과 보조를 맞추기 위해 점차 교육 받은 근로자들을 요구했고, 그리하여 학력이 높은 근로자들에게는 더 높은 임금을 제시했다. 그리고 근로자들은 학교에 다니는 방식으로 이에 대응했다.

1870년에 태어난 세대에서부터 1950년에 태어난 세대에 이르기까지 각 연령층의 미국인들은 그들의 부모보다 교육 수준이 높았다. 1950년대에 이르자 17세 청소년들 가운데 고등학교를 졸업한 비율이 60퍼센트에 달했다. 영국의 약 6배에 달하는 수치였다. 그러다가 제대군인원호법이 시작되면서 2차 세계 대전에서 돌아온 퇴역 군인들에게 대학 등록금이 지원되었다. 1915년 평균 미국 근로자들의 교육 연수는 7.6년이었지만 1980년에는 12.5년이 되었다.

이러한 인적 자본 투자의 한 가지 결과는 2차 세계 대전이 끝난 후 25년 동안 소득 규모에 관계없이 다소 균등하게 대다수 미국 가정의 소득이 연 2-3퍼센트씩 증가한 것이다. 결국 이러한 가정들이 미국의 중산층을 구성하게 되었다.

1980대의 어느 시점에 이르러 이러한 역학이 무너졌다. 그때부터 은행가들과 변호사, 엔지니어, 대졸 이상의 학력을 가진 이들의 급여가 막대하게 증가했다. 하위 근로자들, 이를테면 건물 관리인이나 요양원 직원, 가정부, 보모 또한 임금이 약간 개선되었다. 그러나 강철 공장과 자동차 회사의 노조 근로자 같은 중간 수준의 근로자들은 임금이 동결되거나 감소했다.

이 모든 것은 결국 가장 대체하기 쉬운 인력이 누구인가 하는 문제와 직결된다. 보모는 기계로 대체하기가 힘들다. 변호사나 채권 트레이더를 기계로 대체하는 것도 쉽지 않다. 그러나 자동차 분무기 도장(塗裝)처럼 기계적 절차로 축소될 수 있는 일자리들은 사라지거나 다른 곳으로 옮겨갔다. 2008년 캘리포니아의 〈오렌지카운티

레지스터(Orange County Register)〉는 인도 기업 마인드웍스 글로벌
미디어(Mindworks Global Media)를 고용하여 편집 일부를 맡겼다.
2007년 로이터는 미국 금융 소식을 다루기 위해 인도 방갈로르에
지국을 열었다

교육 프리미엄은 그 어느 때보다도 커졌다. 1973년 대학 이상의
학위를 소지한 사람들은 고등학교만 졸업한 사람들보다 소득이 55퍼
센트 더 높았다. 2010년에는 84퍼센트 더 높았다. 그러나 노동 시장
의 공동화 때문인지 이러한 프리미엄은 더 이상 하나의 인센티브로
서 적절하게 효과를 발휘하지 못하고 있다. 1980년부터 2005년까지
평균 미국 근로자의 학력은 겨우 1년 증가했다.

오늘날 아메리칸 드림은 잘못된 환상에 불과하다. 인플레이션을
감안하면 2009년 평균 공장 근로자의 시급은 1972년보다 낮았다. 맞
벌이 부부에 두 자녀를 둔 일반 미국 가정의 수입은 10년 전보다 낮
아졌다. 평균 근로자가 평균 임금으로 주당 40시간 일을 하는 경우
일반적인 가정의 청구서들을 지불할 수 있었던 것은 40년 전의 일이
다. 새천년의 첫 10년이 끝난 지금, 20세기에 수많은 근로자들이 경
험한 번영의 붐은 일순간의 성공처럼 보일 뿐이다.

은행가의 천국

이처럼 번영의 구조가 바뀐 이유는 단순히 우리의 임금 지급 방식
의 변화에만 관련된 것이 아니다. 미국 자본주의를 지배하는 규칙들
이 통째로 바뀌었다. 지난 30년에 걸쳐 떠오른 자본주의 지배 규칙들
은 중산층을 가차 없이 파괴시켰다.

이 30년 동안 무역 장벽이 허물어지고 자본 통제가 사라졌다. 실업
급여가 조정되면서 실업자들은 일자리를 찾을 수밖에 없었다. 수많
은 규제들이 비즈니스를 그릇된 방식으로 방해한다는 이유로 폐지되
었다. 이러한 변화는 일부 가혹한 경제적 요소들이 미국 근로자들에
게 영향을 미치지 못하도록 막아 준 보호 조치들을 상당수 제거했다.
그리고 기회를 잡을 수 있는 사람들에게 막대한 기회를 제공했다.

은행업을 예로 들어 보자. 오늘날 금융은 총명한 대졸자들에게 가
장 벌이가 좋은 산업에 속한다. 그러나 은행업이 늘 이렇게 임금이
높았던 것은 아니다. 금융가들은 20세기 초반에 좋은 시기를 누렸다.
1909년부터 1930년 중반까지 그들은 다른 업계 근로자들보다 소득
이 약 50-60퍼센트 높았다. 그러나 1929년의 주식 시장 붕괴와 대
공황이 모든 것을 바꾸었다. 1934년 금융 부문의 기업 이익은 5년
전 8분의 1 수준인 2억 3600만 달러로 떨어졌다. 그에 따라 임금도
줄었다. 1950년부터 약 1980년까지 은행가들과 보험업 종사자들의
소득은 금융 이외 부문 근로자들보다 겨우 10퍼센트 높았다.

전반적으로 이러한 현상은 금융 부문을 통제하는 규제들의 성쇠를
반영한다. 한 세기 전에는 은행들의 창조성과 투기적 충동을 제한하

는 규제가 사실상 없었다. 은행들은 원하는 부문에 투자하고 예금자들의 돈을 마음대로 배치할 수 있었다. 대공황 이후 루즈벨트 대통령은 1929년의 금융 거품 파열을 되풀이하지 않기 위해 과도한 규제들을 정했다.

은행들의 주간(州間) 영업은 1927년 이래로 제한되었다. 1933년 글라스 스티걸법(Glass-Steagall Act)이 상업 은행들과 투자 은행들의 업무를 엄격히 분리시켰다. 예금 수탁 및 대부 업무와 증권 업무를 분리한 것이다. 이자율 상한선도 같은 해에 정해진 것이었다. 은행가들을 규제하는 조치는 1959년 아이젠하워 대통령 시절에도 계속되었다. 아이젠하워 대통령은 은행들과 보험 회사들의 업무를 분리시켰다. 자신의 지력을 총동원하여 소득을 극대화하는 일이 금지되자 은행업에서 돈을 벌려고 몰려들었던 미국 최고의 인재들 다수가 다른 업계로 떠나갔다.

그러다가 1980년대 들어 레이건 행정부 이후 30년 동안 계속된 끊임없는 규제 철폐의 물꼬를 텄다. 1999년 글라스 스티걸법이 폐지되었다. 은행들은 보험 회사들과 마음껏 제휴할 수 있게 되었다. 이자율 상한선도 사라졌다. 은행들은 어디에든 지점을 열 수 있었다. 교육 수준이 가장 높은 사람들이 다시 돈을 벌기 위해 금융계로 돌아오는 것은 당연한 일이었다. 2005년에 이르자 금융업계이 대졸자 비율은 다른 업계의 대졸자 비율을 약 20퍼센트 초과했다. 이들 똑똑한 금융가들은 창조력을 발휘하여 1980년대에 정크본드에 투자하고 계속해서 최근 몇 년 사이에는 주택 저당 증권과 신용 디폴트 스왑에 투자했다. 2006년에 이르자 금융 부문의 임금은 다시 여타 민간 부

문의 임금보다 70퍼센트 높아졌다. 그러다가 금융 업계는 폭발하고
말았다.

2008년 말 투자 은행 리먼 브라더스의 붕괴로 전 세계 금융 시장
이 침체된 이래로 은행가들은 그들의 급료를 제한하려는 규제에 끈
질기게 반대해 왔다. 금융 활동을 축소할 경우 최고 중의 최고를 고
용하기가 힘들어질 것이기 때문이다. 이것은 아마도 사실일 것이다.
2010년 의회에서 통과된 새로운 금융 규정들은 금융 부문의 수익성
을 낮출 것이다. 보너스에 영향이 미칠지도 모를 일이다.

그러나 이것은 필경 좋은 일일 것이다. 1970년에 하버드 대학을
졸업한 남학생들 가운데 15년 후에 금융계에 종사하는 사람은 5퍼센
트에 불과했다. 그러나 1990년 졸업생들 가운데 이 비율은 15퍼센
트였다. 한편 법조계나 의료계로 진출하는 남자 졸업생들의 비율은
39퍼센트에서 30퍼센트로 떨어졌다. 2009년 졸업 후 취업한 프린스
턴 대학 졸업생들 가운데 33.4퍼센트가 금융계로 갔다. 정부에 취직
한 사람은 6.3퍼센트였다. 우리의 현 관점에서 보면 이것은 자원의
잘못된 배분처럼 보인다. 나머지 경제를 위해서 은행가들의 소득은
줄어들어야 마땅하다.

공짜의 가격

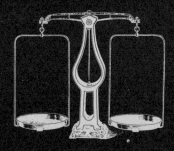

The Price of Free

| 공짜의 가격 |

🎔

CHAPTER 6

  인터넷이 세상을 바꿀 것이라 믿는 이들에게 2007년 10월 10일
은 작은 분수령이었다. 영국의 얼터너티브 밴드 라디오헤드가 새로
운 앨범 〈인 레인보우스(In Rainbows)〉를 공개하면서 팬들에게 내키
는 금액만 지불하고 음악을 내려받으라고 선언했던 것이다. 요컨
대 팬들은 원한다면 공짜로 앨범을 다운받을 수도 있었다. 시장 조
사 기업인 컴스코어(Comscore)에 따르면, 라디오헤드가 앨범을 공
개한 지 첫 달에만 약 100만 명의 팬들이 음악을 내려받았으며 그
중 60퍼센트 이상이 한 푼도 내지 않았다. 더불어 수백만 명의 사람
들이 라디오헤드의 웹사이트가 아닌 P2P 서비스를 통해 앨범을 공
짜로 다운받았다.
  그러나 인간이 선천적으로 가격 대비 가치를 추구한다는 가정에서

출발하는 경제학자들을 진정 혼란스럽게 한 것은 〈인 레인보우스〉를 내려받은 이들 가운데 무려 38퍼센트가(컴스코어의 추정에 의하면) 그럴 필요가 없는데도 음악의 대가를 자발적으로 지불했다는 점이다. 록 스타들이 아무리 부자더라도 받은 것에 대해서는 돈을 지불해야 한다는 이타적인 충동에 사로잡힌 것일까? 아니면 자신들이 사랑하는 사람들의 작품을 공짜로 즐긴다는 데 죄책감을 느낀 걸까? 어쩌면 그들의 실험 정신을 높이 산 것일지도 모른다.

컴스코어는 라디오헤드가 다운로드 1회 당 2.26 달러의 수입을 올렸다고 추산한다. 다운로드 전용 파일의 음질이 별로 좋은 편이 아니라는 점을 감안하면 나쁘지 않은 수준이다. 더구나 밴드는 음반사와 수익을 나눠가질 필요도 없었다. 나아가 더 많은 돈을 벌 수 있는 창구가 무한히 열려 있었다. 몇 달 뒤 공식 앨범이 발매되자 수많은 팬들이 고음질 음악을 얻기 위해 음반점으로 달려갔고, 〈인 레인보우스〉는 미국과 영국의 음악 차트에서 1위를 기록했다. 미국에서는 52주 동안이나 차트에 머물렀는데, 이는 라디오헤드의 앨범 가운데 최장 기록이다. 밴드의 홍보부에 따르면 2008년 10월까지 〈인 레인보우스〉는 80달러짜리 스페셜 박스 세트 10만 장을 비롯해 도합 300만 장 이상이 판매되었다. 라디오헤드의 지난 두 앨범 〈도둑에게 경의를(Hail to the Thief)〉과 〈기억상실증(Amnesiac)〉의 판매량을 합친 것보다도 높은 수치다. 앨범 발매 방식을 둘러싼 떠들썩한 홍보 효과에 힘입어 그 뒤를 이은 콘서트 투어는 메가 히트를 기록했다.

인터넷의 변혁적 잠재력을 신봉하는 사람들에게 라디오헤드의 이러한 실험 행위는 창작자들이 창작물을 공짜로 배포하는 동시에 생계를 유지할 수 있게 되면서 정보 경제가 자본주의 경제에 대격변을 일으킬 수 있음을 시사한다. 이처럼 새로운 형태의 경제 체제는 대중에게 부에 대해 더욱 새롭고 파격적인 방식으로 접근하도록 요구할 것이다. 그러나 〈인 레인보우스〉는 만약 창작자들이 음반사나 영화 제작사, 그 외 그들의 수입 중 큰 덩어리를 떼어 가는 탐욕스러운 회사들로 대표되는 자본주의의 족쇄에서 벗어날 수 있다면, 이 새로운 패러다임이 다른 모든 이들에게도 적용될 수 있음을 보여 준다.

창작자들은 더 이상 '지적 재산'을 보호하는 저작권의 벽 뒤에 숨어 있을 필요가 없다. 정보 상품은 자선 행위나 종업원에게 주는 팁처럼 소비자의 이타주의에 의해 유지되고 지탱될 것이다. 음악가들은 그들의 피땀 어린 창작물을 공짜로 나눠주고, 그 대신 공평함과 상호 교환이라는 소비자들의 상식에 의존할 것이다.

그러나 이러한 유토피아적 분위기와 달리 〈인 레인보우스〉는 실상 사회주의적 이상의 산물이라기보다는 절실한 필요에 가깝다. 지난 수백 년 동안 자본주의를 지탱해 온 창조성과 상업의 결합은 오늘날 지독한 위험에 처해 있다. 컴퓨터와 인터넷은 세계 곳곳에 산재하는 정보를 손쉽게 복사하고 공유할 수 있게 해 주었고, 그 결과 창작자들은 그들의 재능에 상응하는 정당한 대가를 요구할 능력을 상실해 가고 있다. 라디오헤드는 그저 팬들이 얼마든지 음악을 공짜로 즐길 수 있는 요즘 같은 세상에서 어떻게든 살아남을 궁리를 모색했을 뿐이다.

음악은 빙산의 일각에 불과하다. 지난 10년이라는 세월을 거치면서 신세대 젊은이들은 뉴스란 언제든지 원할 때 온라인에서 찾아볼 수 있는 공짜 정보라는 인식을 갖게 되었다. 구글은 수백만 권의 책을 스캔했으며, 법적 문제만 해결된다면 거대한 무료 온라인 도서관을 개설할 목표를 세우고 있다. 광대역 인터넷과 약간의 컴퓨터 기술을 지닌 사람이라면 누구나 영화를 공짜로 볼 수 있고, VoIP 기술은 인터넷 사용자에게 공짜 국제 전화를 할 수 있게 해 준다. 소프트웨어 기업들은 이제 수천 명의 엔지니어들이 모여 만든 집단적 기업의 '프리웨어'와 경쟁해야 한다.

정보 혁명은 구시대 공짜 미디어의 전형인 공중파 TV까지도 잠식해 들어가고 있다. 텔레비전에서 방송되는 한 시간짜리 프로그램의 실제 방영 시간은 대개 약 42분으로 나머지 18분은 광고로 채워지는데, 프로그램의 비용은 바로 그 광고 수입으로 충당된다. 가령 2009년 ABC에서 방영된〈위기의 주부들〉의 경우, 광고주들은 프로그램 중간에 삽입되는 30초짜리 광고를 위해 거의 23만 달러에 달하는 돈을 방송국에 지불했다. 대략 계산하자면〈위기의 주부들〉을 시청하는 1060만 시청 가구들은 방송국에 각각 46센트가량의 가치를 지니고 있는 셈이다.

한편 시청자들이 광고를 건너뛸 수 있게 해 주는 티보(TiVo) 같은 디지털 비디오 녹화기는 방송사들에게 그러한 비용 충당 기회를 박탈하고 팬들이 시간이나 돈에 구애받지 않고 프로그램을 시청할 수 있게 해 준다. "프로그램을 시청한다는 것은 광고를 보겠다고 해당 방송국과 계약을 맺는 것과 같습니다. 그렇지 않는다면 광고 수익을 기반으로 만들어지는 프로그램을 볼 수가 없을 테니까요." 2002년, 터너 방송사의 최고 경영자 제이미 켈너는 인터뷰에서 이렇게 말했다.

"광고를 건너뛰거나 리모컨을 처다볼 때마다 여러분은 그 프로그램을 훔치고 있는 겁니다." 물론 시청자들은 무언가를 봐야할 법적 의무가 전혀 없다. 그러나 켈너는 텔레비전 방송국을 지금까지 지탱해온 경제적 거래를 정확하게 짚어 내고 있다. 만일 그런 시스템이 무너진다면 방송국은 비용을 마련할 다른 방법을 강구해야 할 것이다.

공짜의 유혹

그 어떤 경제 체제도 공짜 시스템에 기반을 둘 수는 없다. 그것은 '공짜 점심은 없다.'는 말로 대변되는 보편적 법칙을 위반하는 것이다. 이는 20세기 중반 미국에서 유래한 금언이다. 탁월한 통찰력의 소유자가 지적했듯이 술집이나 가게에서 단골손님들에게 돌리는 공짜 술이나 음식은 진짜 공짜가 아니라 그 상품의 가격에 이미 포함되어 있다. 이러한 원칙은 천체 물리학에서도 찾아볼 수 있다. 우리가 살고 있는 우주처럼 닫힌 우주에서는 무에서 새로운 물질이나 에너지를 창조할 수 없다. 그러나 경제학자들에게 가장 중요한 것은 행위의 본질을 이해하는 것이다. 이 오래된 경구는 자원이 한정된 세계에서는 모든 결정에 교환 행위가 수반된다는 것을 뜻한다. 무언가를 얻기 위해서는 대가를 지불해야 한다. 한편 그 대가는 늘 인지할 수 있는 것은 아니며, 때로는 숨겨진 대가가 매우 값비쌀 수도 있다.

공짜라는 개념은 우리가 돈을 쓰고 있다는 사실을 인식하지도 못한 채 돈을 쓰게 할 수 있다. 비즈니스업계는 오랫동안 이런 교묘한 장치들을 사용해 고객들이 돈을 쓰도록 유도해 왔다. 그중에서도 가장 흔한 함정은 '하나를 사면 하나를 더 드립니다.'나 심야 케이블 TV에서 볼 수 있는 '지금 전화하시면 주문하신 물건 외에도 특별한 고급 선물을 드립니다.'이다.

무언가를 공짜로 얻게 되면 우리는 은혜를 입거나 부채를 진 듯한 기분에 상대방에게도 도움이 될 만한 일을 해 줘야 한다고 느끼게 된다. 예를 들어 직접 판매 기업인 암웨이 외판원들은 잠재 고객들에게 화장품이나 자잘한 가정용품의 샘플 바구니를 안겨 준 다음 며칠 뒤에 다시 방문하여 그들의 의무감을 자극함으로써 구매를 조장한다. 1970년대에 할레 크리슈나 소사이어티(Hare Krishna Society) 신도들은 행인들에게 돈을 구걸하기 전에 꽃 한 송이나 작은 장신구들을 건네주곤 했다. 그런 방법은 매우 효과적이었기 때문에 할레 크리슈나 신도들이 활동하는 공항에는 그들의 '선물'이 어떤 목적을 지니고 있는지 알리는 경고문이 세워지기도 했다.

나아가 '공짜'는 그 자체로 본질적 가치를 지닌다. MIT에서 실시한 한 실험에서는 10달러짜리 아마존 기프트 카드를 1달러에 구매하거나 20달러짜리 기프트 카드를 8달러에 구매하라는 제안을 받은 학생들 가운데 3분의 2가 후자를 택했다. 그 편이 더 큰 이득을 안겨 주기 때문이다. 그러나 두 카드의 가격을 각각 1달러씩 낮춰 부르자 놀랍게도 전원이 10달러짜리 기프트 카드를 선택했다. 후자의 경우가 설사 13달러의 이득을 준다고 해도 전자는 완전히 '공짜'였기 때문이다.

공짜의 환상은 너무나도 매혹적이기 때문에 정부는 이로부터 우리

를 보호하기 위해 엄청난 노력을 쏟아부었다. 1925년 연방거래위원
회는 존 C. 윈스턴 사가 값비싼 판매 상품에 '공짜' 백과사전을 덤으
로 끼워 파는 행위를 중단시키는 데 실패했다. 항소에서 법원은 고객
들이 "정말로 멍청하지 않고서는" 그러한 공짜 상품이 진실로 공짜
라고 이해할 리가 없다고 결론 내렸다. 그러나 1937년에 스탠더드
에듀케이션 소사이어티가 그와 비슷한 재주를 부리려고 했을 때, 대
법원은 연방거래위원회의 손을 들어 주었다. 휴고 블랙 판사는 "개인
은 그와 거래하는 상대방의 정직성을 믿을 수밖에 없다"고 지적했다.
그리고 1953년, 소비자 감시 위원회는 이달의 책 클럽에게 커다란
글씨체로 공짜로 책을 준다고 선전하는 한편 한쪽 구석에 대신 1년
에 네 권의 책을 구매해야 한다고 작은 경고문을 새겨 넣은 인쇄 광
고를 중단할 것을 명했다.

　오늘날 정보 생산자와 소비자 사이의 갈등은 우리 시대에 대단히
중요한 위치를 차지하고 있다. 미국의 역사학자 애드리언 존스는
19세기의 중심이 제조업이고 20세기의 핵심 산업이 에너지였다면,
21세기의 권력은 지식과 정보를 생산, 관리하는 사람들에게로 이동
하고 있다고 말한 바 있다.

　이처럼 공짜 온라인 정보의 사회적 혜택을 옹호하는 사람들은 자
신이 자본주의의 억압과 사슬에서 이 시대를 해방시키고, 이익만을
추구하는 대기업의 폭정에서 벗어나 우리 모두를 사회주의적 근본으
로 되돌리려는 반체제적 혁명가라고 여긴다. 그러나 공짜 점심은 전
(前) 자본주의 사회에서도 찾아보기 힘든 것이었다.

　선물은 많은 사회에서 크고 중요한 역할을 수행한다. 미국 북서부

에 거주하는 원주민들에게는 포틀래치 풍습이 있고, 트로브리안드 군도의 멜라네시아인들에게는 이웃 부족들과 선물을 주고받는 쿨라(kula)가 있다. 1910년대에 파푸아 뉴기니 근처의 트리브리안드 원주민들을 연구한 인류학자 브로니슬라프 말리노프스키는 농부들이 어부들의 마을에 참마와 타로뿌리 더미를 가져다 놓는 것을 목격했다. 그러자 어부들은 그 보답으로 농부들의 마을에 물고기를 가져왔다.

그러나 이런 선물은 결코 공짜가 아니다. 프랑스의 사회학자 마르셀 모스는 그러한 가시적인 베풂 행위가 호혜 집단에게 부담감을 지우고 그 보답으로 최소한 동등한 가치의 선물을 달라는 사회적 압력을 조장하기 위한 것이라고 주장했다. 이러한 주고받음은 사회적 연대로 작용한다. 말리노프스키는 원주민 남편이 아내에게 주는 사소한 선물들이 아무 조건도 없는 순수한 것이라 생각한 반면, 모스는 부와나(buwana) 또는 세부와나(sebuwana)라고 불리는 작은 선물들이 "그녀가 코란에서 '그 영역'이라고 부르는 것을 빌려줄 때 제공한 서비스에 대한 보상"이라고 주장했다.

시장에서 거래되는 모든 상품들의 가격은 구매자와 판매자 각자에게 유익하고, 따라서 판매자와 구매자 양쪽 모두가 이득을 볼 수 있는 영역에서 결정된다. 공짜 물건(비록 '공짜'라는 환상에 불과할지라도)은 우리 사회에 두 가지 방법으로 해악을 끼친다. 첫째 그것들은 소비자들이 애초에 필요로 하는 것보다 더 많이 소비하게 하고, 둘째 소비자의 수요를 만족시킬 만큼 충분한 양의 상품을 생산하지 못하게 가로막는다.

그 예로 스팸메일을 살펴보자. 오늘날 스팸메일은 전 세계 전자

메일 트래픽의 90퍼센트를 차지하는데, 그것은 스팸메일을 뿌리는 데 비용이 거의 들지 않기 때문이다. 2008년에 한 연구진은 스팸메일의 도메인 등록과 호스팅, 주소 명단 확보 등에 들어가는 비용이 공짜에 가깝다는 사실을 발견했다. 스팸메일 100만 통을 발송하는 데 들어가는 비용은 고작 80달러 남짓에 불과했다. 그렇기 때문에 스팸메일 발송자들은 수천만 통의 전자 메일을 보내며, 결국 그 대가를 치르는 것은 쓰레기 메일을 받는 사람들이다. 한 독일 대학의 연구팀은 조사 결과 직원들이 스팸메일을 분류하고 삭제하는 데에만 1인당 1년에 약 20시간을 소비한다는 결론을 내렸다. 독일의 평균 시급은 20유로로, 결국 스팸메일은 직원 1인당 약 400유로가량을 낭비하게 하는 셈이다. 직원이 8000명이라면 그 비용은 자그마치 320만 유로에 달한다.

만약 스팸메일을 발송하는 데 비용이 부과된다면 그 수는 현저하게 감소할 것이다. 2002년 4월 1일, 한국의 인터넷 포털사이트 '다음'은 대량의 전자 메일을 발송하는 사용자들에게 1통당 1000원의 비용을 청구하기 시작했다. 이러한 정책을 실시한 지 석 달 만에 대량 이메일 발송 건수는 기존의 54퍼센트까지 떨어졌다.

무료 스팸메일이 과대 생산을 부추기는 것처럼, 공짜 정보는 정보 생산을 억제한다. 온라인 정보를 무료로 배포해야 한다고 믿는 사람들은 정보가 등대의 불빛과 같다고 생각한다. 한밤중에 만(灣)을 지나는 선박들은 모두 등대의 도움을 받지만 그렇다고 다른 선박이 누리는 몫의 빛을 빼앗지는 않다는 것이다. 이 비유는 적절하다. 내가 인터넷에서 최신 배트맨 영화를 내려받아도 타인의 접근권에는 아무 영향을 미치지 않는다. 원본과 똑같은 복사본을 하나 더 만드는 데 들어가는 비용은 거의 0에 가깝다. 그러므로 배트맨 영화는 절대로 공급이 바닥나지 않을 것이다.

그러나 이러한 비유는 창작자의 존재라는 문제에 조명을 비추게 된다. 누군가는 등대에서 불을 밝혀야 할 것이다. 등대의 불빛과 영화는 선주와 배트맨 팬들이 돈을 내지 않는 한 존재할 수 없다. 등대가 널리 알려져 있는 것은 맑은 공기와 국방처럼 '공익'이라는 특수한 본질을 지니고 있기 때문이다. 오늘날에는 소비자가 그런 것들을 공짜로 사용하는 현상에도 따로 이름이 붙어 있다. '무임승차 문제.' 그것을 '문제'라고 부르는 이유는 공익을 판매하는 것만으로는 상품 및 서비스를 생산하는 목적인 이윤을 벌어들일 수가 없기 때문이다. 따라서 공익을 민간 분야에 맡겨둔다면 그것은 더 이상 생산되지 않을 것이다. 이를 인터넷 시대의 언어로 변환하면 다음과 같다. 만일 정보가 진정 공짜가 된다면 우리는 더 이상 정보를 생산하지 않게 될 것이다.

세상을 냅스터하기

기술은 우리를 공짜 세상의 가장자리로 데려왔다. 1980년에서 2009년 사이에 컴퓨터의 가격은 인플레이션을 고려하더라도 99퍼센트나 떨어졌다. 1980년에 컴퓨터 한 대의 가격은 오늘날의 거의 79배였다. 디지털 정보의 보관과 복사, 그리고 전송 비용이 현저하게 하

락하면서 음악과 영화, 그리고 기타 디지털 매체의 생산자들은 소비
자들이 그들의 상품을 멋대로 복제하고 배포하는 것을 막는 데 실패
했다. 1999년 6월, 친구들 사이에서 냅스터라는 별명으로 통하던 매
사추세츠 브록턴 출신의 숀 패닝이 인터넷을 통해 서로의 하드 드라
이브에 저장된 음악을 공유할 수 있게 해 주는 시스템을 개발했다.
다음 해 7월이 되자 인터넷 성인 사용자들은 네 명 중 한 명꼴로 음
악을 공짜로 내려받은 적이 있다고 대답했다.

1960년대에 약에 취해 날뛰던 말썽꾸러기 반체제주의자에서 혁명
적인 미래학자로 변신한 스튜어트 브랜드는 25년 전 샌프란시스코에
서 열린 미국 최초의 해커 컨퍼런스에서 "정보는 공짜가 되길 원한
다."고 말했다. 1990년대에 애플은 시디 라이터를 부착한 새로운 아
이맥을 출시하면서 "추출하고 편집하고 구워라."라는 슬로건을 내걸
었다. 오늘날 창작자들은 자신의 창조물에 대한 통제력을 상실했다.
그들의 창작물은 디지털 파일로 변환되는 순간 모든 이들에게 '속하
게' 되고, 따라서 아무도 그것을 소유할 수 없다.

〈와이어드〉의 편집자 크리스 앤더슨은 '공짜: 파격적 가격의 미래
(Free: The Future of Radical Price)'에서 아이디어에서 비롯된 것은 더
이상 아무도 소유할 수 없다고 주장했다. 왜냐하면 누구든 공짜로 그
것을 손에 넣을 수 있기 때문이다. 선진 경제 체제의 생산품은 대부
분 정보로 구성되어 있기에, 이는 현대 경제 활동의 산물 중 상당수
가 결과적으로 공짜가 되리라는 것을 의미한다.

스튜어트 브랜드의 말은 사실인 듯하다. 소비자들이 음악 구매를
중단하고 공짜가 널려 있는 P2P 서비스로 몰려감에 따라 CD에서 휴

대 전화 벨소리에 이르기까지 2008년 미국의 음악 판매액은 기존의 5분의 1인 85억 달러로 감소했고, 범세계적인 음반 판매량은 10분의 1 수준인 184억 달러로 떨어졌다. 이러한 현상은 대중음악계에서 성공의 의미 자체를 변화시켰다. 2008년에 가장 큰 성공을 거둔 음반은 릴 웨인의 〈더 카터 III〉로 미국에서 287만 장이 판매되었다. 한편 9년 전 최고 판매량을 기록한 백스트리트 보이스의 〈밀레니엄〉은 자그마치 945만 장이 팔렸다.

음악이나 영화 판권을 가진 이들이 그런 움직임에 저항하리라는 것은 그리 어려운 추측이 아니다. 대형 음반사와 할리우드 영화 제작사들은 거대한 변호사 군단을 앞세워 공짜의 물결에 대항하기 시작했다. 그들은 사용자들이 그들의 상품을 복제하지 못하도록 디지털 권리 관리(Digital Rights Management, DRM)라고 불리는 기술을 고안했다.

2000년에는 A&M 레코드와 다른 음반사들이 냅스터를 고소했고, 다음 해 냅스터는 문을 닫았다. 2009년 4월 스웨덴 법원은 세계 최대의 파일 공유 서비스인 파이어럿 베이(The Pirate Bay)의 세 설립자와 한 명의 재정 후원자에게 저작권법 위반 혐의에 대해 유죄를 선고하고 각각 1년간의 징역과 총 360만 달러의 벌금을 부과했다. 그해 8월, 보스턴 배심원단은 25세의 보스턴 컬리지 대학원생인 조엘 테넌바움이 30곡의 음악을 불법 다운로드하고 공유했다는 이유로 (그 음악들은 아이튠즈에서 30달러면 구매할 수 있는 양이었다) 67만 5000달러의 벌금형을 내렸다. 벌금액은 후에 항소를 거쳐 6만 7500달러로 조정되었다.

　그러나 그 대가로 음악업계는 어마어마한 희생을 치러야 했다. 냅스터는 패배했지만 파일 공유는 가히 폭발적인 인기를 끌었다. 2010년 5월 뉴욕의 판사는 온라인으로 음악과 영화를 공유할 수 있는 파일 공유 사이트 라임와이어의 설립자 마크 고튼에게 저작권법을 침해했으므로 음반사들에게 4억 5000만 달러를 지급하라는 판결을 내렸다. 그러나 같은 달 라임와이어 소프트웨어는 다운로드닷컴에서 가장 많이 다운로드된 10대 프로그램에 올랐다.

　2008년 인터넷과 미국인의 삶에 관한 퓨 프로젝트(Pew Project)의 연구 조사는 미국 성인 중 15퍼센트가 파일을 공유하거나 내려받기 위해 정기적으로 온라인에 접속한다는 사실을 밝혀냈다. 국제음반산업협회는 그해에만 약 400억 건의 불법 다운로드가 발생한 것으로 추정하는데, 이는 전 세계 음악 다운로드 수의 95퍼센트를 차지하는 수치다. 스웨덴의 젊은이들은 파이럿 베이 경영진에게 내려진 판결에 분노한 나머지 2009년 6월에 열린 유럽 의회 선거에서 해적당(Pirate Party)에게 7.1퍼센트의 표를 던짐으로써 해적당 의원을 스트라스부르에 진출시켰다.

　한편 음반사들은 전술을 변경할 준비가 되어 있는 듯하다. 음반산업협회는 지난 5년 동안 미국에서만 3만 5000건의 소송을 치른 끝에 마침내 2009년, 파일 공유자들을 법원으로 끌고 가는 것을 포기했다. 2009년 초, 애플사의 회장 스티브 잡스는 음반사들과의 협의하에 DRM 보안 모듈을 해제하고 아이튠즈 온라인에서 음악 파일을 판매하기 시작했는데, 덕분에 사용자들은 마음껏 다양한 기기에서 음악을 자유롭게 복사하고 즐길 수 있게 되었다.

'공짜'라는 개념은 정보 시대의 새로운 산업 분야로도 점차 번져 나가고 있다. 파일 공유 추적 사이트 토렌트프릭닷컴에 의하면 댄 브라운의 베스트셀러 ≪로스트 심벌≫은 파일 공유 사이트에서 전자책이나 오디오 북의 형태로 10만 번 이상 다운로드 되었다. 영화 제작사들도 대형 음반사의 전철을 밟아가고 있다. 2005년에 미국영화협회가 발간한 보고서는 해적 활동으로 인한 영화업계의 손실 비용이 전 세계적으로 1년에 182억 달러에 이르며, 이는 온라인 절도의 39퍼센트에 달하는 금액이라고 밝혔다. 오늘날에는 영화를 보러 극장에 가는 사람들보다도 파일을 내려받는 사람들이 더 많다. 2008년 5월 프랑스에서 팔린 영화 표는 1220만 장인 반면, P2P 사이트에서 무료 영화 파일을 내려받은 건수는 1379만 건이었다.

2008년 여름, 최고 기대작인 배트맨 영화 〈다크나이트〉를 배급한 워너브라더스는 각각의 영화 프린트를 추적할 수 있는 기술을 사용하는 등 매우 철저하고 인상적인 보안 조치에 돌입했다. 몇 달 뒤 나는 뉴욕 공공 도서관 뒤에 있는 브라이언트 공원에 뉴욕 대학에서 철학을 전공하는 키가 크고 빼빼 마른 24세의 청년과 함께 앉아 있었는데, 그는 맥 아이북을 열더니 마우스 클릭 한 번으로 〈다크나이트〉를 무료로 받아볼 수 있는 웹사이트를 알려 주었다. 빅샴페인(BigChampagne)이라는 추적 서비스에 따르면 그해 12월까지 전 세계적으로 〈다크나이트〉 파일이 700만 건이나 불법 다운로드 되었다.

내가 적을 두고 있는 분야인 뉴스 매체의 경우에는 아예 핵심을 내주고 말았다. 뉴스 매체들은 영화 제작사와 음반사들처럼 도개교를 걸어 올리는 대신, 인터넷을 새로운 세대를 열 수 있는 유용한 수단으로 받아들였다. 어차피 뉴스 매체는 대부분 광고로 돈을 벌며, 소비자들은 뉴스를 생산하는 데 들어가는 비용의 아주 작은 부분만을 담당하고 있을 뿐이기 때문이다. 신문들은 인터넷을 신이 내린 선물이라고 생각했다. 뉴스를 더욱 빠르고, 널리 퍼뜨릴 수 있는 값싸고 효과적인 플랫폼이자 온라인 광고의 새로운 수입원으로 말이다.

그리하여 웹이 이제껏 만났던 그 어떤 경쟁자들보다도 더욱 무자비한 존재임이 드러났을 때, 이들이 느꼈을 충격과 공포를 상상해 보라. 정보 전달 비용이 거의 0에 수렴하게 되면서 온라인 뉴스는 범람하기 시작했고, 지난 수백 년 동안 독자를 독점해 왔던 전통적인 종이 신문들을 붕괴시켰다. 신문과 잡지들은 온라인 뉴스를 읽기에 바쁜 고정 독자층을 잃었고, 출판업계는 허무하게 무너지고 말았다.

2009년 6월 25일 마이클 잭슨이 사망했을 때, 위키피디아에 등록된 그의 항목은 180만 번의 조회수를 기록했다. 연합통신에 의하면 이 팝스타에 관해 가장 인기 있는 정보 출처는 구글뉴스와 위키피디아다. 두 사이트는 7월 4일까지 마이클 잭슨과 연관된 검색 중 각각 7.1퍼센트와 6.8퍼센트를 차지했다. 그 뒤를 이어 3위를 기록한 것은 유튜브였다. 전통적인 미디어 기업 가운데 유일하게 10위권에 진입한 곳은 10위를 차지한 CNN 웹사이트뿐이었다.

엎친 데 덮친 격으로 미디어 기업들이 큰 기대를 걸었던 온라인 광고 수주는 미미한 수준에 그치고 말았다. 전통 미디어 기업들은 정보 수집 회사들과, 전통적인 뉴스 매체의 기사 링크를 나열해 놓는 검색 결과 페이지에 광고를 팔아 수십억 달러를 벌어들인 검색 엔진들에게 돈을 빼앗겼다.

정보 혁명은 정보를 공짜로 만들어 주지 않는다. 그저 돈의 흐름을 정보 공급자들로부터 대중에게 정보를 전달할 수 있는 기술 보유자들에게로 옮겨 줄 뿐이다. 세계 최대의 파일 공유 사이트인 파이럿 베이는 광고를 통해 돈을 번다. 애플은 음반사들에게 아이튠즈 뮤직 스토어에서 판매되는 노래 한 곡당 99센트에 만족하라고 강요하는 한편, 음악 청취자들의 소비를 음악 구매에서 애플 아이포드의 구매 쪽으로 옮겨 가게 만들었다. 그리고 구글은 신문이나 잡지로 흘러들어 가던 광고 비용의 상당 부분을 집어 삼켰다. 2009년 미국 신문 산업계의 총 광고 수입은 276억 달러였는데, 이는 지난 23년을 통틀어 가장 낮은 금액이자, 최고 기록을 세운 2005년에 비하면 44퍼센트나 하락한 수치였다. 반면 구글의 광고 수입은 지난 4년 동안 거의 네 배나 증가하여 2009년에는 229억 달러를 기록했다.

아이디어의 가치

아이디어로 돈을 벌게 된 이래로, 아무 대가도 지불하지 않고 고유 아이디어를 베껴가는 이들로부터 창작자가 보호받을 권리가 있다고 사람들은 항상 주장해 왔다. 1421년 피렌체의 건축가 필리포 브루넬레스키는 도시 정부의 유력자들에게 아르노 강을 가로질러 대리석을 옮길 수 있는 기중기가 달린 거대한 바지선을 설계했다고 말했다. 일 바달로네라고 불리는 그 기계는 르네상스를 건축하는 데 필요한 원자재에 대한 피렌체의 갈망을 채워 줄 수 있었다. 그러나 그는 그 기계를 만들기 위해서는 피렌체 정부가 자신이 내거는 조건에 동의해야만 한다고 주장했다.

"이 규정이 피렌체 의회에서 승인된 순간으로부터 3년 동안은 출신 지역이 어디이든, 그 어떤 지위와 작위, 자질, 계급을 갖고 있든, 살아 있는 모든 사람은 아르노 강을 비롯해 그 외 강과 고인 물, 늪, 또는 피렌체 영토 안에 존재하는 그 어떤 유수(流水) 위에서도 다음과 같은 행위를 할 수 없다. 물 위에서 어떤 상품이나 물건 잡화 등을 수입하거나 선적하거나 운송하기 위한 목적으로 이 기계를 보유하거나 어떤 형태로든 사용하거나 또는 새로 발명하거나 새로운 형태로 개조하는 것."

오늘날의 특허권법은 발명가들에게 그리 관대한 편이 아니다. 특허권을 신청하고 싶은 발명가는 자신의 발명품에 대해 매우 상세한 정보를 제공해야 한다. 나아가 특허권은 발명인의 특정한 업적만을 보호할 뿐이다. 타인들이 그와 비슷한 목적을 지닌 다른 것을 연구하는 것까지 금지할 수 없다는 의미다. 그러나 특허권의 기본 원리는 600년 전 브루넬레스키가 주장하던 것과 별반 다르지 않다. 바로 발명가가 자신의 창조물을 통해 보상을 받을 수 있게 함으로써 발명을 계속할 인센티브를 주는 것이다. 보상은 발명가들에게 그들의 창작품을 활용할 수 있는 독점적인 권리를 부여함으로써 이루어진다.

특허권은 차선의 해결책이다. 경제학자들이 생각하는 이상적인 세상에서는 모든 사람들이 특정한 상품이나 서비스에 접근할 수 있는 권리를 가지며, 그것을 사용함으로써 생산 비용을 능가하는 혜택을 얻을 수 있어야 한다. 특허권은 발명가들에게 독점권을 부여함으로써 창조물을 한계 비용 이상의 가격으로 판매할 수 있도록 허가하고, 그로 인해 소비자들은 자유로운 접근권을 차단당한다. 그럼에도 그 것은 필수적인 조처다. 발명품의 한계 비용은 그것을 발명하는 데 들어간 비용을 절대 따라잡을 수 없다. 그러므로 만약 가격이 한계 비용을 웃돌지 않는다면 생산자는 영원히 투자 비용을 회수할 수 없다.

처방전이 필요한 의약품은 특허권의 장점과 단점을 골고루 내포하고 있다. 미국의 관련 규제법에 따라 신약을 연구 개발하는 데에는 10년에서 12년 동안 약 10억 2700달러가 소모된다. 그러나 이 모든 과정을 거친 뒤 막상 약품을 생산하는 데 들어가는 비용은 단 몇 센트에 불과하다. 따라서 새로운 약품은 등록된 순간부터 다른 제조사들이 값싼 제너릭(대체 약)을 생산해 진정한 발명가에게 손해를 입히지 못하도록 20년 동안의 독점권을 보장받는다.

하지만 특허권에는 어두운 면 또한 숨어 있다. 신약에 높은 가격을 책정하면 그것으로 목숨을 구할 수도 있는 많은 환자들이 접근권을 차단당하게 된다. 최초 개발자의 이해(利害)와 생명을 구할 의무 가운데 무엇을 중요하게 여길 것인가. 신약 연구 사업을 하지 않는 브라질과 아르헨티나, 인도, 그 외 개발 도상국들은 최근까지도 의약품의 특허권을 인정하길 거부해 왔다. 1970년에 시행된 인도의 특허권법은 인도의 제너릭 제조업체들이 다국적 기업의 특허권을 손쉽게 피해갈 수 있도록 해 주었다. 이 같은 조처는 제너릭 약품 산업을 크게 성장시키는 결과를 가져왔고, 그들은 특허 의약품을 개발한 제약업체들보다도 훨씬 싸게 비슷한 약품을 공급할 수 있었다.

15년 전, 많은 개발 도상국들이 1995년 세계무역기구의 창설로 이어진 국제 협상의 일부로서 의약품의 20년 특허권을 받아들여야 했다. 그러나 이후에도 짐바브웨와 인도네시아, 브라질처럼 에이즈의 고통에 시달리는 많은 빈곤국들은 싼값으로 의약품을 얻기 위해 특허권을 위반하고 면책 조항을 활용했다. 2008년 브라질 보건부는 인도의 제너릭 제조업체들이 항레트로바이러스 약품인 테노포비르를 1년에 170달러 이하의 가격으로 제공할 수 있다고 추산했는데, 이는 그 약품의 특허권을 보유하고 있는 질리드사가 제시하는 1387달러에 비하면 거의 10분의 1에 가까운 가격이었다.

한편 특허권이 없다면 개발자들은 살아남을 수 없다. 그리고 개발자들과 발명가들이 살아남을 수 없다면 약품은 더 이상 개발되지 못할 것이다. 따라서 제한된 기간 동안 특허권을 인정하는 것은 매우 이상적인 해법으로 보인다. 그러한 독점 기간은 약품을 개발한 이들이 초기의 투자 비용을 회수하고 이윤을 챙길 수 있을 만큼 충분히 길되, 제너릭 약품과의 경쟁을 통해 가격이 하락하여 약품을 필요로 하는 사람들이 폭넓게 접근할 수 있도록 지나치게 길어서도 안 된다.

미국의 특허권은 제약 회사가 요구한 바로 그 시점부터 발효된다. 대체로 그런 약품들은 약국 선반에 도착한 이래 약 12년 정도 특허권의 보호를 받는다. 이후 제너릭이 시장에 들어서면 해당 약품의 가격은 폭락하기 시작하고, 이후 제너릭은 물량 공세를 앞세워 9년 후면 시장의 60퍼센트를 잠식하게 된다. 12년 뒤에는 시장의 80퍼센트를 장악하는데, 그때쯤이면 약품의 가격은 절반 이하로 떨어진다.

특허권은 혁신의 원동력이다. 특허권은 발명가들이 새로운 것을 창조하고, 자신의 창조물을 보급시키도록 격려함으로써 그들의 지적 재산을 대여할 수 있게 해 준다. 예컨대 한 영국 컨설팅 회사가 실시한 133개 다국적 기업에 관한 조사에 의하면, 그중 102개의 기업이 다른 회사들로부터 기술 라이선스를 빌려 쓰고 있으며, 82개 기업이 다른 회사들에게 라이선스를 제공하고 있다. 한 연구에 의하면 기술 라이선스 시장은 북아메리카에서만 250억 달러의 가치를 지니고 있다. 2000년에 IBM이 올린 이윤 중 20퍼센트는 라이선스 판매로 인한 것이다. 또한 미국의 신생 회사들과 투자 그룹들은 특허권을 사고, 팔고, 중재하고, 라이선스하고 경매함으로써 벤처 자본을 끌어온다.

만약 공짜로 유통된다면 정보의 이전은 발생하지 못했을 것이다. 아무도 독특하고 가치 있는 아이디어를 생각하는 수고를 하지도 않았을 테고, 발명가들은 돈을 벌 수 있는 방도를 찾아낼 때까지 그들의 발명품을 고이 숨겨 두었을 것이다.

해적 출판 행위

음악가와 제약 회사들은 공통점이 많다. 우리는 가수나 음악가들이 자신들의 작품을 심오하고 가치 있게 여기긴 바라지만, 그들 역시 돈을 벌기를 좋아하는 것은 마찬가지다. 폴 매카트니는 이렇게 말하기조차 했다. "존과 나는 앉아서 '자, 그럼 이제 수영장이나 하나 사게 노래를 써 볼까.'라고 말하곤 했다." 만일 가수들이 그들의 창작물로 수영장을 살 수 없다면 대부분은 창작 활동을 포기할 것이다.

그러나 시든 음악이든 근본적인 아이디어를 소유하고 있는 것은 그 아이디어를 바탕으로 만들어진 물리적 상품을 소유하고 있을 때 보다 논란의 여지가 많다. 예를 들어 17세기 영국에서 서적 판권은 스테이셔너(Stationers' Company)의 독점 출판권에 의해 보호받았으며, 회사는 런던에 있는 스테이셔너홀(Stationer's Hall)에 고급 양피지로 묶은 출판권 목록을 보유했다.

그러나 1694년 스테이셔너가 140년간의 독점권을 잃자, 1709년 최초의 저작권법이 영국 의회를 통과했고, 이어 출판업계는 치열한 경쟁에 돌입하게 되었다. 독립 후 미국 의회는 영국의 선례를 따라 출판업자들에게 14년간의 독점 출판권을 인정하고, 향후 14년을 추가 연장할 수 있는 저작권법을 1790년에 통과시켰다. 그러나 한 가지 다른 점이 있었다. 그들의 저작권법은 오직 미국 작가들에게만 적용되었다. 다시 말해 미국의 출판업자들은 외국 작품들을 자유롭게 복제하고 배포할 수 있었던 것이다. 외국의 정보는 공짜였다. 국내 정보는 그렇지 않았다.

미국의 출판업자들은 앞 다투어 영국의 베스트셀러들을 찍어 냈고, 당연하게도 가격은 곤두박질치기 시작했다. 한 기사에 따르면 1843년 찰스 디킨스의 《크리스마스 캐럴》은 영국에서는 2파운드 50페니에 판매되었지만 미국에서는 겨우 6센트에 불과했다고 한다. 미국의 해외 저작권 무시는 1891년까지 이어졌는데, 이 시점에 이르자 미국 내 작가들이 들고 일어나 무수히 범람하던 싸구려 수입 작품들에 대한 보호의 필요성을 부르짖기 시작했다. 국회는 국내 작가들을 위한 자구책을 마련하는 한편, 국내 출판업자들을 달래기 위해 저작권을 미국에서 출간된 해외 작품들로 제한한다는 새로운 규정을 내세웠다.

이 같은 원칙은 1986년까지도 다양한 형태로 남아 미국의 해적 행위 또는 몇몇 영국 작가들의 표현에 따르면 '해적 출판 행위(Book-aneering)'에 대한 비난과 불평으로 이어졌다. 영국의 유명 작곡가 아서 설리번 경은 심지어 미국인 작곡가들을 고용하여 자신의 작품에 그들의 이름을 서명케 하고, 다시 그 권리를 되사는 방식으로 외국인에게는 부여되지 않던 저작권을 획득할 수 있었다.

"현대 미국의 저작권법은 영국과 유럽 대륙의 작가들에게 미국 것이라면 무조건 진절머리를 내게 한다." 1918년 에즈라 파운드의 말이다. "작품 도용 예방과 에이전시의 필요성, 그리고 중개인들의 각성에 대한 온갖 쓸데없는 옥신각신이 계속되고 있고, 이 같은 소동은 불쾌함과 여론의 악화를 가져온다."

최근에 인터넷 반군들이 내세우는 수많은 논거들은 실상 이미 수세기 전에 해적들이 기반을 다져놓은 것들이다. 18세기에 미국의 국회 의원들은 인기 높은 수입 작품들의 저작권을 침해하고 억누르는 것이 고귀한 목적을 지니고 있다고 생각했다. 점차 증가하는 식자층(識字層)에게 값싼 책을 제공할 수 있다고 생각했기 때문이다. 영국 작가들의 불평과 저항은 사소한 골칫거리에 불과했다. 오늘날 온라인 전사들은 파일 공유가 음악에 대한 전례 없는 수준의 접근권을 허용하기 때문에 공공 이익에 부합한다고 주장한다. 이들은 18세기에 미국 의회가 영국 작가들에게 그러한 것처럼 음반사와 영화 제작사들을 무시하고 있는 것이다.

라디오헤드의 파격적인 실험은 현 시대의 정보 해적들이 주장하는 또 다른 논거를 뒷받침한다. 바로 지적 재산을 공짜로 배포하면 창작자들이 더 많은 돈을 벌 수 있다는 논리다. 과거에 가수들이 앨범을 홍보하기 위해 콘서트 투어를 했다면, 오늘날에는 앨범으로 콘서트 투어를 홍보한다. 음악을 온라인에 무료로 뿌리는 밴드들은 팬들이 음악을 맛보기로 들어 보고 더 많은 음악과 티셔츠, 키체인이나 다른 상품들을 구매하도록 설득한다.

몇몇 예술가들도 이런 새로운 신조를 받아들이고 있다. ≪연금술사≫의 저자 파울로 코엘료는 공유파일 덕분에 러시아에서 대량주문이 들어와 그의 작품 판매량이 급증했다고 말했다. 그는 심지어 '해적 코엘료'라는 웹사이트를 열었는데, 그곳에 자신의 작품을 무료로 내려받을 수 있도록 파일을 올려놓았다. 그는 "나누지 않는 자는 이기적일 뿐만 아니라 고독하다."라고 적어 놓았다.

그러나 온라인 도둑질의 추종자들이 경제적 이득을 안겨 주는 경우는 매우 드물다. 실제로 지금까지 드러난 증거들이 말하는 바는 명백하다. 공짜 선물을 제시하는 것만으로는 돈을 벌 수 없다. 펜실베이니아 대학원생들을 다룬 한 연구는 무료 음악을 다운로드 하는 것이 가능해지면서 유명 음반에 대한 학생들의 지출액이 평균 126달러에서 100달러로 감소했음을 보여 준다. 2002년 또 다른 연구진은 P2P의 음악 공유 때문에 유럽에서의 음반 판매량이 7.8퍼센트나 감소했다는 사실을 밝혀냈다. 다시 말해 이는 개인이 음악을 구매할 확률이 30퍼센트나 감소했다는 의미다. 다른 연구팀은 1998년부터 2002년 사이에 전 세계의 음악 판매량이 기존의 5분의 1 수준으로 감소한 것은 무료 다운로드 때문이라고 결론지었다.

〈인 레인보우스〉는 예술이 저작권의 독살스런 테두리에서 해방되어 공유의 영역으로 들어갈 때 무슨 일을 할 수 있는지를 보여 주는 대표적인 사례다. 그러나 이 같은 전술은 오직 이미 유명세를 타고 있는 밴드일 때에만 가능하다는 조건이 붙는다.

2003년에 P2P 사이트에서 겨우 몇 곡의 파일을 다운로드했다는 이유로 평범한 사람들을 법정으로 끌고 간 RIAA는 연구자들에게 정보 해적질이 끼친 영향을 살펴볼 수 있는 창문을 제공했다. 그러한 행위가 음악 판매에 끼친 영향을 추적한 연구진은 흥미로운 행동 패턴을 발견했다. 예상했던 것처럼 음반사들이 법적 행동을 실시한 이후 음악 공유 행위는 크게 감소했다. 십대들이 감옥에 갈지도 모른다고 겁을 먹었기 때문이다.

그러나 흥미로운 사실은 해적 소탕이 최고 수준의 가수들에게는 눈에 띄는 영향을 미치지 못한 반면, 그보다 유명하지 못한 이들에게는 현저한 영향을 미쳤다는 점이다. 빌보드 차트에서 20위 이하에 진입한 앨범들의 경우, 음반사의 협박은 그 앨범들이 차트에 머무르는 시간을 평균 2.9주에서 4.7주로 확장시켰다. 이는 해적 행위가 특히 명성이 덜한 창작자들에게 해악을 끼칠 수 있음을 의미한다.

1996년부터 2003년 사이, 무료 파일 공유가 음반 판매량을 잠식해 들어가고 있을 당시에도 유명한 로큰롤 콘서트의 가격은 인플레를 고려하더라도 다섯 배가량 인상되었다. 이는 영화나 스포츠 게임 가격의 인상률보다도 훨씬 빠른 속도다. 그러나 다른 증거들은 이러한 콘서트 투어가 소규모의 밴드들에게는 해결책이 되지 못한다는 사실을 말해 준다.

미국 탈공업화 시대의 록 프로젝트 나인인치네일즈(Nine Inch Nails) 의 트렌트 레즈너(Trent Reznor)에게는 '공짜' 전략이 효과가 있다. 2008년 3월, 신보 〈고스트 I-IV〉를 발매했을 때, 레즈너는 5달러짜리 다운로드 파일에서부터 DVD가 수록된 300달러짜리 울트라디럭스 패키지 앨범에 이르기까지 다양한 형태의 음악을 배포했다. 또한 그 는 앨범의 첫 부분인 '고스트 I' 음악을 파이럿 베이와 다른 파일 공 유 서비스에 등록함으로써 노래를 온라인에 무료로 배포하고, 새 앨 범을 샌프란시스코에 있는 비영리 단체가 제안하는 대안 저작권인 이른바 CCL(Creative Commons license)로 등록했다. CCL은 창작자들 이 약간의 저작권을 보유하지만 그 외의 부분에서는 비상업적 목적 을 지니는 한 어떤 사용자에게도 무료로 접근할 권리를 보장해 준다. 앨범을 발매한 지 첫 번째 주에 나인인치네일즈는 160만 달러를 벌 어 들였다. 2008년 〈고스트 I-I〉의 MP3 앨범은 아마존에서 최고의 판매량을 기록했다.

그러나 레즈너의 사례는 최고 팝스타 군단에 속하지 않는 창작자들 에게는 통하지 않는다는 단점이 있다. 〈인 레인보우스〉가 커다란 논 란을 일으키며 발매된 지 3주 뒤인 2007년 11월 1일, 레즈너의 친구 사울 윌리엄스(Saul Williams)가 라디오헤드와 비슷한 모험을 시도했 다. 윌리엄스는 〈인에비터블 라이즈 앤 리버레이션 오브 니기 타더스 트!(The Inevitable Rise and Liberation of Niggy Tardust)〉를 발표했는데, 이 앨범은 레즈너가 제작 및 비용을 댔고, 소비자들에게 공짜 버전과 5달러짜리 고음질 버전을 고를 수 있는 선택권을 주었다. 이후 두 달

동안 15만 4449명의 사람들이 윌리엄스의 앨범을 내려받았지만 그중 돈을 낸 사람은 다섯 명 중 한 명꼴인 2만 8322명에 불과했다. 인터넷이 지닌 변혁의 힘을 신봉하는 레즈너는 윌리엄스의 팬들이 무료 파일을 돈을 낼 필요가 없는 대상으로 생각한다는 데 낙담했다.

"사울과 나는 좋은 의도로 이 일을 시작했습니다." 후에 레즈너는 이렇게 말했다. "우리는 우리가 믿고 숭배하는 음악을 보여 주고 싶었지요. 최대한 외부의 방해를 차단하고, 광고 수익이나 대기업의 후원이 없이도 해 내고 싶었습니다. 연줄의 뒷받침을 받거나 갈등을 일으키지 않고도, 유인 상술이나 'O를 사신다면 O버전을 사실 수 있습니다.'라는 선전 문구를 내세우지도 않고도 해 내고 싶었습니다. 그리고 만약 여기 들어간 비용을 상쇄할 수 있다면, 나아가 이렇게 음악을 팔아먹고 살 수만 있다면 금상첨화겠지요." 윌리엄스의 입장에서 보자면 '원하는 대로 내시오' 전술을 제시했을 때 그의 음악을 내려받은 사람 중 80퍼센트가 아무것도 내지 않았다. 그런 상황에서 음악으로 먹고살기란 매우 힘든 일이다.

운동화 훔치기

1979년, 캐나다 정부는 저작권을 연구하는 미국의 경제학자 스탠 리보위츠에게 복사와 케이블 방송의 TV 프로그램 재방송이 출판업계와 방송업계에 미치는 영향을 고찰해 줄 것을 요청했다. 리보위츠는 사용자들이 상품의 복제 능력을 인식하게 됨으로써 출판업계가 서적의 가격을 인상할 수 있을 것이라고 말했다. 그는 복제 행위가 출판계와 방송계에 반드시 악재로 작용하는 것만은 아니라는 결론을 내렸다. "나는 불법 복사가 실질적으로 저작권자에게 도움이 될 수도 있다고 말하는 최초의 경제학자일 것이다." 몇 년 뒤 리보위츠는 저서에 이렇게 썼다. "그러나 당시에는 그러한 나의 지식과 판단을 무조건적으로 포용하여 마치 내가 영웅인양 찬양하는 저작권 반대론자들이 존재하지 않았다."

이제 그는 마음을 고쳐먹은 듯하다. 지난 30년 동안 복제와 복사에 관해 연구해 온 스탠 리보위츠는 무료 음악 배포가 과연 수익으로 이어질 수 있을지 의구심을 표명한다. 최근의 한 연구에서 그는 1998년에서 2003년 사이 미국 99개 도시에서 음반 판매량이 급속히 감소한데 대해 그 원인이 무분별한 온라인 파일 공유에 있다고 결론지었다. 흥미롭게도 재즈와 클래식 음반의 판매량은 오히려 증가한 반면(이는 주요 소비자 층의 연령대를 대변하는 현상일지 모른다), 하드록과 랩, R&B 분야의 판매율은 두 자리 숫자만큼 감소했다.

그가 보기에 이는 운동화를 훔치는 것과 비슷한 현상이다. 불량배들이 트럭 한 대분의 운동화를 훔친다고 해도, 만약 그 운동화가 그 동네 최고의 인기 상품이라면 운동화의 판매량은 오히려 늘어날 수도 있다. 스테이크 고기를 훔치는 어린아이도 장기적인 맥락에서라면 정육점에게 이익이 되는 일을 하고 있는 것인지도 모른다. 그런 절도 행위 덕분에 평생 질 좋은 쇠고기에 대한 선호도를 키울 수도 있기 때문이다. 그러나 리보위츠는 "나는 이러한 형태의 논의가 만약 도둑질이라는 금기를 해지한다면 우리 사회는 더욱 좋은 곳이 될 수 없을 것"이라고 지적한다.

　인터넷 해적들의 주장은 마치 도둑들이 정육점 주인에게 스테이크를 순순히 넘겨주면 그들의 식생활을 개선할 수 있기 때문에 오히려 주인에게 이득이 되는 길이라고 설득하는 것과 같다. 언젠가 구글은 새로운 브라우저 크롬을 멋지게 장식하기 위해 일러스트레이션이 필요해졌을 때 일러스트레이터들에게 그림을 공짜로 제공하면 그들에게 커다란 이득이 될 것이라고 제안한 적이 있다. "우리는 이 프로젝트가 수백만 명의 사람들에게 여러분의 작품을 보여줄 수 있는 기회가 될 것이라 생각합니다." 이에 대해 브루클린 출신의 일러스트레이터 멜린다 벡(Melinda Beck)은 다음과 같은 전자 메일 답변을 보냈다. 그녀는 자신이 타깃(Target)과 니켈로디온(Nickelodeon) 같은 유명 고객들을 위해 일해 왔으며, 덕분에 대중에게 자신의 작품이 수없이 노출되었다고 말했다. "그런데도 두 고객들 모두 내게 대가를 지급했습니다."라고 그녀는 지적했다.

　하지만 다음 광고에서 볼 수 있듯이, 구글의 이러한 사고방식은 상당히 유혹적이다. 2009년 캘리포니아 매닐로 파크에 있는 한 법률사무소는 무료 광고 서비스 크레이그리스트(Craiglist)에 다음과 같은 광고를 실었다. "최근의 경제 상황으로 인해 오늘날 젊은 변호사들은 일자리를 구하기가 힘들어졌습니다." 광고는 이렇게 말하고 있다. "우리는 여러분께 유명 회사와의 훌륭하고 보람찬 경험을 제공합니다. 출장비, 마일리지, 주차 공간 및 관련 비용을 제외한 아무런 보상도 받지 않고, 6개월에서 12개월 동안 기꺼이 노고를 바칠 수만 있다면 이는 여러분께 매우 근사한 경험이 될 수 있을 것입니다." 내가 법률 블로그에서 발견한 이 광고에 대한 반응은 그다지 좋은 편이 아니었다. 그중 하나를 소개한다. "이 광고를 낸 사람들은 그들이 제공한 서비스의 질로 보상받아야 하며, 나는 그들이 수감되거나 배임 행위로 멋지게 고소당하길 바란다."

정보 산업 분야의 문제를 해결할 수 있는 방도는 두 가지다. 하나는 기술적으로든 법률적으로든 돈을 지불할 때까지 콘텐츠를 보호할 수 있는 효과적인 안전망을 고안하는 것이다. RIAA는 다운로더 개개인을 고소하는 것을 포기하고 인터넷 서비스 제공자들에게로 그 화살을 돌렸다. 그들은 서비스 제공업체들이 온라인에서 법의 수호자가 되길 바라며, 불법 다운로드를 행한 사용자들에게 서비스를 제한하거나 혹은 중단하도록 압력을 넣는다.

인터넷 서비스 제공자(ISP)가 고속 도로 통행료를 받는 톨게이트처럼 합법 다운로드나 스트림 서비스를 제공하고 사용자들로부터 사용료를 받는 수금원이 될 수도 있다. 그들은 이제 법적 조처의 중심 대상이 되었다. 2009년 9월, 프랑스 의회는 세 번 이상 불법다운로드로 적발된 고객들에게 ISP가 서비스를 더 이상 제공할 수 없게 하는 법안을 통과시켰다. 스웨덴의 새로운 저작권법은 저작권자들이 법적 조처에 필요한 정보를 얻을 수 있도록 ISP가 불법 파일 공유자들의 정보를 제공할 수 있게 허용한다. 2010년 4월 영국은 ISP가 불법 자료를 상습적으로 다운받는 사용자들의 인터넷 접속을 느리게 하거나 중단시킬 수 있을 뿐만 아니라, 정부가 ISP에게 다량의 불법 자료를 보유하고 있는 웹사이트를 강제 차단하도록 요구할 수 있는 법률을 통과시켰다.

이런 방법이 통하지 않을 가능성도 있다. 시간과 해커는 최고의 복제 방지 기술마저도 깨뜨릴 수 있기 때문이다. 나아가 효과적인 법적 보호망을 마련하기 위해서는 저작권에 대한 국제적 협력이 필요하지만, 이를 달성하기란 쉽지 않은 일일 것이다. "저작권은 진부한 것이 되어 가고 있습니다." 구글의 수석 경제학자 할 배리안은 내게 이렇게 말했다. "법률 그 자체는 점점 더 강력하고 복잡해지고 있지만 실행 방식은 점점 더 허술해지고 있으니까요." 배리안은 기업들이 기술을 이용하여 스스로를 지킬 수 있을 것이라고도 생각하지 않는다. "실질적으로 기술적인 해결책은 없다고 봐야 합니다."

만약 그렇다면 콘텐츠 제공자가 시행할 수 있는 유일한 조처는 콘텐츠 제공 방법을 수정함으로써 소비자들이 자발적으로 돈을 내도록 설득하는 것이다. 새 앨범으로 콘서트 투어를 홍보하고 음반사들이 휴대 전화로 음악을 합법적으로 다운로드받을 수 있도록 하는 것 등이 이 같은 범주에 속할 것이다. 뉴스 매체의 경우 배리안은 '차별화'를 제안한다. 공짜 뉴스를 원하는 사람들에게는 짧고 간명한 뉴스를 전달하고 유료 소비자들에게는 좀 더 자세한 기사를 제공하는 것이다. 핵심은 "소비자들이 콘텐츠에 대한 지불 의지에 따라 스스로를 서로 다른 집단으로 인식하는 것"이라고 바리안은 말한다. "생산자들은 소비자들이 적절한 집단을 선택할 수 있도록 차별화된 정보를 제공해야 합니다."

이런 방안들이 부디 효과를 거둘 수 있길 바란다. 그렇지 않을 경우 정보가 완전히 오프라인으로 옮겨 갈 수도 있기 때문이다. 실제로 경쟁 신문이 존재하지 않는 로드아일랜드의 〈뉴포트 데일리뉴스〉는

독자들을 종이 신문으로 다시 데려오려 했다. 2009년 6월, 회사는 1년
치 웹 구독료로 345달러를 설정하고 오프라인과 온라인 결합 상품에
는 단 100달러를 매겼다. 석 달도 지나지 않아 웹사이트 트랙백은 30
퍼센트 하락했고 신문 판매량은 8퍼센트 증가했다.

정보의 무덤

간단히 말해, 나는 공짜 정보가 정보 생산을 저해할까 봐 두렵다.
프랑스의 경우 2008년 전반기 음반 판매량은 8퍼센트 감소하고 신인
가수들의 음반 발매량은 16퍼센트나 하락했다. 2008년 이후 미국에
서는 수십 개 이상의 신문사들이 파산 신청을 했는데, 여기에는 〈로
스앤젤레스타임스〉와 〈시카고 트리뷴〉, 〈필라델피아 인콰이어러〉의
모회사 트리뷴 사와 〈오렌지카운티 리지스터〉를 비롯해 32개 일간지
를 보유한 프리덤 커뮤니케이션도 포함되어 있었다. 1859년에 창간
된 이래 지금까지 줄곧 자리를 지켜온 콜로라도 덴버의 〈록키마운틴
뉴스〉는 2009년 2월 27일에 마지막 신문을 발행했다.

1999년 7월, 42만 5000명의 사람들이 미국 신문업계에서 일하고
있었다. 10년이 지난 지금 이 산업의 종사자 수는 15만 명으로 크게
감소했으며, 다른 정기 간행물 업계 역시 2000년에 최고치를 기록한
이래 4만 5000명으로 감소했다. 라디오와 텔레비전 방송인들도 이
기간 동안 수없이 일자리를 잃었다. 더구나 신생 닷컴 업체들이 이런
구시대 미디어 업체들의 빈자리를 메워줄 것이라는 기대와 달리, 인

터넷 신문과 방송 및 웹 검색 포털은 2004년에 최저치를 기록한 이래 1만 5000개의 일자리를 보태 주는 데 그쳤을 뿐이다. 2009년 7월 현재 인터넷 미디어 업계의 종사자 수는 8만 2000명이며, 이는 10년 전 닷컴버블이 정점에 이르렀을 때보다 3만 명이나 적은 숫자다.

인터넷 무법자들은 자신들의 대의를 굳게 신봉하고 있는 듯하다. 2008년 12월 인터넷과 미국인의 삶에 관한 퓨 프로젝트의 조사에 의하면, 창작자와 그들의 변호사가 창작물에 대한 권리를 합법적으로 되찾을 수 있으리라 생각하는 응답자의 비율은 세 명 중 한 명꼴에 불과했다. "데이터 복사는 컴퓨터의 본질적 특성입니다." 인터넷에서의 시민 자유를 주창하는 시민 단체인 일렉트로닉 프론티어 파운데이션의 대표 브래드 템플턴의 말이다. 인터넷 서비스 회사인 메타 퓨처링 세컨드 라이프를 설립한 유럽입자물리연구소의 전직 과학자 줄리오 프리스코는 이렇게 덧붙인다. "숟가락으로 파도를 막을 수는 없습니다."

물론 그것은 불가능할 것이다. 20세기에 번영했던 미디어 회사들은 종말을 맞이하게 될 것이다. 음반사들은 자취를 감추게 될지도 모른다. 그러나 나는 자본주의 경제하에서 과연 공짜 정보가 자연스러운 상태로 존재할 수 있을지 의심스럽다. 솔직히 말하자면 지금으로부터 10년 뒤 우리의 정보 경제가 어떤 형태를 띠고 있든, 그 안의 정보는 결코 공짜가 아닐 것이라고 확신한다.

공짜를 둘러싼 마지막 전투는 백분율로 표시될 것이다. 19세기 후반까지 음악 저작권의 침해란 아예 존재하지도 않았다. 왜냐하면 음악은 재산권에 적용되지 않았기 때문이다. 오페라단의 대리인들은 라이벌 오페라단의 개막식에 참석해 멋들어진 가락을 '훔치고' 그것을 자신들의 극에 사용하곤 했다. 19세기로 넘어와 낭만주의파들이 '천재 작가'라는 개념을 퍼뜨리기 시작했을 즈음에야 작곡가들은 비로소 불평을 쏟아 내기 시작했다. 헥터 베를리오즈는 표절자와 해적 출판인들을 도둑과 암살자라고 불렀다.

기술은 게임의 판도를 바꿔놓았다. 19세기 후반에는 영국에 피아노를 연주하는 인구가 늘어나면서 대중을 위한 세계 최초의 음반 산업, 즉 낱장 악보 사업이 번성하게 되었다. 1900년 무렵 영국은 인구 10명 당 피아노 한 대를 갖추고 있었고, 악보 출판업자들은 도트라고 불리는 악보들을 1실링 4펜스에 판매하여 떼돈을 벌었다. 푸치니와 헨델은 물론 다른 수많은 음악들이 피아노 연주를 위해 다시 편곡되었다. 그 결과 필연적으로 불법 인쇄업자들이 판을 치게 되었다. 그들은 사진 석판술이라는 새로운 기술을 사용해 악보를 복제하고 한 장에 고작 2펜스에 팔아 치웠다.

그리고 지금과 마찬가지로, 당시에도 대다수의 여론은 해적들의 편에 서 있었다. 1902년, 영국 의회는 불법 악보를 즉시 압수할 수 있는 음악 저작권을 통과시켰다. 그러나 불법 악보의 압수는 시장에 더 많은 악보들의 난무를 부추길 뿐이었다. 그러다 그해 12월, 마침내 경찰이 인민음악출판사를 운영하는 '해적왕' 제임스 프레데릭 윌레츠를 체포했다.

법정에서 윌레츠는 해적 행위에 대해 강력한 옹호론을 펼쳤다. 그는 작곡가들이 그들의 작품을 혼자서 소유해서는 안 된다고 주장했다. 왜냐하면 그들의 재능은 대중들을 널리 이롭게 하기 위해 신이 부여하신 것이기 때문이었다. 그는 해적 행위를 통해 회사들이 매긴 터무니없는 가격을 감당할 수 없는 소비자들에게 작곡가들의 재능의 과실을 전해 주는 것뿐이라고 주장했다. 윌레츠는 재판에서 패소하고 징역형을 선고받았다. 그리고 해적들은 겁을 집어먹었다. 정보의 가격은 다시금 상승했다.

　궁극적으로 볼 때 정보는 공짜가 될 수 없다. 다만 때로 그렇게 보일 뿐이다. 오늘날 온라인 자유 투사들의 슬로건이 된 스튜어트 브랜드의 말은 정보는 또한 "비싸지길 원한다."는 사실을 보여 주는 서막에 불과하다. 왜냐하면 정보는 그 수혜자들에게 막대한 가치를 지니고 있기 때문이다. 이것이 바로 정보의 합당한 지위다. 그럼에도 정보 생산자는 아직 합당한 자리를 부여받지 못하고 있다는 문제가 남는다. 그들이 없다면 정보는 존재할 수 없다.

문화의 가격

The Price of Culture

| 문화의 가격 |

※

CHAPTER 7

현재는 민주주의가 세계를 장악한 것처럼 보인다. 어떤 보도에 따르면, 20세기 말까지 전 세계 인구의 63퍼센트가 민주주의 영역에 살고 있으며, 이것은 19세기 말의 12퍼센트에서 크게 증가한 수치이다. 하지만 민주주의 질서는 지역에 따라 다른 의미를 가질 수 있다. 민주주의는 두 개의 정당 사이에서 수시로 정권 교체가 일어나는 미국이나, 아직도 야당은 공권력에 의해 정규적으로 탄압을 당하는 짐바브웨에서나 똑같이 사용되는 포괄적인 용어이다.

하지만 우리는 두 가지 변수를 통해 세계 전역에 있는 민주주의 정부를 질적으로 평가할 수 있다. 첫째는 피지배자의 묵인을 얻기 위해 지배자가 사용할 수 있는 자원(예를 들면 쿠웨이트의 경우는 원유, 콩고의 경우는 다이아몬드 등)의 질이다. 나머지 하나는 유권자들의 가격과 그들이 던진 표의 가치이다. 이것은 정치 체제의 합법성을 보여 주는 정확한 척도를 제공한다. 가장 부패한 국가는 그 나라 유권자들의 가격이 가장 낮은 국가이다.

특정 표의 가격은 보통 투표자가 버는 수입의 함수이다. 가난한 유권자는 자기 표의 가치를 낮게 부를 수밖에 없다. 왜냐하면 현금이 몹시 간절한 상황에서 그들에게 투표권은 그다지 가치가 없기 때문이다. 1996년 태국의 총선에서 유권자들은 평균 678바트를 받았지만, 방콕의 유권자들은 그들보다 가난한 농촌의 유권자들보다 두 배는 더 받았을 것이다. 이전 포르투갈 식민지였으며 서아프리카 근해의 두 개의 작은 섬으로 구성된 상투메프린시페(São Tomé and Príncipe)의 경우, 2006년 선거 유권자들에 대한 조사 결과, 국회 의원 선거에서는 유권자를 매수하는 가격의 중앙값이 7달러 10센트였지만, 수도의 선거구에서는 평균 단가가 대략 37달러 선에 이르렀던 것으로 밝혀졌다.

당선에 따르는 대가 역시 투표의 가격에 영향을 미쳤다. 상투메프린시페에서는 1990년대 말 기니만 근해에서 석유가 발견된 다음에 비로소 유권자를 매수하는 가격이 상승하기 시작했다. 모든 경선이 같은 가격을 갖는 것도 아니다. 권력이 국방과 외교 영역에만 제한되는 특정 국가의 대통령 선거는 불과 4달러 20센트를 요구한다. 이 나라에서 진짜 돈이 드는 것은 대부분의 행정과 입법 권한을 갖고 있는 국회 의원 선거이다.

비록 유권자를 직접 매수하는 행위가 민주주의를 악용하는 것처럼 보일 수도 있지만, 오랜 전통을 갖고 있다. 영국의 경우 돈으로 표를 사는 행위는 17세기까지 거슬러 올라간다. 식민지에서 부를 축적한 인사들과 신흥 상업 계급이 토지 귀족들의 정치권력 독점을 분쇄하려고 시도하면서 그런 관행이 더욱 만연했다. 1812년 2대 버논 남작인 조지 베너블스-버논은 자신의 사위인 3대 서필드 남작, 에드워드 하볼드에게 "의석을 살 수 있도록 5000파운드를 초과하지 않는 상당 금액"을 남겼다. 그와 같은 거래는 1883년 부정부패 행위 방지법이 제정되어 뇌물을 주거나 받은 자에게 가혹한 처벌을 가하고, 선거 비용이 철저한 제약을 받게 될 때까지 계속 만연했다.

대서양 건너에서는 19세기 뉴욕의 신문들이 투표의 가격을 돼지 값을 부르듯이 언급하고는 했다. 〈엘리자베스타운 포스트〉는 얼스터 카운티의 유권자 한 명이 25달러라고 언급했다. 유권자들은 이런 체계를 너무나 잘 활용했기 때문에 어쨌든 자신이 선호하는 후보자를 위해 투표를 하기 전에 먼저 돈을 받으려고 기다리곤 했다. 1879년 11월 13일, 쉴러 카운티의 〈왓킨스 익스프레스〉는 회중파 교회 목사, 토머스 K. 비처가 정치적 자유 시장의 미덕을 찬양하는 설교문을 실었다. "좋은 의도를 가진 선량한 사람이 동료 유권자의 표를 살 때, 유권자는 자신의 선택대로 표를 팔 수 있는 자유가 있다. 따라서 그런 행동은 정당하다. 그들의 표를 산 후보는 양심이든 신의 법정에서든 뇌물 공여자가 아니다. 다만 그가 의도적으로 유권자의 판단을 왜곡하려 했을 경우에는 예외다.

미국에서는 비밀 투표 제도가 도입되면서 유권자를 직접 매수하는 행위가 사라졌다. 정치가들은 유권자가 약속한 대로 자기에게 투표를 했는지 여부를 확인할 수 없게 됐기 때문이다. 하지만 정치권력을 사고파는 관행은 우리들 주위에서 결코 사라지지 않았다. 표를 사고 파는 행위 바로 다음에 등장한 방법이 선거일에 상대 후보 지지자에 게 돈을 주어 아예 기권하게 하는 것이었다. 그러나 이것 역시 효과 는 의심스러운 전술이었다. 최근에 와서는 유권자를 돈으로 사는 방 법이 더욱 정교해졌다. 하지만 목표 자체는 상투메프린시페에서 사 용되는 관행과 전혀 차이가 없다. 가장 중요한 차이는 미국 유권자들 의 가격이 더 높다는 것이다.

오하이오주의 상원 의원이자 공화당의 킹메이커였던 마크 한나는 19세기에 이런 말을 한 것으로 유명하다. "정치에서는 두 가지가 중 요하다. 첫 번째는 돈이고, 두 번째는 무엇인지 기억나지 않는다." 100년이 더 지난 2008년에는 정치에 대한 돈의 영향력을 억제하기 위해 많은 법률이 제정됐음에도 불구하고, 버락 오바마 후보는 대통 령 선거에서 승리하기 위해 광고비로 7억 3000만 달러를 사용했다. 그것은 선거에서 그에게 투표한 유권자 한 명당 거의 10달러 50센트 를 지불한 것이나 마찬가지 액수이다. 하지만 공화당의 존 맥케인 후 보는 1인당 5달러 60센트만을 썼을 뿐이다.

이것은 상투메프린시페에서 시골 유권자들의 표를 사는 가격과 크 게 차이가 나지 않는 것처럼 보일지도 모른다. 하지만 둘을 직접 비 교하는 것은 어불성설이다. 오바마에게 투표한 유권자들 중 다수가 아무런 대가를 받지 않아도 그에게 투표했을 것이라고 봐야 한다. 대 신 아직 마음을 결정하지 않은 유권자를 설득하는 데 비용이 많이 든 다. 1972년부터 1990년까지 하원 의원 선거를 조사했더니 1990년도 달러화로 환산했을 경우, 10만 달러를 더 지출할 때마다 현직 의원에 대한 지지율은 평균 0.1퍼센트 포인트만큼 상승했던 것으로 나타났다. 반면 도전자는 인지도가 높지 않기 때문에 언론에 노출되었을 때 얻는 이익이 훨씬 더 크다. 그래서 광보비와 같은 금액을 사용해 지지율 0.3퍼센트를 살 수 있었다. 인플레이션을 고려했을 때, 이것은 2008년 하원 의원 선거에서 추가로 한 표를 얻는 데 필요한 가격은 현직 의원이 약 640달러, 도전자가 212달러가 될 것이라는 의미이다.

선거 운동을 사금융에 의지하는 관행을 옹호하는 사람들은 미국에서 정치적 영향력을 구매하는 것이 유권자에게 돈을 주는 것과는 다르다고 주장한다. 정치인들은 유권자들이 결단을 내리는 데 필요한 정보를 제공하기 위해 돈을 지출한다는 것이다. TV 광고를 내보내는 의도는 특정 후보가 최선이거나, 아니면 상대 후보가 자격을 갖추지 못했다는 사실을 확신시키는 데 있다. 마치 선거에서는 돈이 가장 많은 후보가 항상 승리하는 것처럼 보인다면, 그것은 좋은 후보가 기부금을 모금하는 데도 유리하기 때문이다. 그리고 정치가가 자신을 금전적으로 후원해 준 사람이 원하는 쪽으로 표결권을 행사한다고 해도, 그것은 어쨌든 그들이 후원자들과 그렇게 합의했기 때문이다.

불행하게도 현실은 이와 같은 변론과 완전히 딴판이다. 미국의 선거 전략가들은 돈이 아니라 정교한 마케팅 기법을 사용하고 있다. 그들은 유권자에게 돈을 주는 대신 그들의 성향을 자극한다. 그들은 유권자를 돈으로 사기보다는 유혹한다. 하지만 그들의 목표 또한 가능한 많은 유권자들이 자기의 이해관계를 무시하고 그들에게 투표하도록 하는 것이다. 나는 미국의 통치 방식이 상투메프린시페보다는 낫다고 고백하는 바이다. 미국의 통치 방식에는 권력에 대한 제도적 견제 장치가 훨씬 더 많이 존재한다. 정부에 반대하는 독설이 때때로 격렬하게 분출되기는 하지만, 여전히 미국인들은 자신의 정부를 합법적인 기관으로 간주하고 있다.

그러나 상투메프린시페에서의 매표 행위는 민주주의의 정당성을 해치는 것이라 생각한다. 이 경우 유권자에게 돈을 지불한 정치가는 정책에 대해 어떤 책임감도 갖지 않는다. 돈을 받은 유권자도 국정을 감시하는 데 관심이 없다. 개발 도상국들의 정체 체계를 연구한 사회학자들은 부자들이 가난한 사람들의 표를 살 수 있기 때문에 부의 재분배를 위한 정책이 수행되지 않아 가난한 나라에서는 가난이 대를 이어가게 된다고 주장했다. 상투메프린시페는 1991년 최초로 자유선거를 치른 이래로 이미 두 차례의 쿠데타를 경험했다. 국제투명성기구의 부패인식지수에서 상투메프린시페는 이집트나 인도네시아와 같은 부정 축재 국가와 나란히 180개 국가 중 111위를 차지했다.

하지만 미국과 상투메프린시페 모두, 정치 문화는 출마자의 구매력에 의지하고 있다. 두 문화의 핵심적 차이는 권력을 사는 방식과 그 가격에 있다. 미국에서는 표가 훨씬 더 비싸다. 어떤 면에서는 두 나라에서 선거를 위해 돈을 쓰는 형태의 차이가 부패와 그것의 사촌격인 로비 사이의 차이에서도 그대로 반복된다. 선진국의 대기업들은 법을 개정하기 위해 돈으로 정치가를 설득하는 행위인 로비를 더 선호한다. 왜냐하면 그것의 효과가 훨씬 더 오래 지속되기 때문이다. 하지만 후진국에서는 로비에 너무 큰 비용이 들기 때문에 그들은 부패에 의지한다. 즉 돈으로 관료를 매수해 법을 무시하게 만드는 것이다.

국제투명성기구의 부패인식지수에서 미국은 상투메프린시페보다 92계단 더 높은 위치를 차지하고 있다. 하지만 국제투명성기구의 부패감시원들이 법안을 자신에게 더 유리하게 재단하기 위해 2009년 업계에서 의회와 백악관에 뿌린 35억 달러의 돈을 지수에 반영했을 것 같지는 않다. 아마 그들은 약 1447명의 전직 연방 정부 관료들이 금융 기관에 고용되어 2009년과 2010년의 금융 규제 개혁에 대한 논의에 영향력을 행사했다는 사실은 거의 고려도 하지 않았을 것이다. 2009년에는 금융과 보험, 부동산 업계에서만 로비에 4억 6700만 달러가 사용됐다. 미국 은행들은 의회에 엄청난 돈을 풀었으며, 공화와 민주 양당의 원내 총무는 다음 선거에서 승리하는 데 필요한 선거 자금을 모으기 위해 금융서비스위원회에 영향력이 떨어지는 초선 의원들을 배정하기 시작했다.

상투메프린시페와 미국에서 정치적 영향력을 발휘하는 데 사용하는 전술이 차이가 나는 이유는 도덕하고는 거의 관계가 없고 전략과 관계가 깊다. 사실 경제학자들은 기업이 성장하면서 뇌물을 주어야 할 관료들의 숫자가 늘어나자, 뇌물 대신 로비로 전술을 전환하는 방법으로 대처하기 때문에 국가의 정치적 문화가 뇌물에서 로비로 진화한다고 주장했다. 왜냐하면 로비는 단지 법을 집행하는 사람을 지배하는 것이 아니라 법 자체를 바꾸는 것이기 때문에 뇌물보다 훨씬 더 비용 효율이 높기 때문이다.

기업들은 자신이 어디에서 사업을 하느냐에 따라 두 가지 전술을 모두 사용한다. 2010년에는 독일의 자동차 제조업체인 다임러 AG가 중국과 러시아, 태국, 그리스를 포함해 적어도 22개 국가의 공무원에게 10여 년에 걸쳐 뇌물을 제공하고 정부 납품 계약을 수주하다가 발각되었다. 투르크메니스탄의 경우, 다임러 AG가 공무원에게 생일 선물로 30만 달러짜리 메르세데스-벤츠 S-클래스 방탄차를 선물하기도 했다. 하지만 부유한 나라에서는 그와 다른 행태를 보였다. 2001년부터 2009년 사이에 다임러 AG는 독일에서 선거 기부금으로 400만 유로 이상을 지출했다. 미국에서는 그들이 2007년까지 크라이슬러를 소유하고 있었기 때문에 회사의 정치행동위원회는 선거철이 될 때마다 거의 100만 달러를 사용했다. 2007년에는 크라이슬러를 매각하기 위해 국회 의원들을 대상으로 하는 로비에 700만 달러를 투입했다.

정치가가 선거 자금을 요구하는 것은 불법이 아닌 반면, 뇌물을 요구하는 것은 불법이다. 하지만, 일반 시민들에게 그 차이는 매우 미묘한 것처럼 보인다. 사실 정치가에게 선거 기부금은 책상 밑에 보관하고 있는 현금만큼이나 가치가 있는 것일 수도 있다. 의원이 정계에서 은퇴할 때 남아 있는 선거 자금을 모두 반납하도록 규정한 1989년 선거자금조달법에 의원들이 어떻게 반응했는지를 살펴보았던 한 조사에 따르면 의원들은 선거 자금 이외의 재산과 나이, 재임 기간, 의회 내 서열에 따라 자기 의석의 가치를 30만 달러에서 2000만 달러로 평가했다.

선거 자금 조달에 대한 개혁으로 인해 159명의 의원들은 단호한 선택의 기로에 섰다. 즉, 1992년 선거가 시작되기 전에 은퇴하거나 선거 자금을 그대로 보유하다가 재출마하는 것이다. 은퇴하기로 결심한 의원과 재출마를 선택한 의원의 선거 자금을 비교하여, 경제학자들은 5만 달러의 개인 재산을 갖고 있는 53세의 의원은 80만 달러의 의원직을 포기할 것이라는 결론을 내렸다. 반면 나이는 같지만 200만 달러의 재산을 갖고 있는 의원은 의원직을 포기하려고 하지 않을 것이다.

선거 자금을 비교한 목적은 단순히 부자 나라에서도 가난한 나라의 경우와 마찬가지로 정치권력을 돈으로 사고팔 수 있다는 사실을 강조하는 데 있는 것이 아니다. 좀 더 넓은 관점에서 보면, 부자 나라와 가난한 나라의 정치 문화가 어쩌면 서로 다른 것처럼 보일 수는 있지만 결국 같은 진화론적 역학 관계의 산물이다. 영향력이 거래되는 시장 속에서 권력을 어떤 식으로 분배해야 할지를 결정하는 것은 대단히 어려운 과제이며, 각각의 사회가 그 과제를 '해결'하는 방법을 규정한 것이 바로 정치 규범과 제도이다. 문서화됐든 그렇지 않든 그 결과로 등장한 일련의 규정은 그들의 정치적 효율성에 대한 평가를 거친 것이다. 만약 특정 행동이 국가의 정치 문화 속에 깊이 뿌리를 내렸다면, 이것은 그 행동이 가격에 합당한 가치를 갖고 있다는 평가를 받았기 때문에 그렇게 된 것이다.

영국에서는 신흥 상인 계급이 기존의 토지 귀족이 갖고 있는 정치권력에 도전하기 위한 수단으로서 유권자를 매수하는 행위가 등장했다. 상투메프린시페에서는 원유가 발견되어 정치권력이 가질 수 있는 이익이 증가하자, 그에 대한 반응으로 유권자를 매수하는 행위가 등장했다. 다임러 AG는 여건에 맞춰 도구를 선택했다. 다임러 AG의 책임자는 투르크메니스탄에서 그들이 무엇을 원하든 30만 달러짜리 메르세데스 방탄차가 그에 합당한 가치가 있다고 판단했던 것이 분명하다. 분명 투르크메니스탄의 관료도 같은 판단을 내렸을 것이다. 그리고 비록 그것이 투르크메니스탄에게 유익한 거래가 아니었겠지만 그렇다고 그것이 그들의 정치 문화에 어긋난 것도 아니었다.

이와 대조적으로 미국에서는 뇌물은 좋은 거래가 아니다. 실제로 다임러 AG는 해외부정부패방지법 위반 혐의를 인정하고 벌금과 수익 반환금의 형태로 미국 법무부와 증권거래위원회에 1억 8500만 달러를 지급해야만 했다. 하지만 다임러 AG가 투르크메니스탄의 정책에 영향을 미치기 위해 좀 더 정교한 기법을 선택했다면 아마 그들은 기소되지 않았을지도 모른다.

문화의 역할

정치 문화에서도 그렇지만, '문화'는 매우 광범위한 개념이기 때문에 사회 내부에서 작용하는 온갖 종류의 관습과 관례, 집단행동들을 설명하는 데 사용된다. 문화에는 복장이나 춤, 음악의 양식도 포함된다. 거기에는 우리가 집단적 정체성을 확립하기 위해 사용하는 설화들이 포함된다. 문화에는 종교 등의 신앙과 의식이 존재한다. 문화에는 관습이나 금기와 같은 규범이 존재한다. 문화는 귀에 구멍을 뚫고 머리를 분홍색으로 염색한 20대가 무대에서 기타를 치는 것도 포함한다. 그리고 권력을 사용하고 이양하는 방법을 결정하는 기준과 관습도 포함한다.

그러나 경제학자들의 세계관에서는 문화가 사람의 선택에 미치는 영향을 종종 무시하는 경향이 있다고 생각한다. 즉, 인간은 계산적이며, 이기적인 생물이기에 '사회적 이익'은 무시한다는 것이다. 그것은 우리 경제인(homo economicus)들이 삶을 일련의 비용 편익 분석 연속체로 보고, 자신의 개인적 복지를 극대화시키기 위해 결정을 내릴 때마다 거기에 관련된 가격을 평가한다고 가정한다. 전직 영국 수상 마거릿 대처는 시장 경제에 대한 각별한 애정을 가진 것으로 널리 알려져 있으며, 그로 인해 노동조합과 대립하면서 국영 기업을 사유화하고, 사회 보장 프로그램에 대한 정부 지출을 삭감하는 조치를 취했었다. 그런 그녀는 다음과 같은 말로 경제학적 세계관을 단순 명료하게 표현했다. "사회와 같은 것은 존재하지 않는다. 존재하는 것은 개별적인 남자와 여자 그리고 가족들이다."

물론 대처가 틀렸다. 인간은 동물이 사회적인 것만큼이나 사회적이다. 우리들 각자의 생존 자체도 사회의 손에 달려 있다고 해도 과언이 아니다. 사회가 성장하고, 우리 종족의 공동 이익을 위해 자기 개인의 이익을 일부 희생해야만 한다. 문화는 우리가 사회를 위해 희생하는 데 도움을 준다. 그것은 허용될 수 있는 행동 양식을 규정한다. 씨족이 승인한 행동의 유형에 적합한지를 따져 그에 대한 처벌이나 보상의 가격표를 결정하는 것이 바로 문화이다. 그것은 우리의 개인적 비용 편익 분석을 사회의 집단적 가격 체계 범위 내로 제한한다.

문화는 소화전 옆에 차를 주차시키는 비용이나 기도의 가치, 탈세의 위험, 부패의 보상 등에 영향을 미친다. 민주주의 사회의 경우, 투표는 개별적 유권자에게 그다지 타당한 행동이 아니다. 그것은 시간과 노력을 요구하지만 그 대가로 얻는 것은 아무것도 없다. 개인적으로는 그렇다. 한 명의 표가 대규모 선거에서 승패에 결정적 영향을 미칠 가능성은 너무나 작아서 앞으로 다시 만날 일도 없는 택시 기사에게 팁을 주는 것만큼이나 쓸데없는 일이다. 그것은 돈을 뿌리고 다니는 일이나 마찬가지다. 그럼에도 우리는 투표를 한다. 그것은 문화적 소산이다.

미국에서는 진보적 성향의 국가 출신 이민자의 딸이 보수적 성향의 국가 출신 이민자의 딸에 비해 직업을 가질 확률이 더 높은 것으로 나타났다. 보수적 성향의 국가에서는 여자가 집안에서 남편과 자식을 돌보기 때문이다. 그것은 그녀들이 얼마나 많은 돈을 벌거나 얼마나 많은 돈이 필요한지와는 아무런 관계가 없다.

재산에 대한 집단 개념이 존재하기 때문에 주어진 특정 선택의 가격을 계산하는 개인은 그것의 영향을 받는다. 벌금은 효과적인 억제수단으로 간주된다. 도대체 누가 돈을 잃고 싶어 하겠는가? 하지만 이스라엘의 몇 안 되는 탁아소에서 수행된 실험에서는 자식을 늦게 찾아가는 부모에게 벌금을 부과했지만 오히려 그들의 지각은 더욱 심해졌다. 이전까지 지각하는 부모들은 자신이 규칙을 어겼다는 사실을 알고 있었기 때문에 수치심이라는 부담을 갖고 있었다. 그런데 탁아소가 그런 부담을 소액의 벌금으로 대체하자 그들은 지각에 대한 죄책감과 수치심이 사라져 버렸던 것이다.

문화적 성향도 가격에 많은 영향을 미친다. OECD 소속 산업 국가 전체의 평균에 비해 일본의 물가는 환율 변동을 고려하더라도 약 40퍼센트나 높다. 어느 정도 이것은 경제적 제약이 반영된 결과이다. 일본은 좁은 국토가 대체로 산악으로 이루어져 경작 가능한 면적이 적고 인구 밀도는 높으면서 에너지 자원은 부족하다. 하지만 문화도 물가 상승에 한몫을 했다. 예를 들어, 우리는 일본에서 식료품 가격이 비싸진 이유를 주로 과거 농경 사회에 뿌리를 둔 정치적 행동 기준 탓으로 돌릴 수 있다.

일본에서는 농촌 지역 선거구가 도시의 선거구에 비해 유권자의 수가 대단히 적다. 이로 인해 농촌 유권자들의 영향력이 더 커졌다. 농촌의 선거구는 도시 선거구에 비해 3분의 1에 불과한 투표수만으로 국회에 자신의 대표를 보낼 수 있을 정도이다. 농촌 거주 일본인들의 정치적 힘은 관세를 통해 수입 농산물과 경쟁에서 자국 농민들을 보호하는 데 역점을 두고 있을 것이다. 그에 따른 비용으로 도시 거주민들은 음식을 사기 위해 고액을 지불할 수밖에 없다.

사회학자와 문화 인류학자는 문화를 우리의 경제적 동기를 대신하는 특별 보완제로 보고 싶어 한다. 즉, 비용과 편익의 차원을 뛰어넘어 어딘가 다른 곳에서 나타난 존재라는 것이다. 하지만 이런 관계는 인간 행동을 이해하는 데 별로 도움이 되지 않는다. 그렇다면 문화가 왜 존재하는 것일까?

문화는 세계를 두 개의 영역으로 구분한다. 문화의 경계선 밖에서는 우리의 내적 경제인이 아무런 구속도 받지 않은 채 전적으로 자신의 개인적 이익만을 탐할 수 있다. 경계선 안쪽, 씨족의 영역에서 우리는 단결을 위해 자신의 개인적 욕구를 희생해야 한다. 집단 내에서 금기와 문화적 관습이 가격 체계를 재구성하고, 신뢰감과 결속력을 구축하는 방향으로 개인의 선택을 유도한다. 의식에 사용하는 춤이나 노래, 분홍색으로 염색한 머리카락, 엉덩이에 걸친 바지 등. 이들

이 문화의 경계선이다. 그들은 토템이 되어 그것을 중심으로 공동의
목적을 설정하고 외부로부터 내부를 구분한다.

　문화적 관습은 처음부터 완벽한 형태를 갖추고 사회에 뿌리를 내
리지는 않는다. 그것은 내부에서 구성원들 상호 간에 이루어지는 거
래와 외부 환경을 상대로 전개되는 상호 작용에 의해 형태를 갖추게
된다. 한 집단의 문화적 관습은 그 집단이 존재하는 동안 택하게 되
는 선택에 의해 결정된다. 문화는 공동체의 선택을 결정하는 다양한
가격들을 통합한다. 그것은 사회의 집단 가격 체계이다.

문화의 근원

　예를 들어, 신뢰는 경제적 거래의 근본이다. 그것을 통해 거래가
활성화되며 물적, 인적 투자도 신뢰가 없으면 불가능하다. 연구원들
은 신뢰감을 갖고 있는 사람이 많은 위험을 감수할 수 있으며, 더 낙
천적이라는 사실을 발견했다. 비록 그들이 남들보다 더 많이 속을지
는 모르지만, 그런 사람이 없다면 경제 성장도 없다. 남을 신뢰하지
않는 사람은 조금도 위험을 감수하려 하지 않아서 이익을 볼 수 있는
기회를 놓치는 경향이 있다. 신뢰감이 넘치는 사회는 안정을 유지하
며 번영을 구가한다. 스웨덴 인 68퍼센트와 핀란드 인 59퍼센트가
대부분의 사람을 신뢰할 수 있다고 말했다. 르완다와 터키에서는 단
지 5퍼센트만 그 말에 동의했다.

　이기주의자들만 모여 있는 세계에서는 신뢰감이 형성되기 어렵다.

그것은 공동의 이익을 위해 자신의 이익을 억제하게 만드는 규범이 힘을 발휘하는 영역 내에서만 발생할 수 있다.

1990년대 말, 나는 브라질의 상파울로에서 살면서 경영 잡지의 편집자로 일했다. 자르딩스 인근에 있는 내 아파트는 정통파 유대 교회 근처에 있었다. 그래서 가끔 나는 정통파 유대교 가족이 산책하는 장면을 볼 수 있었다. 나는 그들이 강렬한 여름 태양 속에서 폴란드의 겨울 풍경에나 어울릴 긴 검은색 오버코트와 커다란 모피 모자로 치장한 채 거리를 걷는 모습을 보고 경악했던 기억이 난다.

내가 그와 같은 부조화한 옷차림의 목적을 알게 된 것은 나중의 일이었다. 그것은 일종의 희생이었던 것이다. 더운 겨울 코트를 통해 다른 모든 하시디즘 유대인들에게 그것을 입고 있는 사람들이 같은 교단의 일원임을 알렸던 것이다. 그것은 영적으로나 물질적으로나 신도들에게 평온을 제공하는 긴밀한 유대 관계의 집단이었다. 코트는 상파울로의 정통파 유대교인들이 공동체로 결속되는 데 도움을 주었다. 그들이 스스로 시인을 하든 말든, 그들에게 고통은 집단이 자기 구성원들에게 요구하는 희생, 즉 침입자들의 진입을 막아서 외적인 변화의 힘으로부터 집단을 보호해 주는 데 반드시 필요한 방벽을 대표한다.

문화가 경계선을 설정하기 때문에 경계선 안에서 작용하는 가격 체계도 그것에 의해 규정된다. 에티오피아 남부의 유목민 부족인 무르시(Mursi)는 15세 소녀의 아랫입술을 절단해서 입술 바깥쪽으로 돌출하도록 점토판을 삽입하며, 나이가 들수록 삽입되는 점토판은 점점 더 커진다. 문화 인류학자들은 그것을 성인이 되어 아이를 가질 수 있음을 알리는 표시라고 설명했다. 하지만 그것은 그렇게 고통스러운 표식을 선택하는 이유를 설명하지는 못했다. 경제학자들은 노예상인들에게 무르시 여인들이 별로 매력적으로 보이지 않게 만들려는 전략에서 입술을 훼손시키게 됐다고 주장했다. 하지만 노예 무역이 사라진 뒤에도 부모들은 자기가 어렸을 때 배웠던 것을 후세에 전달하는 경향이 있기 때문에 관습은 지속됐다는 것이다. 하지만 원래 그것은 일종의 거래로 간주되었었다. 즉, 크게 부푼 입술이 자유의 가격인 것이다.

모든 인간이 바라고 있는 것으로 알려진 공정성은 지역에 따라 다른 형식을 취한다. 즉, 개별적 사회가 비용 편익 계산을 통해 어떤 결론을 이끌어 내느냐에 달린 문제이다. 최후통첩 게임이라는 실험을 통해 우리는 각각의 형식을 평가할 수 있다.

최후통첩 게임에서, 참가자 A는 돈을 받은 뒤 자신이 얼마를 원하든 그 돈을 참가자 B와 나누어 가져야 한다는 지시를 받았다. 만약 A가 제시한 금액에 만족을 못하고 B가 돈의 수령을 거부하면, 두 사람 모두 한 푼도 받지 못하게 된다. 만약 A가 경제학의 금언을 따른다면, 그는 가능한 낮은 금액을 제시할 테고, B는 한 푼도 못 받는 것보다는 어느 정도 액수도 좋다고 생각하고 제안을 받아들일 수 있다. 아마 두 사람 모두 어느 정도 재산을 챙기게 될지도 모른다. 하지만 사람들이 이런 식으로 행동하는 경우는 별로 없다. 세계 전역에서 실시된 일련의 실험에서, 사회학자들은 서로 다른 문화적 속성들을 반영한 것처럼 보이는 다양한 종류의 전략들을 만났다.

페루 남부 열대 우림 지역의 마치겡가(Machiguenga) 사람들은 최후통첩 게임을 할 때 평균적으로 자기가 가진 돈의 26퍼센트만을 제공한다. 하지만 파라과이의 아체(Aché) 인디언들은 때때로 모든 돈을 전부 제공하는 극단으로 흐르기도 한다. 인도네시아 라마레라(Lamalera)의 고래잡이들은 집단별로 각자가 소속된 집단의 사회적 역학 관계에 적합한 특정 전략들을 사용한다. 마치겡가 사람들처럼 바깥사람들과 거래가 별로 없는 집단은 공유에 대한 사회적 압박을 덜 느끼는 경향이 크다. 따라서 자기만을 위하는 것이 오히려 싸다. 반면 인도네시아 라마레라 사람들은 집단으로 사냥을 한다. 그들은 정교한 규칙을 만들어 고래를 나누어 갖는다. 여기서는 사회적 불명예가 대단히 비싼 값어치를 갖는다.

문화는 단순히 집단적 가격을 정하기만 하는 것이 아니라 의식이나 설화를 통해 그것을 강조한다. 1984년에서 1985년 사이의 겨울, 퀘벡 북부 제임스만에 있는 치사비 크리의 사냥터에는 순록이 거의 돌아오지 않았다. 그 전해에는 원주민들이 엄청난 수의 순록을 사냥했었다. 그러자 마을 원로들이 젊은 사냥꾼들에게 옛날이야기를 들려주었다. 1910년에도 끔찍할 정도로 많은 순록을 사냥했었다는 이야기이다. 연속 사격이 가능한 신형 소총으로 무장한 인디언들은 수천 마리의 순록을 학살했다. 결국 남아도는 고기가 버려졌다. 강물은 썩은 시체로 오염됐다. 그 이후 몇 년 동안 순록은 사냥터로 돌아오지 않았다.

이 이야기의 요점은 사냥꾼들이 책임감 있는 행동을 해야지만 순록이 치사비의 사냥터로 돌아온다는 것이다. 이야기는 매우 효과적이었다. 1985년에서 1986년 사이의 겨울에는 대략 400가구의 치사비 인디언들이 각각 두 마리의 순록만 사냥했다.

우리가 뿌리 깊은 문화적 차이의 표상으로 간주하는 이들 사고의 차이는 환경에 적응하는 과정에서 생긴 것이다. 나이지리아 인과 우간다 인이 서로의 가치관에 동의할 가능성은 나이지리아 인과 일본인의 경우보다 더 높다. 이집트 인과 요르단 인은 덴마크 인과 파키스탄 인보다 더 쉽게 의견 일치에 도달한다. 덴마크 인이 스웨덴 인과 의견이 일치하지 않는 사례는 전체 경우 중 33.8퍼센트인데 반해, 탄자니아 인을 상대할 때는 56.3퍼센트에 이른다. 이것은 단순히 인종이나 지리의 문제가 아니다. 두 나라가 서로 교역을 많이 할수록 가치관의 차이가 적다.

소련 위성 국가들의 국민들은 40년에 걸쳐 정부가 생산과 분배를 통제했기 때문에 서유럽에서 일반적으로 인정되는 의견과 상당히 다른 세계관을 갖게 됐다. 동독인들은 성공이 사회적 환경의 산물이라고 말할 가능성이 높다. 반면 서독인들은 그것을 개인의 노력에 따른 결과로 본다. 베를린 장벽이 붕괴되고 거의 10년이 흐른 뒤인 1997년에도 정부가 국민들에게 재정적 안정을 제공해야 한다는 말은 베시(Wessi: 서독인)보다는 오시(Ossies: 동독인) 사이에서 많이 나왔다. 하지만 사고방식도 경제적 현실에 따라 변하고 있다. 연구원들은 동독인과 서독인 사이의 성향 차이는 향후 20년 이내에 완전히 사라질 가능성이 높다고 말한다.

동물의 권리를 감당할 수 있는 사람은?

우리는 스스로 감당할 수 있는 문화적 속성을 선택한다. 5세가 되기 전 유아의 사망률이 높고 살아남은 아이들은 일을 해야만 하는 국가에서는 대가족 제도가 문화 규범으로 정착되어 있다. 유아 사망률이 낮고 아이들이 일할 필요가 없는 부유한 국가에서는 가급적 아이를 적게 낳고, 아이들에게 더 많이 투자하는 문화가 발달했다.

성에 대한 서구의 문화적 관습은 전적으로 가격을 결정하는 문제로 귀결된다. 피임과 낙태를 허용함으로써 성적 자유방임이 가능해졌으며, 그로 인해 성적으로 교류하는 데 필요한 비용이 감소했다. 1710년부터 1750년 사이 코네티컷 주의 뉴 헤븐에서 발생한 범죄 중 3분의 2 이상이 혼전 성관계와 관계된 사건이었다. 1900년에도 19세 이하의 미국 여성들 중 단지 6퍼센트만이 혼전 성관계를 가졌다. 지금은 19세 이전에 결혼하는 여성이 거의 없지만, 그 무렵에 이미 전체 여성 중 4분의 3이 섹스를 경험했으며, 그에 따른 불명예는 사라진 지 오래이다.

선진국 국민들은 개발 도상국 국민들에 비해 성적으로 훨씬 문란하여, 더 많은 파트너를 상대로, 더 많은 회수의 섹스를 즐긴다. 한 조사 결과에 따르면 선진국의 경우 미혼 여성의 70퍼센트 정도가 지난달에 섹스를 한 적이 있다고 대답했다. 그와 대조적으로, 동아시아와 남아시아에서는 미혼 여성 중 25퍼센트만이 성관계를 가진 적이 있다고 응답했다. 남성의 응답도 여성과 비슷한 유형을 보인다. 많은 논평가들에게 그 사실은 충격을 주었다. 그들은 아프리카에서 HIV

감염률이 높은 것은 그들이 다른 지역에 비해 성관계를 많이 갖는다
는 의미로 생각했던 것이다. 하지만 이것은 현실을 오해한 것이었다.
가난한 나라에서는 국민 보건 실태가 엉망이고 성교에 의해 전염되
는 치명적 질병의 발생률이 높기 때문에 성행위에 따르는 비용이 엄
청나게 높을 수밖에 없다. 그런 나라에서 사람들이 성행위를 덜 하는
것은 당연한 일이다.

영국 요리를 생각해 보자. 분명 그것은 요들과 부탄의 랑타브, 중
국의 전족과 더불어 세계에서 가장 당혹스러운 문화적 산물 중 하나
이다. 오래전 일이지만 나는 스테이크와 콩팥으로 만든 파이를 기억
하고 있다. 1980년대에 내가 런던에 있는 대학에 들어갔을 때, 사람
들이 대구를 튀겨먹을 수밖에 없는 이유를 이해할 수 없었다.

아마 거기에 대한 설명도 존재할지 모른다. 노벨상 수상 경제학자
폴 크루그먼은 영국 요리가 끔찍한 이유는 산업 혁명 초기 영국인들
이 농촌을 떠나 도시로 이동했기 때문이라고 주장한 적이 있다. 도시
는 천연 재료와 멀리 떨어져 있는데다, 당시에는 신선한 음식을 싼
가격에 대량 생산하여 장기간 저장하거나 먼 곳으로 운송하는 데 쓸
수 있는 기술이 존재하지 않았다. 빅토리아 시대의 런던은 100만 이
상의 인구가 살고 있었지만 여전히 운하를 통해 말이 끄는 운반선으
로 실어 온 음식을 먹어야 했다. 따라서 런던 사람들은 장기간 보관
할 수 있는 식품에 주로 의존할 수밖에 없었다. 이를테면, 절인 채소
류와 고기, 혹은 냉장할 필요가 없는 근채류가 그것이다. 런던 사람
들이 남부럽지 않게 신선한 음식을 먹을 수 있는 기술이 나올 무렵에
도 그들은 이미 빅토리아 시대의 식습관에 익숙해져 버린 상태였다.

따라서 형편없는 음식이 영국 문화의 필수적 요소로 정착하게 된 것
이다.

생존의 가격을 살펴보면, 문화적 규범이 어떤 식으로 주변 세계의
경제적 발전과 기회에 따라 불균일한 경로를 취하게 되는지 있는 그
대로의 모습을 볼 수 있다. 아제르바이잔의 어떤 가족은 전체 예산
중 거의 4분의 3을 음식을 사는 데 소비해야 한다. 브라질에서는 그
비율이 5분의 1을 약간 상회하는 수준으로 떨어진다. 가장 부유한 국
가 미국에서는 한 가정이 전체 수입 중 10분의 1에 약간 못 미치는
금액을 먹는 데 사용한다.

전형적인 미국의 가정에서 음식이 전체 예산 중 사소한 부분만을
차지한다는 사실은 또한 전형적인 미국인이 음식의 가격에 별로 신
경을 쓰지 않는다는 의미이기도 하다. 미국 농무부는 고기의 가격이
10퍼센트 상승할 경우, 미국의 한 가정이 고기를 0.9퍼센트 덜 먹을
것이라고 평가했다. 그와 대조적으로 멕시코의 가정은 고기 소비량
을 5퍼센트 이상 줄일 것이다.

이런 사실만 봐도 콩고나 멕시코 같은 나라보다 미국에서 동물 보
호 운동이 더 인기 있는 이유를 알 수 있다. 소를 고통 없이 죽이는
것은 비용이 더 많이 들어간다. 많은 미국인들은 그것을 감당할 여유
가 있다. 유타 주립 대학 경제학자들이 수행한 2005년의 조사에서
미국에서는 소비자들이 고통 없이 도살된 동물의 고기를 사용한 샌
드위치를 사기 위해 9퍼센트 더 비싼 가격을 지불할 수 있다는 사실
이 밝혀졌다.

멕시코에서 이런 결정은 사람들의 식단을 변화시키게 될 것이다.

이 정도 수준의 가격 상승이 있을 경우 그들의 가정은 고기 소비량의
거의 5퍼센트 줄이게 될 것이다. 도덕적인 방식으로 도살된 고기로
만든 버거를 사기 위해 미국인들이 지불하게 될 가격이라면 콩고의
가정들은 고기를 6퍼센트 덜 먹게 될 것이다. 따라서 미국인들이 멕
시코나 콩고 사람들보다 동물 보호 단체에 더 많이 가입했다고 해서
놀랄 필요는 없다.

　문화적 성향도 가격에 영향을 미치며, 다시 가격은 문화적 성향을
변화시킨다. 레스토랑이나 미장원은 스톡홀름보다 뉴욕에서 더 많이
볼 수 있다. 하녀와 보모를 리스본 전역에서는 흔히 볼 수 있다. 하지
만 오슬로에서는 그런 직업을 거의 볼 수 없다. 포르투갈의 가사 도
우미 섹터는 국가 경제에서 차지하는 비중이 노르웨이에 비해 세 배
나 크다. 스칸디나비아는 세계적으로 가사 도우미 가격이 가장 높은
지역에 속한다.

　이 모든 차이의 원인을 추적하면 한 가지 재화의 가격에 도달하게
된다. 바로 노동의 가격이다. 다른 직업들과 상대적으로 비교했을 때
포르투갈에서는 하녀와 보모를 고용하는 비용이 노르웨이에 비해 싸
다. 뉴욕의 서비스 산업은 스웨덴에서는 찾을 수 없는 싸구려 노동자
들의 존재에 의지하고 있다. 다른 직업들과 비교했을 때, 덴마크의
세탁 노동자 임금 수준은 캐나다보다 더 높다.

　1990년 중반의 한 조사에서는 수입 분포에서 하위 10퍼센트에 속
하는 스웨덴 노동자들은 소득 중앙값의 4분의 3에 해당하는 금액을
벌지만, 미국에서는 하위 10퍼센트가 중앙값의 37퍼센트만을 받는
다. 따라서 미국의 1인당 국민 소득이 스웨덴보다 25퍼센트 더 높지

만 평균적으로 보면 스웨덴의 가장 저렴한 노동자가 미국의 최소 노동자보다 60퍼센트 더 많은 수입을 올리고 있다. 이런 가격 격차는 서로 다른 문화적 선택의 결과물이다.

미국과 유럽은 마음가짐이나 신념의 측면에서 그들이 인정하는 것보다 훨씬 더 많은 것을 공유하고 있다. 그럼에도 불구하고 대서양 양안의 문화적 차이를 통해 우리는 어떻게 이기적이고 경제적인 동기들이 이념과 뒤엉키게 됐는지를 알려 주는 효과적인 사례를 볼 수 있다.

유럽 인들은 비뚤어진 시각을 갖고 있는 집단이다. 그들은 인생의 특징을 정의할 때 제비뽑기와 같은 운을 믿으며, 부자는 그런 재산을 가질 만한 자격이 있다는 주장에 회의적이다. 그들은 성공을 노력의 결과라고 보지 않는 경향이 강하다. 그 대신 성공을 뜻밖의 횡재나 외적인 사회적 조건의 덕으로 돌린다. 세상이 불공평하다고 믿는 그들은 불공평한 세상에 정의를 구현하기 위해서 높은 세금과 공격적인 수입 재분배 정책을 선호한다.

유럽 인들이 수입의 분배나 기회 제공이 불평등하게 이루어진다고 믿게 된 이유는 아마 유럽의 봉건적 과거에 뿌리를 두고 있을 것이다. 봉건 사회에는 성공이 노력이 아니라 적절한 부모를 두었는지의 여부에 따라 결정됐던 것이다. 미국인들은 유럽 인들과 다르게 생각한다. 그들은 범죄가 결코 이익이 되지 않으며, 정직과 근면이 성공의 열쇠라고 믿으며, 아메리칸 드림은 누구에게나 가능하다고 확신한다. 노력만이 더 나은 삶을 보장한다고 믿는 미국인의 비율은 운과 연줄이 중요하다고 믿는 미국인보다 10배나 더 많았다. 서유럽 국가에서는 그 비율이 2 대 1을 넘어가는 경우가 거의 없다. 전체 독일인의 4분의 3 이상이 부자에게 세금을 거두어 가난한 사람에게 나누어 주는 것이 민주주의의 근본적인 역할이라고 생각한다. 반면 그렇게 생각하는 미국인은 7퍼센트에도 미치지 못한다.

이와 같은 각자의 신념 체계는 경제적 현실에도 반영됐다. 시장의 공정성에 대한 회의적 시각으로 인해 유럽 인들은 소득 재분배를 선호하고, 불평등을 억제하는 규범을 구축했다. 여기에는 고율의 세금과 사회 보장에 대한 대규모 지출, 노동 시장에 대한 엄격한 규제 등이 포함된다. 미국 사람들은 본질적으로 이 세계가 사람들이 일하고 위험을 감수하며 투자하도록 자극할 뿐이라는 믿음에 따라 규범을 정해왔다. 그 결과 그들은 자신의 자식들이 경제적 사다리를 타고 오를 수 있도록 교육시키는 데 열을 올린다. 또한 그것은 낮은 세율과 최소한의 정부를 선호하는 미국인들에게 이념적 토대를 제공했다. 게다가 그들은 가난이 바로 본인의 잘못이라고 생각한다. 땅이 제공하는 정직한 보상을 받지도 못할 정도로 게으르다는 것이다.

사회학자들에 따르면, 이와 같은 관점은 미국의 인종적 다양성으로 인해 더욱 강화됐다. 1996년, 미국 사회학자 윌리엄 율리우스 윌슨은 미국의 백인들이 1970년대의 복지 정책에 반기를 들었던 이유는 그들이 힘들게 벌어서 낸 세금을 "의료와 법률 서비스를 구입할 능력이 없는 흑인"들에게 제공한다고 보았기 때문이라고 썼다. 백인들은 그것이 공정하지 않다고 생각했다.

미국에서는 시장 경제가 공정하다는 낙천적 믿음을 품어도 될 만한 유용한 세계관으로 간주된다. 그것은 투자를 부추기며 대부분의 경우 성공으로 이어진다는 것이다. 프랑스에서는 고소득에 대한 세율이 미국보다 훨씬 더 높으며, 빈곤 가정에 대한 사회적 지원이 훨씬 더 풍족하기 때문에 미국인의 세계관이 그다지 큰 이익을 제공하지는 않을 것이다.

문화적 규범으로 인해 많은 경제학자들이 노골적으로 정신 나간 행동이라고 부르는 사태가 발생하기도 한다. 당신은 팁을 주는 이유를 한 번이라도 생각해 본 적이 있는가? 고전 경제학을 배운 학자에게 팁은 미친 짓이다. 그것은 아무것도 받지 않은 채 돈을 주는 행위이며, 그냥 돈을 버리는 것이나 마찬가지다. 단골 이발사에게 팁을 주면 아마 다음번에 귀를 베이는 일을 미연에 방지할 수 있을지도 모른다. 하지만 다시 만날 가능성도 없는 택시 운전사에게 팁을 주는 이유는 도대체 뭐란 말인가? 팁은 결코 인류 공통의 현상이 아니다. 유럽이나 아시아에서는 팁을 주는 경우가 거의 없다. 도쿄의 레스토랑에서 내가 테이블 위에 얹어 놓고 나온 몇 천 엔의 돈을 돌려주려고 웨이터가 거리까지 쫓아 나왔던 적이 있다. 그는 잠시 넋이 나간 외국인이 거스름돈을 두고 나갔다고 생각했을 것이다.

하지만 미국의 경우 정성들인 의식의 밑바탕에는 팁이 걸려 있다. 심지어 그 식당을 찾을 일이 없는 일회성 고객조차도 통상적으로 15퍼센트의 팁을 준다. 웨이터는 자신이 받을 보상을 높이기 위해 친근감을 보인다. 여러 조사를 통해 웨이터가 자신을 소개하며 이름을 밝히거나, 고객의 주문을 받아 적으면서 그것을 복창하거나, 손님의 팔을 살짝 건드리거나, 계산대에서 미소를 지으면, 더 많은 팁을 받게 되는 경향이 있는 것으로 밝혀졌다.

부분적으로는 서로 다른 노동 시장에 적응한 결과 이런 차이가 나
타나게 된 것이다. 미국에서 웨이터는 급료를 적게 받는다. 최소 임
금이 7달러 25센트로 올랐지만 1991년 이래 웨이터의 급료는 2달러
13센트에 머물고 있으며, 고용주가 급료를 인상하지 않는 이유는 그
들이 팁으로 급료를 충당하기 때문이다. 하지만 노동 시장에서 보이
는 가격 결정 방식의 차이는 그 자체가 경제적 정의에 대한 다른 접
근법에 뿌리를 두고 있다. 유럽 인들은 그처럼 낮은 임금이 불공정하
다고 생각하며, 따라서 강제적인 봉사료를 계산서 항목에 추가한다.

혐오감의 가격

문화가 가격을 왜곡시킬 수 있다는 증거는 많이 존재한다. 국제 축
구 경기에 돈을 거는 행위를 관찰해 보라. 자존심을 가진 팬이라면
자기 나라 팀이 진다는 데 돈을 걸지 않을 것이다. 국가적 자존심으
로 인해 팬들은 항상 자기 팀의 승률을 과대평가하는 경향이 있다.
도박업자들은 그와 같은 편견을 고맙게 생각한다. 하지만 문화적 성
향은 경제 논리를 완전히 무너뜨려 커다란 대가를 치러가며 거래를
저지하는 경우도 있다.

2009년 프랑스 캉(Caen)에 있는 도살장, 르 슈발 뒤 로이(Le Cheval
du Roy)에서는 저민 말고기를 킬로그램당 30유로에 살 수 있었다. 미
국 일부 지역에서는 고기를 그런 식으로 잘라 낼 경우 도축업자가 감
옥에 갈 수도 있다. 2007년 일리노이 주가 말고기의 판매를 금지하

는 법률을 제정하자 미국의 마지막 말도살장이 문을 닫을 수밖에 없었다. 지난 여러 해에 걸쳐 민주당과 공화당은 의회에서 만약 인간의 식용이 목적일 경우, 말고기 혹은 말에 대한 소유와 운반, 구입, 판매, 전달, 수입, 수출을 금지하는 법안을 통과시키려고 노력해 왔다. 1998년 캘리포니아에서는 주민 투표를 거쳐 사람에게 말고기를 제공하는 것을 금지하는 법안을 통과시켰다.

이것은 말의 복지와 관계가 없다. 수출이나 동물원의 사자에게 먹이로 주거나 별로 자주 있는 경우는 아니지만, 갈아서 애완동물의 사료로 쓰기 위해 말을 죽이는 것은 전적으로 합법이다. 명백하게 허용할 수 없는 것은 그것을 사람이 먹는 것이다. 말고기 금지 조항은 전적으로 혐오감의 산물이다. 이것은 문화가 대가를 상관하지 않고 잠재적으로 민감한 경제적 거래를 자의적으로 방해한 사례이다.

특정 거래에 대한 불쾌감은 복잡한 음모의 양상을 띨 수도 있다. 일례로 사람들은 돈을 주고 정자를 사는 것에는 불만이 없는 것처럼 보이지만, 난자를 매매하는 일에는 까다롭게 군다. SAT 대학 입학시험에서 높은 점수를 받은 하버드 대학 여대생들 같은 고품질의 난자 제공자는 3만 5000달러의 순이익을 올리지만, 비평가들은 돈으로 난자를 거래하는 행위가 그것을 상품화하기 때문에 생명의 가치를 무시하는 것이라고 비난한다. 미국 생식의학회(American Society for Reproductive Medicine)의 지침에 따르면 난자의 기부자에게는 단지 1만 달러만을 지급할 수 있으며, 그것도 기부 행위에 신체적 비용이 따르기 때문에 지불하는 것이다. 난자를 제공하려면 검사 과정을 거쳐야 하기 때문에 약 50시간 동안 병원에 입원해야 한다. 영국에서는 돈으로 난자를 거래하는 행위가 불법이다. 난자 제공자는 잃어버린 기회 비용을 메우기 위해 손실에 대한 보상액과 최대 하루 55파운드 19페니인 '온건한 경비'를 더한 금액만을 받을 수 있다.

난자의 용도에서도 차이가 나타난다. 캘리포니아 주에서 임신에 필요한 난자를 거래하는 것은 합법이지만 연구용으로 제공하는 것은 금지되어 있다. 만약 연구용으로 난자를 제공하려 할 경우, 무료로 제공해야 한다. 그와는 대조적으로 뉴욕에서는 엠파이어스테이트 줄기세포 위원회가 주의 연구 기금을 이용해 난자 기증자에게 최대 1만 달러까지 지급하는 방침을 승인했다.

세상의 다양하고 정상적인 많은 거래들이 어떤 곳에서는 혐오스러운 존재로 간주된다. 계약 노예는 아메리카 대륙으로 건너가는 방편으로 유럽 인들이 일반적으로 활용했지만, 오늘날에는 세계 전역에서 금지된 상태이다. 오래전부터 가톨릭교회에서 죄악으로 간주했던 고리대금업은 오늘날 신용 제공이라고 불린다.

난쟁이 던지기(dwarf tossing)는 술집에서 즐기는 일상적 스포츠였지만 한 난쟁이 남성의 반대에도 불구하고 프랑스에서는 이를 1990년대에 금지했다. 그는 자신의 소송을 UN까지 제소하면서 프랑스 정부가 직업을 가질 수 있는 권리를 박탈함으로써 자신을 차별했다고 주장했다. 그는 "인간의 존엄성에 대한 모독 행위가 아닙니다. 왜냐하면 인간의 존엄성이란 직업을 가져야만 존재할 수 있기 때문입니다."라고 항변했지만 결국 패소했다.

한국의 서울에서는 보신탕 한 그릇에 대략 1만 원을 받는다. 소고기로 그에 상응하는 음식을 만든 것보다 대략 두 배가 비싸다. 하지만 1988년 올림픽을 개최할 당시, 한국 정부는 외국인 방문객들이 그것을 보고 역겨워하지 않도록 하기 위해 그 음식을 금지했다. 2002년 한국이 일본과 함께 월드컵을 공동 개최했을 때, 프랑스 배우이자 동물 애호가인 브리짓 바르도는 한국 정부를 설득해 개고기 판매를 전면 금지시키려 했다. 그녀는 한국 라디오 방송 인터뷰에서 이렇게 말했다. "소는 먹기 위해서 키우지만 개는 그렇지 않아요. 저는 많은 사람이 소를 먹는 것을 인정하지만 문화 국가라면 자국민이 개를 먹도록 허용해서는 안 됩니다."

혁명은 의미심장한 결과를 초래한다. 2009년, 신장 이식을 기다리는 미국인이 약 8만 명 존재했으며, 이는 20년 전에 비해 거의 다섯 배가 증가한 수치였다. 하지만 매년 시행되는 신장 이식 수술의 건수는 1만 6000건에 불과했다. 결국 대기자 명단은 매년 늘어나기만 했다. 2005년, 매일 약 10명의 미국인이 이식 수술을 기다리다가 사망했다.

사람들에게 신장 거래를 허용할 경우 공급이 늘어날 가능성이 있다. 경제학자 게리 베커와 줄리오 조지 엘리어스는 미국 정부 기관들이 미국인의 생명과 건강에 부여하는 가치에 근거하여 특정 신체 기관의 가격을 계산했다.

그들은 특정 추정치를 계산 항목에 포함시켰다. 수술 중 사망할 확률을 0.1퍼센트로, 생명에 지장이 없는 부상을 당할 확률을 1퍼센트로 평가한 것이다. 그들은 특정 부상이 장기 기증자의 삶의 질을 15퍼센트 감소시킨다고 가정했으며, 이는 시력을 잃었을 때 상실하게 되는 삶의 질보다 약간 더 심한 수준이었다. 또한 그들은 기증자의 수입 중앙값을 연간 3만 5000달러로, 수술 후 회복에 4주가 필요한 것으로 가정했다. 일을 못해 손실된 수입을 포함하고, 삶의 통계적 가치를 500만 달러로 가정하여, 그들은 기부 받은 신장의 가치를 약 1만 5200달러라고 평가했다. 이 가격에 신장의 거래를 허용할 경우 신장의 공급은 약 44퍼센트 증가할 것이다.

이스라엘에서 장기 기증 카드를 갖고 있는 사람은 그들에게 장기 이식의 필요가 발생했을 때 우선순위를 "지불 받는다." 이란은 1988년 신장에 대한 금전 지급을 합법화했다. 기증자는 약 1200달러의 정해진 금액을 받거나, 기증 받은 사람과 추가적인 보상을 협상할 수 있다. 이란 관리들은 그 관행으로 이식을 기다리는 시간이 몇 달로 줄었다고 주장했다.

하지만 대부분의 국가에서는 신장 매매가 불법이다. 최근의 연구 결과에 따르면 신장을 제공한 사람은 두 개를 다 갖고 있는 사람만큼 오래, 그리고 건강하게 살았다. 하지만 세계보건기구를 포함해 많은 사람들이 신장 거래에 반대한다. 2000년 로마에서 장기 이식 전문의를 대상으로 한 연설에서 교황 요한 바오로 2세는 "신체를 '물건'처럼 사용하는 것은 인간의 존엄성을 파괴하는 것"이라고 주장했다.

일부 비평가들은 절망적으로 가난한 사람들이 돈을 구하기 위해 자신의 신체 일부분을 팔게 될지도 모른다고 우려한다. 그들은 인간의 신체를 거래하는 암시장이 성장하고 있다는 점을 언급했다. 사우디아라비아와 타이완과 같은 부유한 나라에서는 고객이, 중국이나 파키스탄, 필리핀과 같은 가난한 나라에서 기증자가 몰려들면서 시장이 팽창하고 있는 것이다. 1983년 미국에서는 상원 의원 앨 고어

가 발의하여 장기 매매 관행을 금지했는데, 기증자는 적절한 의료 서
비스를 포함해 그 어떤 '금전적 대가(valuable consideration)'도 획득하
지 못하게 막았다. 그것은 1984년 의회를 통과했다.

그러나 신장 매매의 지지자들은 다음과 같은 사실을 신랄하게 지
적했다. 자신의 신체 일부를 팔 수도 있다는 생각에 분노하는 바로
그 사람들은 가난한 사람들이 군대에 입대하는 문제에 대해서는 눈
살조차 찌푸리지 않았다. 그들은 군대에서 급료라는 보상을 받고 잔
혹하게 죽음을 당할 확률이 엄청나게 높아지는 환경에 뛰어든 것인
데도 말이다. 하지만 미국 문화는 직업 군인을 허용했다. 아마 각각
의 병사가 종족을 위해 자신의 생명을 걸었기 때문일 것이다. 그와는
대조적으로 신장 거래는 전적으로 개인 간의 문제이다. 따라서 문화
는 그것을 금지한다.

다윈의 가격 체계

어떤 사람들은 문화가 전적으로 성적인 것과 관계가 있다고 말한
다. 코걸이를 하고, 분홍색으로 머리를 염색했으며, 무대 위에서 껑
충껑충 뛰어다니는 남자는 그저 자신의 유전자를 과시하는 것이며,
이는 공작이 자신의 커다란 꼬리를 통해 유전자를 과시하는 것과 전
혀 다를 바 없는 행동이다. 사회적으로 승인된 이런 종류의 행동은
재생산을 부추기는 데 성공한 덕분에 진화 기간 전반을 통해 생존할
수 있었다.

　나는 또한 문화가 있었기 때문에 인류는 사회를 구성해 자기중심적 본성을 극복할 수 있었다는 사실을 추가하려고 한다. 공동체의 경계를 설정하고, 그 안에서 가격 체계를 규정하여 문화는 사회 친화적인 행동이 등장, 진화하는 데 기여했으며, 이를 통해 집단이 다른 집단과 자원을 두고 경쟁해서 생존할 수 있는 능력을 향상시켰다.

　아마도 공정성과 호혜(互惠) 개념은, 분명 300만 년 전, 계약을 강요할 만한 법적 기구가 거의 존재하지 않았던 시기에 수렵-채집인들로 구성된 최초 집단의 생존에 핵심적인 역할을 했을 것이다. 이들 초기의 인간들은 다른 사람이 가진 식량을 얻기 위해서 단순히 상대를 살해하는 방법을 택할 수도 있었다. 대신 그들은 집단으로서 사냥하고 거래했다. 문화가 존재했기 때문에 집단은 결속력을 강화할 수 있었으며, 따라서 문화라는 울타리 바깥에 있는 사람들을 더욱 효과적으로 살해할 수 있었다. 울타리 안에서는 한 가지 가격 체계가 존재했기에 불명예라는 것은 비용을 초래하게 되며, 이타적 행위에 대해서는 보상이 따랐다. '공정한' 가격에 호의를 주고받는 호혜가 세상을 지배했다.

　이와 같은 역학 관계는 인류 이전부터 존재했다. 침팬지들은 서로의 털을 다듬어 주며 식량을 공유한다. 숲 속을 이동할 때, 정상적인 침팬지는 아프거나 부상당한 침팬지가 쫓아올 수 있도록 보조를 늦추었다. 늑대는 커다란 먹이를 사냥하기 위해 서로 협력한다. 흰목꼬리감기원숭이는 공정성에 민감하게 반응한다. 보통 그들은 오이를 받고 기꺼이 일을 한다. 하지만 옆에 있는 우리의 원숭이에게 오이보다 더 맛있어 보이는 포도를 제공하면, 그들은 즉시 협력을 중단한다. 이전까지는 바람직했던 오이가 갑자기 수용할 수 없는 존재가 된 것이다. 그래서 원숭이들은 파업에 돌입했다. 흰목꼬리감기원숭이에게 식량을 거부하는 것은 매우 비싼 대가가 따르는 일이지만 그렇게 함으로써 그들은 다시 부당한 대우를 받지 않으려고 했다.

현대의 인간은 문화의 울타리 안팎에서 서로 다른 행동을 보여 준다. 종족이나 신앙, 지역과 같은 집단의 바깥이라면 우리는 가차 없이 유리한 거래만을 추구할지도 모른다. 하지만 문화의 경계선 안쪽에서 우리는 관대함을 보일 만큼 여유로워진다. 여기서 우리는 반드시 무자비한 흥정으로 가능한 낮은 가격에 최선의 결과를 얻으려고 하지는 않는다.

CHAPTER
8

신앙의 가격

The Price of Faith

✿

천국에서 영생을 누리기 위해 우리는 무엇을 걸 수 있을까? 이것이 몹시 무례한 질문처럼 들리겠지만, 이 명제는 매우 훌륭한 계보를 갖고 있다. 그것은 적어도 17세기까지 거슬러 올라가며, 당시 프랑스의 수학자이자 철학자, 도박사였던 블레즈 파스칼은 후세에 '파스칼의 내기'로 알려지게 되는 일련의 명상을 기록으로 남겼다. 사람들을 설득해 신을 믿게 하려고 시도하면서 그가 제시한 논리는 그 이전까지 신앙에 대해 주장되어 왔던 내용을 뛰어넘어 매우 흥미롭고 혁신적인 것이었다. 그것은 신의 존재를 증명하려고 하지 않았던 것이다. 대신 그는 심지어 신의 존재 여부를 결정하기 불가능할 때조차 그것을 믿는 것이 현명하다고 제안했다. 만약 신이 존재한다면, 신앙은 그저 무시하기에는 너무 큰 혜택을 제공할 것이다. 그의 주장에 따르면, 설사 존재하지 않는다고 해도, 우리가 신을 믿어서 잃을 것은 작거나 아예 없다. 하지만 신이 존재할 경우 신앙은 영원한 행복을 제공하는 반면, 신을 믿지 않는 자에게 지옥을 선사하게 될 것이다. "신이 존재한다는 것에 내기를 했을 때 우리가 얻는 것과 잃는 것을 비교해 보자." 파스칼은 그렇게 제안했다. "만약 우리가 이긴다면 모든 것을 갖게 될 것이다. 하지만 진다고 해도, 잃는 것은 아무것도 없다. 그렇다면 주저하지 말고 신에게 돈을 걸어라."

사실 신앙은 신도들에게 비용을 부과한다. 거기에는 음식과 섹스에 대한 제약은 물론 각종 희생과 금기가 포함된다. 하지만 파스칼의 관점에서 보면 신앙은 현명한 선택이다. 신이 존재한다는 확률이 존재하는 한, 그 확률이 아무리 작더라도, 천국이라는 무한한 보상은 현재의 유한한 비용보다 훨씬 크기 때문에 신앙은 현명한 선택이다.

파스칼은 열렬한 가톨릭 신자였다. 하지만 동시에 그는 이성과 논리의 인간이었다. 그는 신의 존재를 증명하려는 지난 수백 년 동안의 모든 시도들이 너무 복잡해서 질려 버리고 말았다. 예를 들어, 토마스 아퀴나스는 모든 사물을 움직이기 위해 움직일 수 없는 궁극적 주동자가 반드시 존재한다고 주장했다. 르네 데카르트는 소위 존재론이라는 것을 주장했다. 거기에서 데카르트는 자신이 신의 존재를 생각할 수 있기 때문에 신은 존재한다고 말했다. 파스칼은 이렇게 썼다. "여기서 이성은 아무것도 결정할 수 없다. 우리는 신이 존재하는지 알지 못한다."

파스칼의 내기 이론은 완벽한 것이 아니다. 결국 미래에 보상을 얻기 위해 신앙을 갖는 것이 부정한 행위로 간주될 수 있다는 사실을 그는 간과했다. 신은 신앙에 대해 그처럼 실용주의적으로 접근하는 것을 별로 달가워하지 않을지도 모르며, 대가를 바라고 자신을 믿는 자들에게 지옥의 형벌을 가할 가능성도 있다. 파스칼은 추론 과정에서 이 세상에는 많은 종교들이 존재하며, 그들 중 일부 종교는 다른 신을 믿는 신자들에게 벌을 가하는 신을 믿는다는 사실을 얼버무렸다. 그의 내기는 잘못된 신을 선택할 가능성을 고려하지 않았다. 게다가 파스칼의 논리는 영원한 보상이 아니라, 유한한 보상을 받았을 때 효력을 잃게 될 것이다. 아마 가장 중요한 사실은, 존재할 가능성이 전혀 없는 어떤 신을 우리가 믿어야 한다면, 내기 자체가 말이 안 된다는 것이다.

비록 논거에 허점이 있기는 하지만, 파스칼의 추론은 종교적 사고에 커다란 전환을 가져왔다. 그의 내기는 존재 여부에 결코 의문을 품어서는 안 되는 신에 대해 인간에게 허락된 유일한 반응이기 때문에 종교를 권하지 않는다. 그는 불확실한 세계에 적응하는 문명화된 도구로서 종교를 제안했다. 더 나아가 그는 신앙을 통해 받는 보상이 높은 가치를 지닌다고 주장했다. 그가 17세기 당시 내기를 제안했을 때, 아마 그것을 이런 식으로 생각하지는 않았을 것이다. 하지만 그는 종교의 지위를 우리가 기꺼이 비용을 지불할 수 있는 일종의 서비스로 설정했다.

이것이 대재앙에 대한 보험으로서의 종교이다. 만약 신이 존재한다면, 신앙은 지옥이 아닌 천국에 우리의 자리를 마련해 줄 것이다. 그에 따른 프리미엄이 일부는 돈으로 지불된다. 거기에는 헌금이나 십일조, 기타 등등의 형태가 있다. 하지만 가장 성가신 비용은 단식에서부터 혼외정사를 피해야 하는 것까지 신도들이 반드시 준수해야만 하는 엄격한 율법이다. 그와 같은 구속이 신앙에는 현금이나 마찬가지다. 그것은 신의 자비를 얻기 위해 우리가 지불해야 하는 가격이다.

이제 우리는 17세기 당시와 멀리 떨어져 있다. 하지만 학자들은 종교가 하나의 체계로서 오랜 세월 동안 생존할 수 있었던 방법을 파악하려고 노력 중이며, 이제는 거의 결론에 도달했다. 종교는 하늘에서 내려와 전혀 의심의 여지없는 도덕적 규범들 위에 건설되었다며, 시장 밖의 궁극적인 조직으로 묘사될 수도 있다. 하지만 실제로 종교는 일련의 거래로 구성되어 있으며, 그 속에서 신자들은 신앙의 혜택과 비용을 저울질한다.

아마 파스칼과의 가장 큰 차이는 그가 신앙에 대한 보상이 사후에 이루어진다고 주장했다는 데 비해 현대의 학자들은 현세에서도 보상이 존재한다는 결론을 내렸다는 데 있다. 그들이 경제학자라면 개인이 신앙에 투자하는 이유를 이해하려 했을 것이고, 동물학자라면 진화의 압박 속에서 종교가 생존할 수 있었던 방법을 고민했겠지만, 대부분의 분석가들은 신앙이 금전적 가치를 제공한다는 결론에 도달했다. 그것은 신의 존재 여부와 관계가 없다.

신앙의 혜택

종교가 신도들에게 제공하는 혜택 중 가장 이해하기 쉬운 것은 보험과 사회 보장이 혼합된 형태를 취한다는 데 있다. 이스라엘에서는 정통파 유대교인들로 구성된 긴밀한 조직체가 병자에게 문병객을 보내고, 독신자에게 배우자 후보를 소개해 주는 역할을 수행한다. 예루살렘의 바이트 바간(Bayit Vegan) 구역에서는 랍비들이 정기적으로 전단지를 만들어 시간과 돈의 기부를 요구한다. 또한 전단지에는 병자를 위한 냉동 가루음식이나 임신부를 위한 조언, 프라이팬과 결혼식 가운 같은 공동체원들이 기부한 것들의 목록이 기록되어 있다. 정통파 유대교인 공동체는 신속하게 돈을 모아 곤경에 처한 신자에게 수천 달러를 무이자로 빌려줄 수도 있다. 게다가 신용도 보장된다. 모든 것은 랍비의 말 한 마디로 보장을 받는 것이다.

이와 같은 일종의 상호 지원 체계는 기독교를 비롯해 힌두교와 불교, 이슬람교를 포함하는 대부분의 종교가 보여 주는 전형적인 모습이다. 145개 국가에서 갤럽이 수행한 여론 조사에서 종교 활동에 참가하는 사람은 그렇지 않은 사람에 비해 더 많이 기부하고 더 자주 자원 봉사를 수행하는 것으로 밝혀졌다. 위기로 인해 사람들이 신의 품으로 달려갈 때, 그들은 영적인 위로는 물론 일종의 보험으로서 신을 포옹한다. 1997년 아시아의 금융 위기가 인도네시아를 강타하여 루피화의 가치가 85퍼센트나 하락하고 식료품의 가격이 거의 세 배로 뛰어오르며 임금은 거의 절반이나 하락했을 때, 코란을 배우는 사람의 숫자는 급격하게 상승했다.

인도네시아의 이슬람교도들은 펭가지안(Pengajian)이라는 공동체 행사를 통해 코란을 공부한다. 그때 선생이 코란을 강연하고, 구절의 낭송을 주도한다. 이런 모임을 통해 신자들은 곤경에 처한 사람들을 위해 자비로운 기여를 하도록 상당한 사회적 압력을 받게 된다. 한

조사 결과에 따르면 외환 위기 이전에는 인도네시아 인들 중 61퍼센
트가 펭가지안에 참석했지만 그 이후에는 71퍼센트로 증가했다.

　인도네시아 이슬람교도들은 아마 신의 보증이 필요했을지도 모른
다. 하지만 물리적 필요성도 그들을 신앙으로 이끌었다. 위기가 끝나
고 수개월 뒤, 평균적인 인도네시아 촌락의 가정들은 식량을 제외한
모든 구매 예산을 종전의 약 3분의 2 수준으로 줄여야만 했다(약 4달
러 70센트). 예산에서 1달러가 줄어들 때마다 특정 가정이 펭가지안에
참석할 확률은 2퍼센트씩 증가했다. 외환 위기에서 가장 큰 타격을
받은 공무원처럼 일정한 급료를 받는 직장인들은 농부에 비해 펭가
지안에 참석하는 횟수가 더 많아지는 경향이 있었다. 사실 농부들은
쌀값의 상승으로 혜택을 받았기 때문에 경제 위기로 별다른 영향을
받지 않았던 것이다. 은행이나 미소 금융 기관으로부터 대출을 받을
수 있었던 인도네시아 인들도 종교 참여율에 별다른 변화를 보이지
않았다. 그들은 돈 때문에 펭가지안에 참석할 필요가 없었던 것이다.
하지만 회교 사원에 기반을 둔 보험도 효과는 있었다. 위기가 정점에
도달하고 3개월 뒤, 펭가지안에 참석하는 횟수를 늘렸던 사람들에
비해 그렇지 않은 사람들은 자산 부채 종합 관리 서비스나 대출 서비
스를 신청하는 경향이 더 높았다.

　하지만 종교는 단순히 상조 보험을 위한 체계가 아니다. 어려운 시
기에 종교는 도움 이상의 것을 제공한다. 신과 그를 믿는 공동체가
지켜보고 있기 때문에 종교는 특정한 행동 체계를 장려하고 자기 파
괴적인 선택을 억제하는 능력도 발휘한다. 종교적인 사람들은 다른
사람들을 더 많이 신뢰하고, 정부와 법률 체계를 더 많이 믿으며, 가

급적 법을 어기려고 하지 않는다. 한 실험에서, '영혼'이나 '희생'과 같이 특정 생각을 불러일으키는 용어들이 포함된 문장을 읽은 사람들은 그렇지 않은 사람들에 비해 낯선 사람에게 두 배나 더 많은 기부를 했다.

최근 미국에서 수행된 여론 조사의 응답자들 중 69퍼센트는 종교가 가족의 가치를 강화하고, 도덕적 행동을 개선하는 최선의 도구라고 대답했다. 또한 응답자의 85퍼센트는 자녀를 교육시키는 것보다 종교가 부모에게 더 도움이 된다고 말했고, 79퍼센트는 그것이 범죄를 줄인다는 의견을 제시했다. 이와 같은 믿음의 현실성과 상관없이, 미국에서 교회를 다니는 사람은 술과 담배를 덜하고 비만이 되는 경향도 낮다. 그들은 결혼을 하는 경향도 높으며, 스스로 사회적 활동에 적극적으로 참여한다고 대답했다. 또한 그로 인해 그들은 그렇지 않은 사람들보다 더 행복해 했다.

매주 교회를 다니는 사람들과 전혀 가지 않는 사람들 사이의 행복도 격차는 미국의 상위 20퍼센트에 해당하는 부자와 하위 20퍼센트의 빈곤층 사이의 격차와 거의 비슷한 크기를 갖는다. 이 모든 행복은 인간에게 유익하게 작용하는 경향이 있다. 8년 동안 일단의 사회학자들과 인구 통계학자들이 1987년 전국 건강 검진에 참여했던 사람들 1000명에 대한 생존율을 추적했다. 그들은 매주 교회에 가는 사람들의 경우 그들이 20대였을 당시 평균 수명보다 7년을 더 살았다는 사실을 발견했다. 즉, 20대 무렵 교회를 다녔던 사람들은 평균적으로 82세까지 살았으며, 교회에 다니지 않은 사람들의 기대 수명은 75세였다.

우리는 심지어 믿음에 따른 혜택의 가격을 매길 수도 있다. 종교적인 사람이 그렇지 못한 사람에 비해 더 많이 느끼게 되는 행복은 돈을 더 많이 버는 사람이 경험하는 행복의 프리미엄과 유사하다. 미국인들은 평균 일주일에 8.1회 기도한다. 매주 한 번을 더 기도할 때마다 증가하는 행복감은 대략 연간 1만 2500달러를 더 버는 것에 해당된다.

광범위한 지하철 네트워크를 가진 빽빽한 도시의 거주민보다 인적이 드문 교외에 사는 사람에게 자동차가 더 소중한 것처럼, 신앙인이 종교의 규율에 동의하는 경향은 신앙의 바깥에서 그들이 선택할 수 있는 대안에 따라 달라진다. 여성은 남자보다 더 종교적이라는 일관된 경향을 보인다. 보통 여성은 노동을 통해 버는 수입이 남성보다 적기 때문에 종교에 투자해도 포기한 소득의 측면에서 남성보다 더 적은 희생이 요구될 뿐이다. 일요일에는 소매상들이 무조건 문을 닫아야 했던 청교도 법률을 주 정부에서 폐지한 1950년부터 지속적으로 교회 출석자들이 감소해 왔다. 교인들에게 시간을 보낼 수 있는 선택 범위가 더 넓어졌기 때문에 그들은 교회를 덜 자주 가게 된 것이다. 반면, 주류와 불법 약물의 소비는 급격하게 상승했다.

사람들은 사후의 혜택을 위해 교회를 가거나 기도를 하는 방법으로 자신의 시간이나 돈을 투자할 수 있다. 돈은 많지만 시간이 부족한 부자들은 거액을 헌금하는 방법을 택한다. 가난한 사람들은 시간이 많은 대신 돈이 적어서 예배에 자주 참석한다. 이것은 쇼핑과 별로 다르지 않다. 가난한 사람은 쇼핑에 더 많은 시간을 사용하며, 보통 부자들에 비해 더 싼 물건을 찾아낸다. 반면 부자들은 굳이 싼 물건을 찾으려 하지 않는다.

또한 세금도 종교적 투자의 양상에 변화를 줄 수 있다. 미국 정부가 자선 기부 금액에 대해 세금 감면 혜택을 늘렸을 때, 사람들은 헌금 액수를 늘이는 대신 교회를 덜 찾는 방식으로 반응했다. 전보다 헌금을 더 많이 한 사람은 휴일을 교회의 딱딱한 의자에 앉아서 보내고 싶은 충동을 덜 느끼기 때문에 종교 헌금액이 1퍼센트 증가할 때마다 예배 참석자의 숫자는 평균적으로 0.92퍼센트 감소했다.

사람들은 비용 편익 분석을 통해 자신의 종교를 선택한다. 세속적 세계에서 많은 기회를 갖고 있는 사람, 즉 높은 임금을 받아서 시간에 대한 손실이 큰 사람이 엄격한 도덕적 규율을 지키다 보면 잃을 것이 많기 때문에 요구 사항이 어렵지 않은 신앙을 선택하게 될 것이다. 미국과 프랑스, 영국의 경우, 교육 수준이 높은 사람들이 낮은 사람들에 비해 교회를 더 자주 찾는다. 하지만 그들은 기적의 실체와 같은 좀 더 극단적 교리에는 흥미를 보이지 않는다.

미국의 경우, 교양 있는 기독교인들은 장로교처럼 상대적으로 온건한 종파를 선택한다. 가장 교육 수준이 높은 신앙인인 유대인들은 성경의 진보적 진실을 믿지 않는 경향이 가장 강하다. 그리고 그들은 사회적 보상을 얻기 위해 유대교 교회에 나간다.

이와는 대조적으로 가장 열정적이고 엄격한 종교는 교육 수준이 가장 낮은 사람들 사이에서 높은 인기를 누리는 경향이 있다. 그들은 종교 외에 다른 곳에 종사할 기회가 부족하기 때문에 자신의 시간과 에너지, 헌신을 가장 적극적으로 투자한다. 복음주의 교회와 모르몬교회, 침례교회를 비롯해 미국에서 예배의 출석률이 가장 높은 기독

교 종파들은 가장 교육 수준이 낮은 신자들로 구성되어 있으며, 악마
와 천국을 믿는 경향이 가장 강하다.

신앙의 비용

종교를 갖게 되는 개별적 과정들은 다양한 인자에 의해 결정된다.
신앙인들은 보통 자기 믿음으로 인해 무엇을 버리게 됐는지를 깨닫
지 못한다. 부모는 자식을 대신해 선택을 하는 경향이 있다. 대부분
의 사람들은 자신이 태어난 공동체의 종교적 신념을 그대로 수용한
다. 하지만 신앙에 따른 혜택은 결코 공짜가 아니다. 보험을 위해서
는 보험료를 지불해야 하는 것이다. 종교 단체의 혜택은 구성원들
이 들이는 시간과 돈, 노력에 달려 있다. 기부자에게 상당한 도덕적
압력을 행사할 수 있기 때문에 교회는 회비를 걷는 데 대단히 능숙
하다.

하지만 종교적인 과세에서 돈은 그다지 중요하지 않다. 신앙에서
가장 중요한 비용은 그것이 신자들에게 부과하는 희생, 그리고 신자
들의 삶에 족쇄를 채우는 여러 제약이다. 유대교로부터 힌두교에 이
르기까지, 종교는 복장과 식사, 몸단장, 성행위를 비롯해 심지어 오
락과 사교 활동에 대한 율법의 형태로 추가적인 비용을 부과한다. 이
들 율법은 우연히 만들어진 것이 결코 아니다. 종교를 지속시키는 핵
심이 바로 거기에 있기 때문이다. 성가신 도덕적 구속을 통해 종교는
별로 헌신적이지 못한 구성원들을 솎아내고, 집단 내에서 최소한의

연대 의식과 신뢰감을 구축할 수 있다.

바로 거기에 종교의 핵심 명제가 존재한다. 종교에 귀속됐을 때 얻을 수 있는 혜택은 모든 신자들의 열정과 열성에 좌우된다. 그들은 시간과 돈을 기부하며, 실천으로 행동 규범을 뒷받침하고, 도덕적 지원을 제공하며, 자기 종교의 세계관을 구성하는 신화적 이야기에 살을 붙인다. 신자가 되기 위한 규율이 까다로울수록 더욱 헌신하게 된다. 신자들에게 믿음에 대한 가치를 부여하는 것이 바로 이와 같은 열정이다.

세속적인 활동을 금하는 율법은 신자들이 신앙 활동에만 돈과 시간을 할애하고 종교의 문턱 밖에서 즐길 수 있는 여유를 없애는 역할을 한다. 더불어 이런 희생과 행동 제약을 통해 종교에서 혜택만을 누리려는 사람들을 제거한다. 비신도나 전적으로 종교에 헌신할 생각이 없는 단순 동조자들은 모든 신도들에게 돌아갈 혜택을 희석시키는 존재이다.

이런 시각을 통해 자살 같은 극단적 행동을 수행하는 테러리스트들이 세속적인 그들의 동료들보다 크게 두각을 나타내는 이유를 우리는 설명할 수 있다. 종교 생활에 필수적인 희생은 유능한 테러리스트가 될 자질이 풍부한 인재를 선호하며, 배신을 통해 조직을 위태롭게 할 가능성이 높은 연약한 구성원을 자연스럽게 걸러낸다. 자살 폭탄 테러는 일종의 사역 활동이다. 신도들이 신앙에 얼마나 열렬히 헌신하고 있는지를 확실하게 과시하여 집단의 결속력을 강화시켜 주는 기능이 있기 때문이다.

종교의 세계에서는 음식물의 제한이나 문신, 할례를 비롯한 여러 행동 규범을 통해 신도들이 서로를 알아보고 도움을 주며 다른 집단으로부터 거리를 두게 된다. 호된 신고식과 특정 문신을 요구하는 것으로 유명한 길거리 갱단에 가입했던 적이 있는 사람이라면, 외부인으로부터 조직원들을 분리하기 위해 조직이 어떤 식으로 규율을 정하고 희생을 요구하는지 잘 이해할 것이다. 이슬람교는 하루 다섯 번 기도를 해야 하며, 남을 위해 수입의 상당 부분을 기부해야 하고, 이슬람 율법에 따라 도살된 고기만 먹어야 하며, 기타 십여 가지 종교 의식에 참석해야 한다. 이런 모든 규범을 지키는 사람이라면 그것이 거짓일 가능성이 낮기 때문에 충실하고 헌신적인 신자로 인정받을 수 있는 것이다.

12세기 유대교 철학자인 모세스 마이모니데스(Moses Maimonides)가 쓴 글에 따르면, 신은 단순히 "성행위를 제한하고 가능한 생식 기능을 약화시켜 남자들이 절제"하게 하려고 할례를 지시한 것이 아니다. 그것은 또한 같은 믿음, 즉 유일신을 믿는 모든 신자들에게 공통적인 신체적 특징을 부여하여 "신자가 아닌 사람이 마치 신자인 척 위장하지 못하게 할 것이다. 때로는 모종의 이익을 얻기 위해 신자인 척 하는 경우가 있기 때문"이다.

종교 율법의 정확한 내용은 별로 중요하지 않다. 그것은 신앙에 커다란 비용이 따르게 만들기만 하면 된다. 기독교 시대 이전이 기원전 6세기에 철학자 피타고라스는 수학에 큰 영향을 받은 신비주의 종교를 창설해 윤회를 제안하기도 했다. 그의 종교가 금지한 사항들 중에는 콩을 먹는 것이나 땅에 떨어진 것을 줍는 것, 흰색 수탉을 만지는 것, 가로장을 넘는 것, 금속으로 불을 휘젓는 것, 빵을 자르지 않고

덩어리째 먹는 것, 화환에서 꽃을 뽑는 것, 동물의 심장 부위를 먹는 것, 공공 도로를 걷는 것, 지붕에 제비가 집을 짓는 것, 옆에 빛을 두고 거울을 보는 것이 포함되어 있다.

신앙적 구속을 통해 발생하는 사회적 응집력이 대단히 높다는 사실로 종교가 천년이 넘는 오랜 세월 동안 대단히 강력한 회복력을 보여 줄 수 있었던 이유가 쉽게 설명된다. 심지어 과학이 발전하여 종교와 전혀 다른 세계관을 내세운 결과 그것의 근본을 이루는 여러 교리들이 무력화되었음에도 불구하고 종교는 사라지지 않았다.

위대한 사회적 실험의 시기였던 19세기 아메리카 대륙 곳곳에서는 코뮌이 유행했다. 공상적 사회주의자인 프랑스의 샤를 푸리에와 협동조합 운동의 창시자인 스코틀랜드의 로버트 오언으로부터 무정부주의 집단까지 온갖 종류의 사상을 중심으로 수백 개의 코뮌들이 설립됐다. 이들 중 20년 이상 생존한 코뮌은 극소수에 불과하며 대부분은 자원과 권한, 책임의 분배를 둘러싼 분쟁 등으로 분열을 일으켰다. 하지만 여기서 주목할 만한 사실은 일정 기간 생존한 코뮌들 중 종교적 코뮌이 세속적인 집단에 비해 두 배에서 네 배는 많았다는 점이다. 그 이유는 금욕적인 생활에서부터 바깥 세계와 연락을 제한하는 것까지 그들이 자기 구성원들에게 힘든 요건을 부과하면서 유대감이 강화됐기 때문으로 보인다.

1825년 인디아나 주에 설립한 오언의 코뮌 뉴 하모니(New Harmony)는 격렬한 분쟁 속에서 붕괴되기까지 고작 4년간 유지됐을 뿐이다. 이와는 대조적으로 뉴욕의 오나이더(Oneeida) 공동체는 예수가 서기 70년에 재림했기 때문에 지상에 예수의 천년 왕국을 건설할 수 있다고 믿는 사람들로 구성되어 있었는데, 1881년 해산될 때까지 무려 33년이나 코뮌을 유지했다. 그것은 그들의 결속력을 구속적인 규율을 통해 강화했기 때문이다. 그들의 규율에는 정자를 아무렇게나 낭비하지 못하게 하는 남성의 금욕과 아이들의 공동 양육, 바람직하지 않은 개인적 특성을 제거하기 위한 집단 심판 등이 포함되어 있었다. 게다가 종교 집단에 의해 설립된 코뮌들 중에서도 비용이 높은 요건을 갖고 있던 코뮌들이 규제나 규율 면에서 좀 더 너그러웠던 코뮌들보다 더 오래 지속됐다. 결국 신자들에게 무거운 비용을 부과한 종교들이 공동체의 생존을 유지하는 데 가장 유리했던 것이다.

신앙이 싸구려가 될 때

종교는 의도적으로 고립을 조장한다. 브루클린에서는 정통파 유대교도들은 무리를 지어 세속 집단은 물론 심지어 다른 유대교 분파들과도 분리된 채 살아가고 있다. 모르몬교도와 비모르몬교도 사이의 결혼은 모르몬교도끼리의 결혼에 비해 이혼율이 세 배나 높다. 종교는 사회를 고립시키려는 목적에 맞도록 정교하게 조정된 도구이다. 이를 위해 종교는 신자들이 신자들 무리에 융화되어 서로를 포용하고 신뢰하며 도움을 제공하고 돌보는 것을 장려한다. 그러다 보면 자연스럽게 외부인을 배척하게 되며, 심지어 그들과 전쟁도 불사하게 된다. 역사에서 큰 성공을 거둔 종교들은 외부로부터 내부를 차단시킬 수 있는 수단을 갖고 있었다. 그들은 어떤 종교보다도 엄격한 율법을 갖고 있었던 것이다.

외부 세계가 신자들의 종교적 열정을 약화시킬 가능성이 있는 모든 경우에 대해 종교가 뿌리 깊은 두려움을 가질 수밖에 없는 이유가 바로 거기에 있다. 궁극적으로 교회의 역량과 그것이 제공하는 종교적 상품의 질을 결정하는 것이 바로 열정이기 때문에 그것이 약화된다는 것은 교회의 존립을 근본적으로 뒤흔들게 된다. 따라서 세속적 유혹에 믿음이 흔들릴 경우, 교회는 대체로 모든 통로를 차단하고 담을 높이며, 신자들에게 자기 믿음의 순수성을 증명하기 위해 더 많은 희생을 요구하는 방식으로 초기 대응에 나선다. 아마 일부 신자는 신앙에 드는 비용을 감당하지 못해서 우리를 벗어날지도 모른다. 하지만 계속 남아 있는 사람들에게는 그에 상응하는 보상이 주어질 것이다.

18세기 들어 계몽주의가 유럽을 휩쓸면서 유럽의 유대인들에게 훨씬 더 현대적인 신앙의 기회를 제공했던 바로 그 당시에 모순 되게도 극단적 정통파 유대교가 출현했다는 사실에서 그와 같은 유형이 분명하게 드러난다. 대부분의 유대인들은 일반 경제학에서 제안하는 것과 같은 방식으로 반응했다. 외부에서 더 좋은 기회들이 계속 등장하면서 노동 시장에서 유대교 신자들의 선택권도 강화되고, 그들의 시간이 갖는 가치도 상승하자, 그들은 종교 활동을 줄이고 좀 더 관대한 형태의 개혁파 유대교와 보수파 유대교를 만들었다. 하지만 폴란드에서 발생한 하시디즘(Hasidism)이나 그들의 반대파로서 리투아니아에서 시작된 미스나그딤(Misnagdim)과 같은 극단적 정통파들은 그 반대의 노선을 택했다. 즉 현대화를 거부하고 신자들에게 더 큰 희생을 요구한 것이다. 예를 들어, 1865년 헝가리에서는 극단적 정통주의 지도자들이 '페삭 딘(Pesach Din)'이라는 판결을 통과시켜 신자들로 하여금 예배에서 독일어를 사용하거나, 뾰족탑과 비슷한 구조물을 취하였으며, 남성 합창단을 도입하는 등의 혁신을 채택한 유대교 사원에의 출입을 금지시켰다.

극단적 정통파 유대교는 오늘날까지도 과거 중부 유럽과 동부 유럽 유대인 정착촌 시절의 생활 양식이나 복장, 식습관을 지키고 있다. 그들은 현대적 풍조를 부패한 것으로 간주하여 거부함으로써 좀 더 온건한 유대인들과 거리를 두었다. 이스라엘에서도 그들은 안식일에 물건을 팔거나 여행을 하는 행위를 규제하려고 정부에 로비를 벌이고 있다. 게다가 뿌리 깊은 가난에도 불구하고, 40세가 넘은 남성은 직업을 갖지 않으며, 대신 예시바(yeshiva: 정통파 유대교도를 위한 학교)에 들어가 성경을 공부했다. 1980년부터 1996년까지 예시바 내에서 직업을 버린 채 성경을 공부하고 있는 정통파 유대교 장년층 남자의 비율은 40퍼센트에서 60퍼센트로 증가했다.

열정적인 신도들을 배출하는 데 크게 성공했던 종교들은 대부분 미국의 복음주의 교회나 중앙아시아와 중동의 이슬람 극단주의 종파들처럼 같은 종교 내에서도 가장 극단적인 신앙을 갖고 있다. 심지어 외부의 세속적 세계에서 점점 더 많은 기회가 제공되고 있음에도 불구하고, 이들 종파들은 자신이 가질 수 있는 대안을 차단함으로써 진정 열성적 신앙으로 무장된 추종자 집단을 계속 성장시켜 왔다. 그들은 외적인 기회가 가장 적은 인물들 중에서 신자를 선택해 그들이 계속 신앙 속에만 머물도록 높은 장벽을 세웠다. 그것은 매우 보기 드문 전략이다. 고객을 계속 붙잡아 두기 위해 가격을 계속 올리는 셈이기 때문이다. 하지만 그래도 효과는 있었다.

지난 수십 년에 걸친 가톨릭교회의 경험을 보면, 성장하는 세속 사회를 수용하려고 시도했던 종교가 겪게 되는 위협을 확실하게 알 수 있다. 수백 년의 세월 동안 가톨릭교회는 복잡하고 다양한 율법과 제약, 희생의 체계를 유지해 왔으며, 과학의 성장에도 살아남았고, 세계 전역으로 경제적 발전이 확산되는 가운데에서도 자신의 타당성을 유지하기 위해 그들은 지속적으로 자신의 체계에서 불필요한 부분을 쳐 내고 조정하고 다듬어 왔다.

하지만 신자의 수가 약 11억 5000만 명에 도달했을 때 현대 가톨릭교회는 자신의 규율을 엄격하게 강화하여 신자들의 열성을 키우는 급진적 전략을 회피했었다. 아마 그들은 너무 많은 신자들을 잃게 되는 것이 두려웠을지도 모른다. 따라서 가톨릭교회는 교회와 세속적인 세상 사이의 경계선에 머물고 있는 변두리 신자들을 포기하게 만들 수 있는 엄격한 구속과, 헌신적인 신앙인들에게 가톨릭교회가 갖는 매력을 약화시킬 수 있는 개방성 사이의 좁은 길목에서, 어느 한쪽에 치우치지 않게 방향을 잡으려고 노력해 왔다. 세속의 어떤 기업과 견주더라도 가톨릭교회의 전략은 매우 성공적이었다. 즉, 가톨릭교회는 세계에서 가장 큰 종교 조직의 지위를 굳건히 지키고 있는 것이다. 그럼에도 근대성을 수용하기 위해 율법을 약간 완화시키는 시도에 나서자 그들은 진정한 신도들을 많이 잃게 되었다. 그리고 가톨릭을 떠난 신도들은 좀 더 엄격하고 열정적인 복음주의 교회의 종파에 합류했다.

1960년대, 가톨릭교회는 좁고 곧은길로부터 벗어나려고 하는 것처럼 보이는 어떤 세계에 적응하기 위해 노력하고 있었다. 그들은 이처럼 거대한 사회적 변동의 시기에 점점 더 현실에서 멀어지고 있는 것처럼 보였다. 1966년 4월 8일, 심지어 〈타임〉은 표지에 검은 바탕에 굵은 글씨체로 '신은 죽었는가?'라는 제목을 붙이기까지 했다. 그리고 그들은 20년 내 최대의 판매 부수를 올렸다. "세속화와 과학, 도시화, 이 모든 것들로 인해 현대인은 신이 어디에 존재하느냐는 질문을 아무렇지도 않게 제기할 수 있게 된 반면, 신앙인들은 심지어 자신에게도 자신 있게 대답할 수 없게 되었다."〈타임〉의 종교 담당 편집자인 존 T. 엘슨은 기사에서 이렇게 말했다.

가톨릭교회는 현대화라는 운명적 결단으로 대응했다. 1965년에 끝난 2차 바티칸 공의회 기간 중 가톨릭교회는 종교적 자유를 선언해 기독교의 다른 종파에 속한 교인들을 포용하며, 심지어 다른 종교의 진리를 인정하기까지 했다. 신자들이 가톨릭의 현대화에 쉽게 적응할 수 있도록 미사를 집전하는 규제를 풀고, 라틴어가 아닌 일상적 언어를 사용하게 하여 신자들도 미사가 어떻게 진행되고 있는지를 이해할 수 있게 했다. 심지어 그들은 현지의 관습을 전례에 포함시키기까지 했다.

보수적인 가톨릭교도에게 그것은 거의 배신이나 다름이 없었다. 신자들의 감소가 단순히 계속 이어지는 정도가 아니라 갈수록 더욱 심해졌을지도 모른다. 1958년에 74퍼센트로 정점을 찍은 뒤, 바티칸 공의회가 끝날 무렵인 1965년에는 미국 가톨릭교도들의 주일 미사 참석률이 67퍼센트로 떨어졌다. 이어 40년 동안 그것은 45퍼센트까지 감소했다. "종교는 특수한 상황에 해당합니다. 그들은 터무니없이 엄청난 요구를 해야만 보답을 받습니다." 종교 경제학자인 래리 얀아코니가 내게 말했다. "만약 신도들을 향한 요구를 낮출 경우, 그들의 신뢰성도 떨어지게 되지요." 세계 전역에서 가톨릭교회는 그와 비슷한 손실을 겪었다. 그들의 거점이라 할 수 있는 이탈리아의 경우, 전체 이탈리아 인들 중 27퍼센트만이 종교가 자기에게 매우 중요하다고 말했다. 스페인에서는 매주 미사에 참석하는 가톨릭교도의 비율이 1980년의 44퍼센트에서 지금은 19퍼센트로 감소했다.

모든 영역에서 종교 교리가 현대화에 따른 변화를 수용해야 하는 압박에 시달리고 있는 시점에서, 교회가 출혈을 멈추기 위해 할 수 있는 일이 무엇인지는 분명하지 않다. 현재 교황인 베네딕토 16세는 2차 바티칸 공의회의 개혁 중 일부를 번복하기 위한 노력 중이다. 그는 라틴어 미사를 재개했다. 더불어 11세기 1차 십자군 원정 당시 혁신적으로 도입됐던 전대사(全大赦)를 부활시켰다. 그것은 죄를 뉘우친 신자가 선행과 참회를 통해 그 대가를 면제받는 일괄 사면이다.

2차 바티칸 공의회가 교회의 가르침과 의식을 변화하는 세계에 맞추려는 것이었다면, 베네딕토 교황은 현실에 대한 교회의 우위를 재정립하는 데 초점을 맞추고 있다. 〈뉴욕타임스〉와 인터뷰에서 가톨릭 잡지 〈아메리카〉의 편집자였던 탐 리즈 신부는 이렇게 말했다. "교회는 죄의 개념을 다시 방정식에 도입하려고 합니다." 그들은 신앙의 가격을 높여서 충성스러운 고객들을 더 많이 포섭해야 할 필요성을 느끼고 있는 것이다.

교회가 원하는 것

신앙의 가장 근본적인 교의 속에는 제도적 교회의 존재를 그 어디에서도 요구하지 않는다. 하지만 많은 교회들이 존재한다. 그리고 그들은 자신의 교리를 기록하고 예배 의식을 규정하며 금기 사항을 관리한다.

거기에 공감하는 사람들에게, 신앙이 가진 근본적인 매력은 그것이 창조하는 공동체에서 나온다. 만약 그것이 종교의 유일한 목적이라면, 교회는 이렇게까지 널리 전파되지 못했을지도 모른다. 문명이 종교에 또 다른 목적을 부여한 것이다. 그것은 바로 권력에 정당성을 부여하는 것이다. 이런 이유로 교회는 필요 불가결한 존재가 됐다. 파라오 시대 이집트로부터 중세 유럽을 거쳐 메이지 유신의 일본과 현재의 이란에 이르기까지, 지배자들은 자신의 권위를 세우기 위해 신성에 의지했다. 교회는 영적 세계의 믿음을 현세의 권력을 위해 사용했다. 그들은 자신을 인간 행동에 대한 궁극적 권위자로 내세우며 미덕을 보상하고 죄악을 징계하는 역할에 적응했다.

고중세 시대(High Middle Age) 가톨릭교회는 두 가지 중에 한 가지의 선택을 강요했다. 바로 구원과 지옥이 그것이다. 죄를 사함받기 위해 죄인은 극도로 어려운 시험을 감수해야만 했다. 하지만 유럽에서 가톨릭교회의 권위가 최절정에 도달했던 11세기에서 12세기경부터 교회는 율법을 완화하고 폭넓은 선택권을 제공하기 시작했다. 그들은 연옥의 개념을 도입했는데, 그것은 회개한 죄인이 죽은 뒤에 천국에 들어가는 것을 허락받을 때까지 머무는 곳이었다. 그것은 용서

와 면제에 필요한 가격을 좀 더 세분화할 수 있도록 죄를 구제가 불
가능한 것과 가능한 것으로 구분했다. 개혁의 핵심은 마을 광장에서
공개적으로 죄를 자백하는 것이 아니라 사제 앞에서 비공개로 고백
하는 것을 허용하는 데 있었다. 그리고 곧 가톨릭교회는 돈을 받고
면죄부를 팔기 시작했다. 이들 개혁으로 인해 죄의 평균 가격이 하락
했다. 고해를 통해 사제는 가격 차별화를 시도할 수 있게 되었다. 즉,
고해자의 재산을 평가하고 그가 지불할 수 있는 능력에 따라 금전적
벌을 조정할 수 있게 된 것이다. 교회의 재정이라는 측면에서 그것은
기적이었다.

가톨릭교회는 결국 이와 같은 조정에 대한 대가를 치르게 된다. 중
세 신앙의 시장에 대한 통제권을 두고 경쟁이 벌어지게 된 것이다.
가톨릭교회는 점점 더 탐욕이 커졌다. 호화로운 생활을 위한 자금을
조달하기 위해 온갖 율법에 따른 세금을 징수했다. 헨리 7세가 왕위
에 있었던 1501년, 교황은 교서를 통해 모든 면죄부의 가격표를 공
시했는데, 영국인들은 그것을 기준으로 돈을 내고 모든 죄를 면죄 받
을 수 있었다. 연간 수입 2000파운드 이상의 평민 지주는 3파운드에
추가로 6소브린(sovereign)과 8디나르(dinar)를 내야했다. 수입을 기준
으로 하는 척도의 반대편을 보면, 연간 수입이 20에서 40파운드 사
이에 있는 사람의 경우 고작 16디나르를 내게 되어 있었다. 또한 친
척을 연옥에서 빼내기 위해 돈을 지불할 수도 있었다. 주교는 성직을
유지하기 위해 정기적으로 면죄부를 사야만 했다. 게다가 결혼하기
위한 로열티도 있었다.

교회가 근친 간의 결혼에 눈살을 찌푸리고 있었던 것은 이미 4세

기까지 거슬러 올라간다. 부분적으로 그것은 근친 교배에 대한 우려
에서 비롯된 것으로, 그것은 유전적으로 결함이 있는 아이가 태어날
위험을 안고 있었다. 하지만 거기에는 또 다른 목표가 있었다. 귀족
들은 재산이 가문 밖으로 빠져나가지 않도록 친척들끼리의 결혼을
선호했다. 교회는 이로 인해 자신의 권위에 도전할 수 있는 강력한
왕조가 출현하게 되는 것을 두려워했다. 더 나아가 근친결혼을 금지
함으로써 교회는 부유한 가문에 '특별 허가'에 따르는 합법적으로 비
용을 부과할 수 있었다.

근친결혼 금지 조항은 시간이 흐르면서 점점 더 강화됐다. 4세기
만 해도 교회는 4촌 간의 결혼을 금지했었다. 6세기가 되자 교회는
그 범위를 12촌으로 확대했다. 금지에 따른 혜택은 엄청났다. 11세
기 교회의 뜻을 어기고 먼 친척인 플랑드르의 마틸다와 결혼한 뒤 교
황 레오 9세에게 파문을 당하자, 훗날 정복왕 윌리엄(William the
Conqueror)이 되는 노르망디 공작은 캉에 남자 수도원과 여자 수도원
을 건설하여 파문을 철회시킬 수 있었다.

그들이 몰락하게 된 원인은 아마 행동 가격표에 대한 그들의 관리
방식에 있을지도 모른다. 16세기 유럽을 휩쓴 종교 개혁을 설명하기
위해 몇 가지 이론이 경쟁을 벌이고 있다. 가톨릭교회에 대한 공격을
주도했던 마틴 루터는 교회가 부패했으며, 도덕적으로 쇠퇴하는 중
이라고 비난했었다. 역사가들은 북유럽을 초토화시킨 몇 차례의 전
쟁에서 교회가 지는 쪽의 대의명분을 지지했었다는 점을 지적한다.
하지만 나에게 가장 마음에 드는 가설은 신자들이 더 이상 돈에 걸맞
은 가치를 받지 못했기 때문이라는 것이다. 신앙의 논리에 의해 신자

들 사이의 결속력을 강화하려고 교회가 부가한 가격은 본래의 목적
을 상실했다.

교회는 신자들에게 영감을 불어넣는 활동을 중단하고 지대를 거두
는 데 몰두했다. 신자들로부터 돈을 거두기 위해 더욱 정교해진 새로
운 방식들을 계속 선보이다 보니 신자들에게 교회는 너무 비싼 반면
그 대가로 돌아오는 서비스가 너무나 적은 존재가 되었다. 이로 인해
새로운 경쟁자들이 시장에 진입할 수 있는 여건이 마련됐다. 그리하
여 프로테스탄트 교회가 등장해 좀 더 좋은 가격에 신과 직접 연결될
수 있는 길을 열었다. 그들은 지대를 제거하고, 초기 교회 때부터 믿
어 왔던 요소인 커다란 희생에는 종교적인 보상이 따른다는 전통적
연관성을 회복시켰다.

이런 접근법은 북유럽의 도시들 사이에서 발전하기 시작한 신흥
자본주의 경제 체제에 특히 적합했는데, 아무래도 중산 계층은 토지
를 소유한 봉건 귀족들에 비해 본질적으로 불안정할 수밖에 없었기
때문이다. 가톨릭교회는 기업가들을 상대로는 유럽 귀족 계층과 형
성했던 것과 똑같은 동맹 관계를 형성하지 못했다. 오히려 기업가들
은 지대 추구에 열을 올리는 가톨릭교회에 저항했으며, 경제적 혁신
에 대한 교회의 간섭을 반대했다. 그 결과 그들은 가톨릭교회와 경쟁
하는 교회를 선택했다.

죄악 대 세속

세계를 신이 창조했다는 믿음은 지난 수백 년 동안 난타를 당해 왔다. 서구에서는 16세기 니콜라우스 코페르니쿠스가 세상의 중심은 지구가 아니라는 사실을 증명함으로써 전지전능한 만물의 신이 우주의 특정 구석에 있는 작은 행성에서 벌어지는 사건에 얼마나 신경을 쓸 수 있겠는가라는 의문이 제기된 이래로 점차 과학이 종교를 대체해 왔다.

그 이후 창조론에 대한 대안으로 빅뱅 이론이 등장했고, 인류의 기원에 대한 성경의 해설에 대한 대안으로 다윈은 자연도태설을 제안했다. 신경 과학은 지력과 두뇌를 동일시하여 인간으로부터 영혼의 존재를 제거했으며, 현대 심리학은 심지어 행복에 도달하는 경로로서 종교에 도전장을 내밀었다.

18세기 이후, 마르크스로부터 에밀 뒤르켐과 막스 베버에 이르는 유럽 사회학자들은 세속의 진보가 종교를 사라지게 만들 것이라고 주장했다. 그것은 천사에 의지하지 않고 세상을 설명하는 대안적 세계관을 신자들에게 제공하여 종교의 핵심적 가르침이 가지는 권위를 약화시켰다. 게다가 종교 공동체를 정의하며 그들에게 공동의 목표를 제공해 주던 값비싼 비용과 희생의 체계는 인간의 진화 과정에서 종교가 성공하는 데 큰 기여를 했지만 이제 그 역할을 세속적 법률 체계에 넘겨주었다. 세속 국가는 민주주의적 절차를 통해 종교가 제공하는 표준과 금기의 메뉴를 대체하는 다른 수단으로 공동체의 단결을 구현하고 있다.

세속의 국가 기관이 교육과 의료를 비롯해 연금이나 실업자에 대한 지원과 같은 기타 사회 보장 요소들을 점진적으로 종교로부터 인수했다. 사람들이 점점 더 부유해지고, 교육 수준이 높아지며, 사회적으로 인내심이 많아지고, 정치적으로 자유로워질수록 종교의 목적은 점점 더 퇴색했다. 20세기의 후반부 내내 신에 대한 믿음은 사실상 모든 서유럽 국가와 심지어 일본에서도 쇠퇴했다. 적어도 매주 한 번은 미사에 참석하는 아일랜드 인의 숫자가 1981년 82퍼센트에서 십년 뒤에는 65퍼센트로 감소했다. 네덜란드에서는 그 수자가 26퍼센트에서 14퍼센트로 떨어졌다.

하지만 이렇게 세속화의 경향을 보이고 있는 산업 국가들 중에서도 점차 그들과 거리를 두고 있는 국가가 존재한다. 그것이 바로 미국이다. 미국인들은 지난 100년 동안 눈부신 경제 성장에도 불구하고 신에게 열광했다. 2001년, 미국인들 중 46퍼센트가 적어도 일주일에 한 번 종교 행사에 참석하여 20년 전에 비해 3퍼센트 포인트 높은 수치를 기록했다. 더불어 미국 전체 인구 중 4분의 3 이상이 사후 세계를 믿는다고 응답하여 1947년에 비해 12퍼센트 더 높은 수치를 기록했다. 미국의 종교적 열정은 개발 도상 국가들의 그것에 거의 상응한다. 2002년 퓨 글로벌 애티튜드 프로젝트(Pew Global Attitude Project)에 따르면 59퍼센트의 미국인들이 종교가 자신의 삶에 대단히 중요하다고 말했다. 이것은 다른 선진국들에 비해 적어도 두 배나 높은 비율이자 터키나 멕시코, 베네수엘라에 상응하는 수준이다.

이와 같은 유형으로 인해 일단의 미국 경제학자와 사회학자들은 세속화 가설이 틀렸다고 단정하기에 이르렀다. 만약 다른 부유한 국

가에서 종교가 쇠퇴했다면, 그것은 종교 서비스에 대한 수요가 감소
해서가 아니라 값싼 공급 때문이라는 것이다. 서유럽에서 종교에 대
한 지지가 감소한 이유는 가톨릭교회가 국가의 지원을 받는 독점적
지위를 누리다 보니 점차 나태해져 신자들이 떨어져 나갈 수밖에 없
었기 때문이다. 그들의 서비스는 어떤 중요성을 갖기에 너무 싸구려
가 되어 버렸다. 그와 대조적으로, 미국에서는 종교가 번영한 것은
각자 독립성을 추구하면서 종교와 정치가 엄격하게 분리됐을 때 활
짝 꽃을 피울 수 있는 역동적인 다양성 때문이다. 십여 개의 종파가
출현하여 주류 기독교 교리의 환상에서 벗어난 교인들에게 높은 가
격과 고도의 응집력을 제공했다. 여러 조사로 나타난 결과에 따르면,
가톨릭교도는 약 30명 중 한 명 꼴로 한 주에 일곱 번 이상을 기도하
는 데 비해, 미국 신교도들은 대략 여덟 명 중 한 명이 그렇게 하고
있다. 신교도들은 가톨릭교도보다 지옥을 믿는 경향이 더 강하며 교
회와 관련된 사교 집단에 가입하는 경향도 훨씬 높다. 신교도들 중
29퍼센트는 적어도 한 달에 한 번 낯선 사람에게 전도를 시도한다고
말했다. 가톨릭교도는 불과 11퍼센트만이 그렇게 한다고 대답했다.

신앙의 공급 측 혹은 자유 시장 이론으로 알려져 있는 이 가설은,
종교가 일종의 클럽으로서 자신의 신앙을 위해 기꺼이 희생할 수 있
는 비슷한 사고방식의 회원들에게 실생활에서 혜택을 줄 수 있기 때
문에, 과학의 발전과 그로 인한 대안적 세계관에도 불구하고 종교가
살아남은 것이라고 주장한다.

사회학자 로저 핀키와 로드니 스타크는 1776년에 고작 17퍼센트
의 미국인만이 교회에 충실했었다는 사실에 주목했다. 하지만 경쟁

적으로 새로운 교파들이 사람들의 영혼을 갈구하면서 1850년에는 그 비율이 두 배인 34퍼센트가 되었고, 1926년에는 다시 배가 되어 56퍼센트에 도달했다. 그들의 주장에 따르면, 모르몬교와 여호와의 증인 같은 가장 엄격하고 열광적인 교파들은 공격적으로 새로운 신도를 전도하는 것뿐만 아니라 그들이 시장 점유율을 빼앗아 오는 대상인 가톨릭교회나 주류 프로테스탄트 교회보다 훨씬 더 엄격한 규율을 적용하기 때문에 가장 빠른 성장세를 유지한 것이다.

미국의 종교 서열이 변화하는 방식에는 일종의 모순이 존재한다. 1960년대에 세속 사회가 종교계에 보낸 메시지는 '현대화'인 것처럼 보였다. 종교계의 선택은 시대 속으로 사라지지 않으려면 세속적인 세계에 문호를 개방하고 과학적 발견에 적응하는 것이었다. 세계 전역에서 가톨릭교회가 그런 선택을 했지만 그것은 아무 효과가 없었다. 효과를 본 쪽은 그 반대 노선을 택한 교파였다. 번영을 누린 교파는 근본주의자들과 성경을 진보적으로 해석하여 설교에 반영하는 교파, 그리고 성령의 힘을 강조하는 기독교 교파들이었다. 다시 말해 과거로 한 걸음 물러서서 신앙이 일종의 벽이 됨으로써 신도들에게 높은 비용을 부과하고, 공동체를 외부와 격리시켜야 한다는 전통적 명제를 회복시킨 교파들이었다.

신은 복귀할 것인가?

이것은 매우 매력적인 테마이다. 몇 해 전 나는 히스패닉계 미국인

들을 대상으로 활발하게 전도 활동을 벌여 가톨릭 신도의 감소를 초
래하게 만든 복음주의 프로테스탄트 교파들에 대해 기사를 쓴 적이
있다. 나는 캘리포니아 주 온타리오에서 주로 히시패닉계 주민들이
거주하는 지역의 슈퍼마켓을 대상으로 전도 활동을 수행 중이던 남
침례회 신도들을 따라 다닌 적이 있었다. 그들은 목표 의식과 열정으
로 정말 볼 만한 광경을 연출했다. 대략 10여 명 정도의 인원이 슈퍼
마켓 주차장에 도열하여 슈퍼마켓 이용자들에게 기독교 신앙인의 삶
을 통해 얻을 수 있는 혜택을 집중적으로 강요했다. 한 여성이 쇼핑
한 물건으로 가득한 카트를 세워 차에 짐을 실으려고 멈췄다가, 누군
가가 억지로 손에 쥐어 준 전단을 힐끗 쳐다보기라도 할라치면 한 무
리의 전도단이 마치 거위의 무리처럼 그녀를 둘러쌌다. 그들은 결코
지치는 법이 없었다. 일주일에 걸쳐 슈퍼마켓에 나가는 동안 나는 대
여섯 번에 걸쳐 신의 품에 안기라는 초대를 받았다. 멕시코에서 자라
는 동안 경험했던 지루하고 따분한 미사와는 대조적으로, 침례교는
록 콘서트를 보는 것처럼 에너지가 넘쳤다. 게다가 그들은 신앙이 어
떻게 사람들의 불안정한 삶을 개선시키는지에 대해 명확한 약속을
제시했다.

　하지만 독특하게도 신에 대한 미국인들이 강한 애착을 갖는 이유
에 대해 잠재적인 다른 설명도 존재한다. 나는 그것이 부유한 나라치
고는 미국에는 빈곤층이 많다는 사실과 관련되어 있다고 추측한다.
사회학자들은 잠재적 위험에 대한 보험으로서 종교적 서비스에 대한
수요는 국가가 발전할수록 감소한다고 제안했다.

　경제 발전은 사람을 더욱 안정적으로 만든다. 그것은 수입과 더 나

은 의료 서비스, 교육을 제공한다. 그것은 정치적 탄핵이나 종교적 갈등의 여지를 줄여 준다. 하지만 그런 효과가 사회 전반에 골고루 미치지는 못한다. 심지어 고도로 성장한 국가들 내에서도 비참한 삶을 살고 있는 인구가 상당히 큰 비중을 차지하고 있다. 이들 빈곤층 내에서는 안정감과 궁극적인 행복을 제공하기 위해 종교가 번성하게 된다. 여기서는 신이 일종의 궁극적인 보험으로서 자신의 역할을 수행할 수 있다. 미국에서는 다른 선진국에 비해 가장 극심한 수입 불균형이 존재하기 때문에 이와 같은 빈곤층의 숫자가 상당히 많다.

이런 관점에서 볼 때, 다른 부분에서는 세속화가 진행되고 있는 가운데 일부에서는 종교가 성장하고 있는 이유가 분명해진다. 즉 가난한 종교 국가에서는 부유한 세속 국가에 비해 국민들이 더 많은 아이를 낳기 때문이다. 세계적으로 경제 성장은 출산율 감소로 이어졌다. 부유한 국가에서 가족은 적은 수의 자녀를 낳은 뒤 더 많은 자원을 그들에게 투입하는 방법을 선택한다. 그와 대조적으로 열정적인 빈민들은 피임을 거부하여 대가족이 결성될 수밖에 없는 전통을 고수한다.

이스라엘에서 정통파 유대교인들은 비정통파 유대교인들에 비해 수입이 절반 이하이다. 1990년대 중반 정통파 유대교인들의 출산율은 여성 1인당 7.6명이었다. 그와 대조적으로, 비정통파 유대교인들의 출산율은 2.3명이었다. 미국의 경우, 가장 종교적인 주가 가장 출산율이 높은 동시에 가난했다. 아마 뉴햄프셔 주는 미국에서 가장 신을 두려워하지 않는 곳일 것이다. 그 주의 주민들 중 21.4퍼센트가 무신론자이거나 종교가 없었다. 그들은 상대적으로 부유해서 2007년 1인당 수입은 7만 4625달러였다. 그리고 2006년 여성 1000명당 42명의 아이가 태어났다. 그와는 대조적으로 미시시피 주는 여성 1000명당 62명의 아이가 태어났다. 미시시피 주는 가난하다. 그들의 수입은 4만 4769달러였다. 그리고 종교가 없다고 대답한 미시시피 주민은 고작 5.8퍼센트에 불과했다.

지난 100여 년에 걸친 세속화의 물결을 경험했음에도, 세상은 종교적 성향이 덜해진 것이 아니라 더욱 강해졌다고 나는 추측한다. 산업 혁명 이래로 경제 성장은 사실상 거의 모든 문제에 대한 인류의 해법이었다. 기술 발전으로 인해 자원을 더욱 효율적이고 집중적으로 활용할 수 있게 되면서 세계는 그 이전에 한 번도 본 적이 없는 번영의 시대에 접어들었다.

하지만 그런 시대가 이제는 끝이 나려고 한다. 지구 온난화는 우리가 경제적 번영을 추구하는 가운데 자원의 한계점을 향해 돌진하고 있다는 사실을 암시한다. 자원이 고갈될수록 경제적 성장을 이루기는 더욱 어려워질 것이다. 토머스 로버트 맬서스 목사가 "인구의 영향력은 인간의 생활 수단을 생산하는 토지의 능력보다 무한하게 크다."고 주장한 지 200년이 흐른 뒤, 그의 함정이 있음직한 미래로 보이기 시작했다.

우리가 자원의 한계에 도달한다면, 다시 한 번 신을 찾게 될 것이다. 단순히 경제적 성장이 멈춘다고 해서 빈곤이 촉진되지는 않을 것이다. 경제적 산출을 위해 인간과 사회가 격렬한 경쟁을 벌일 수밖에 없을 때, 종교가 설정한 기준은 사회가 응집력을 유지하는 데 편리한 도구로 사용될 것이다. 우리는 도저히 개선의 여지가 없는 인류의 운명에 위안을 주는 진통제로서 신에게 초자연적인 목소리를 들으려고 할 것이다. 아니면 이제 제로섬 게임에 불과한 자원 전쟁에서 승리를 거두기 위해 도움을 받으려고 할 것이다.

이런 반이상적인 미래에서 많은 사람들에게 종교가 어떤 희생을 요구하든 신앙은 그만한 값어치를 갖게 될 것이다.

미래의 가격

The Price of Future

✕

CHAPTER 9

지난 백년간 경제학은 희망 없이 파멸과 절망만을 퍼뜨리는 우울한 학문으로 알려져 왔다. 스코틀랜드 목사 토머스 로버트 맬서스의 영향 때문이었다. 200년 전, 맬서스는 당시 급성장 중이던 인류 발전의 낙관론에 심한 타격을 주었다. 경제학자이자 인구 통계학자였던 그는 1798년 〈인구 원리에 관한 소론: 장래의 사회 개혁에 미치는 영향〉이라는 논문을 내놓았고, 지구 자원의 한계성이 인류를 빈곤에 처하게 만들 것이라는 주장으로 대영 제국의 자신감을 흔들어 놓았다. 또한 불가피한 식량 기근 문제가 이제 문명의 발전을 저지할 것이라고 말했다.

진행 과정은 간단하다. 통제 불가능한 번식 욕구 때문에 한 가정의 소득이 증가하면 가족 구성원을 늘이고, 아이들을 먹이고 입히는 일

로 돈을 모두 써 버린다. 그렇게 해서 다시 최저 생활 상태에 계속 머
무를 수밖에 없게 되는 것이다. 기하급수적으로 증가하고 있는 불가
피한 인구 성장은 인류의 비극이라고 말할 수 있다. 맬서스는 인구가
25년마다 두 배씩 증가할 것이라고 예상했지만, 인구가 성장하기 위
해서는 식량 공급이 충족되어야 한다. 추가 생산을 위해서는 새로운
토지를 일구어야 한다. 또 농업 생산량의 증가 속도도 더디기 때문에
식량 공급은 결코 인구 성장 속도를 따라잡지 못한다. 공급량보다 수
요량이 더 빠른 속도로 늘어나 식품 가격도 오르고, 결국 저소득 계
층이 구입할 수 없을 정도가 되면, 인간들은 서로를 죽이거나, 스스
로 굶주려 죽거나하여 지구가 수용할 수 있을 만큼의 인구량으로 다
시 되돌아오게 된다.

"인간의 악덕은 그들이 인구 감소에 적극적이고 유능하게 기여한
다는 점이다. 그들은 거대한 파괴력을 가진 선구자들이며, 끔찍한 일
을 자청하여 해 내기도 한다."고 맬서스는 기록했다. "인류가 멸종
전쟁에서 실패한다면, 전염병이나 페스트가 수천 수만 명의 사람들
을 쓸어 내게 될 것이다. 또 멸종 전쟁에서 불완전하게 성공한다면,
잠복해 있던 대규모 기근과 단 한 번의 강한 타격에 의해 세계의 식
량 수준에 맞게 인구량이 줄어들 것이다."

이런 종류의 글쓰기는 맬서스에게 우울한 명성을 안겨 주었다 빅
토리아 시대의 역사가 토마스 칼라일은 맬서스에 의해 논란이 불거
진 인구 역학 논의를 이렇게 묘사했다. "현재나 미래에 대한 희망은
전혀 없을 뿐더러 감동적이지도 않고 우울하기만 한 논쟁." 하지만
맬서스의 예언은 전적으로 합리적인 것이었다. 영국이 아닌 다른 나

라에서 그의 예언이 현실로 일어나기도 했다. 고대 마야 문명은 무수히 많은 전쟁으로 뿔뿔이 찢긴 채 기원전 9세기경에 붕괴되었다. 전쟁은 지금의 과테말라, 온두라스, 벨리즈, 멕시코 남 북부 지방이 자리 잡고 있는 저지대에서 천연 자원 고갈 문제로 발생했었다.

오늘날 모아이 조각으로 유명한 라파누이 이스터 섬 또한 그곳의 물리적인 한계에 부딪혀 붕괴되고 말았다. 거대한 두상의 모아이 조각상들은 모두 같은 형상으로 만들어졌다. 15세기 초 이스터 섬은 인구수가 최고 만 명에 달했지만 제임스 쿡 선장이 1774년 섬을 찾았을 때는 이미 그 수가 이 천 명으로 줄어들어 있었다. 살아남은 사람들도 그 기념비적인 조각상이 어떻게 만들어진 것인지 알지 못했다.

맬서스가 살았던 세상은 오랫동안 맬서스 학파의 수렁에 빠져 있었던 것으로 보인다. 그 전 2.5세기 동안 1인당 평균 수입이 매년 0.1퍼센트씩 아주 천천히 증가했고, 1500-1750년 사이에 세계 인구는 3분의 2만큼만 증가하여 7억 2000만 명이 되었다. 인구수는 크게 늘지 않았다.

맬서스가 살고 있던 영국은 다른 나라들보다 많이 번영했지만 1750년에 태어난 영국 아이들도 30대 중후반에 죽을 것으로 예상되었다. 1750년대 영국의 인구수는 전쟁, 질병, 식량 부족의 영향으로 1300년대 인구수와 거의 비슷하게 유지되었다. 사실상 인구 증가는 불가능한 상황이었다. 1800년대 런던 사람들의 수입은 실제로 4세기 전 그들의 조상들과 같았었다.

그 당시 인구가 크게 증가하지 않았음에도 불구하고, 맬서스는 미래를 다르게 예측했던 것이다. 그는 향후 2백 년 동안 영국을 포함한 유럽 국가들이 선례 없는 경제 성장에 돌입할 것이며, 성장은 세계 곳곳으로 퍼져나가 인류 복지를 급진적으로 향상시킬 것이라고 생각했다.

영국 북서부 카운티 랭커셔의 면직물 공업에서 플라잉셔틀 방적기와 뮬 방적기 같은 일련의 실 잣기 기구가 새롭게 발명되어, 1730년 초에 일찍이 생산성 혁명이 시작되었다. 방적 혁명 직후 직조 문제가 해결되었고, 1700년대 후반 영국은 농업 국가에서 산업 국가, 방직 합금 수출 국가로 바뀌기 시작했다. 그리고 증기 기관의 확산은 19세기 산업 혁명을 정점에 이르게 했다. 생활 수준이 향상되자 유아 사망률도 급격히 줄었다. 하지만 인구 성장은 물질 발전의 속도와 맞지 않았다. 1801년과 1901년 사이에 영국 인구는 세배 늘어나 3000만 명이 되었지만 런던 사람들의 실제 임금은 두 배 늘어난 것에 그쳤다.

경제 과도기의 중요성을 과장하기는 쉽지 않다. 새롭게 개척된 식민지를 제외하면, 사실상 지금까지 두 배의 인구 성장과 같은 양의 생활 수준 향상을 이루어 낸 나라는 없었다. 19세기 영국의 번영은 영국제 강철 선박이 유럽을 천연 자원이 풍부하고 인구 밀도가 낮은 신세계로 데려가 주었기 때문에 가능했다. 1820~2000년까지 지구가 부양한 경제 활동은 60배로 성장했다. 세계 인구는 여섯 배 늘어나 대략 60억 명이 되었고, 1인당 수득은 거의 열배나 뛰었다. 맬서스가 예언한 암울한 미래는 쏟아지는 발전 아래에 묻히게 되었다.

200년 전에 만들어진 맬서스 이론은 악몽이었고, 그 악몽을 극복하려는 움직임은 문명의 발달에 활력소가 되었다. 이는 환경 제약을 극복하는 인간의 정교한 능력을 돋보이게 만들었다. 그럼에도 불구하고, 200년 전 예언된 맬서스의 우울한 현실은 머지않아 다시 한 번 그 거대한 모습을 드러낼 것 같다. 크게 향상된 생산성에도 문명은 자연 환경의 물리적 한계에 도달하였고, 이제 지구의 적재 능력에 부담을 주고 있으며, 끔찍한 미래 재앙의 전조가 될 수도 있다. 중국처럼, 인도나 다른 개발 도상국들도 기름, 식료품, 원자재 가격 인상으로 가난에 허덕이는 자국민들을 구하기 위해 경제 성장을 시작할 준비가 되었다. 주요 자원의 가격 인상은 지구가 인류의 번영을 더 이상 지원할 수 없을지도 모른다는 사실을 보여 주는 것이다. 우리의 무분별한 에너지 소비와 탄소 배출에 의해 기후가 변화하고 있고, 지금은 그로 인한 피해를 막기 위해 어느 때 보다 더 많은 토론이 진행되고 있는 실정이다.

미국은 매년 1인당 20톤의 이산화탄소를 배출하고 있는 반면, 중국은 1인당 5톤을 배출하며, 인도는 1인당 단 1톤만을 배출하고 있다. 그런데 이 나라들이 모두 산업화를 시작하면 더 많은 에너지를 소비하고 더 많은 이산화탄소를 배출할 것이다. 13억 중국인들과 11억 인도인들이 미국인들과 동일한 양의 이산화탄소를 배출하게 되면, 세계의 이산화탄소 배출량의 두 배에 이를 것이고, 이는 미국 경제의 7배에 해당하는 양이 될 것이다.

현시대에 다시 퍼져 가고 있는 맬서스 이론은 곤혹스러운 질문으로 우리와 마주한다. 세계 경제는 기후 변화로 인한 피해를 발생시키지 않고 앞으로 얼마나 성장할 수 있을까? 우리 자신이 책임져야 할 양을 묻는다면 대답하기는 더욱 힘들어진다. 미래 생태계에 손상을 주지 않기 위해 우리는 어느 정도의 경제 성장을 포기해야 하는가?

궁극적으로, 질문의 핵심은 이렇다. 미래 세대를 보호하기 위해 당신은 오늘 얼마를 지불할 의향이 있는가?

잘못 계산된 자연의 가격

경제학자 제프리 삭스는 기후 변화를 '화학 물질이 일으킨 사고'라고 묘사했다. 우리가 자동차의 가속 페달을 밟고, 난방 온도를 높이게 되면, 이산화탄소가 대기로 방출되고 사라지지 않는다. 그로 인해 대기의 열기가 지구 밖으로 빠져나가지 못하면서 서서히 지구의 온도가 높아지고, 결국 자연의 아슬아슬한 균형마저 위협하는 순간까지 이른 것이다. 그런데 우리는 이러한 사실을 어떻게 알 수 있었을까? 시장 경제의 실패도 자연 파괴의 한 원인이라고 볼 수 있다. 온난화 피해로 나타나는 종의 멸종, 토양의 척박화 등은 지구가 인류를 부양하는 데 어려움을 겪고 있다는 신호이다. 이는 세계 경제가 자연 자원에 적절한 가격을 부여하지 못하고 있다는 사실을 두드러지게 보여 주는 것이다.

시장 경제에서 가격은 자원을 효율적으로 배분하도록 만들어 주는 중요한 수단이다. 수요량이 공급량을 초과하면 가격은 상승하게 되고, 더 많은 수의 생산자들을 시장으로 끌어들이면서, 동시에 미묘한 가격 상승이 부담스러운 몇몇 소비자들은 시장을 떠나게 된다. 그렇게 천천히 가격이 조정되어 다시 시장은 균형을 이룬다. 하지만 관대한 자연 자원에 대해서는 조정 기능이 일어나지 않는다. 우리는 자연 자원을 마음껏 '공짜'로 사용한다. 다른 '공짜' 자원과 마찬가지로, 우리의 소비 욕구를 조절해 줄 가격 신호가 없기 때문에 우리는 그것이 없어질 때까지 소비하게 된다.

가격 조정 기능 부재로 인해 매립지는 쓰레기로 넘쳐 나게 되었고, 강물은 수은으로 오염되었으며, 북극 빙하가 녹아내리고, 대서양의 대구 어획량도 대폭 감소했다. 당연히 어부의 입장에서 보면, 대구는 공짜 자원이었다. 어부는 물고기가 있는 곳이면 어디든 가서, 고기를 찾고, 잡는 일만 하면 되었다. 대구라는 자원은 어부가 원하는 만큼 얼마든지 많이 잡을 수 있는 대상이었다. 근방에 있는 다른 어부들도 사정은 마찬가지였다. 어부들은 물고기가 공짜 자원이기 때문에 당연히 번식이 채 끝나기도 전에 마구잡이로 그물망을 끌어올렸다.

깨끗한 공기부터 깨끗한 물까지, 대부분의 '공짜' 자연 자원도 마찬가지였다. 물은 세계적으로 가장 큰 공공사업인데, 그 값은 거의 공짜나 마찬가지이다. 물 부족 현상이 여기저기서 나타나고 있는데도 이를 가격에 반영하지 않기 때문에 사람들은 여전히 물을 아껴서 사용해야 할 필요성을 느끼지 못한다. 곡물의 경우, 하천으로 유입되는 질소 유거수(지표면에 흐르는 물 등)를 처리하는 데 드는 비용은 대개 가격에 포함되지도 않는다. 물과 공기는 우리가 사용하는 양에 비해 터무니없이 낮은 가격이 책정되었다. 이제 깨끗한 공짜 물과 공기는 고갈되기 시작했고, 사람들은 이제야 위기 해결을 위해 급하게 서두르고 있다. 기후 변화는 역동적인 인류의 미래에 가장 위협적인 사태이다.

에너지는 다른 어떤 자원보다 가격이 낮은 편에 속한다. 주유소

휘발유의 가격은 석유를 찾는 데 드는 비용과 석유가 매장된 나라에 지불하는 비용, 석유를 땅속에서 끌어올리는 데 드는 비용, 그것을 가솔린으로 정제하는 데 드는 비용, 그리고 각국의 주유소로 이동시키는 데 드는 비용만을 계산한 것이다. 어느 나라에서도 기름을 태워 나오는 이산화탄소가 대기에 미치는 피해액은 가격에 포함시키지는 않았다.

기후 변화가 자연 환경에 미치는 손해에 대해 수없이 많은 가설들이 있어서 피해 가격을 제대로 책정하는 일은 아주 힘들다. 미국 환경보호국(EPA) 연구 보고서에 따르면, 이산화탄소 배출이 다음 세대 자연 환경에 미치는 부담액, 즉 이산화탄소 배출의 '사회적 비용'이 현재 이산화탄소 1톤 당 40-68달러 사이에 책정되어 있지만, 공기 오염이 심해지면 사회적 비용도 증가하여 2040년 즈음에는 105달러에서 최고 179달러에까지 이르게 될 것이라고 한다. 1갤런의 기름을 태워서 20파운드 정도의 이산화탄소가 배출된다고 가정하면, 운전자에게 환경 비용으로 1갤런 당 60센트의 세금이 부과되어야 한다.

미국 사람들은 매년 1인당 20톤의 이산화탄소를 배출한다. EPA가 산출한 결과에 의하면, 미국은 매년 국민에게 1인당 최고 1224달러까지 부과하고 있다고 한다. 그리고 그 액수는 낮게 책정된 것일 수도 있다. 다른 기관에서 계산한 이산화탄소 1톤당 현재의 사회적 비용은 159달러에 달했다. 에너지 사용에 대한 세금 계산서를 지금 당장 받게 된다면 아마도 모든 사람들이 에너지를 더욱 아껴 사용하게 될 것이다.

유럽의 경우는 에너지 가격에 붙는 무거운 과세 덕분에 미국보다 에너지 절약을 더욱 잘 실천하고 있다. 2009년에 독일 주부들은 1킬로와트시 당 23센트 정도를 지불했다. 이는 미국 전기세의 3배에 해당하는 금액이다. 또한 독일의 가스 요금도 미국보다 3배 높다. 독일 사람들은 에너지도 더 많이 절약해 매년 1일당 사용하는 석유의 양도 4톤 정도로 미국의 절반 수준에 해당한다. 이산화탄소 배출량도 1인당 10톤으로 이것도 미국에서 쏟아 내는 양의 절반이다.

미국 사람들도 이산화탄소 배출량을 줄일 수 있지만 그렇게 하기 위해서는 비용을 지불해야만 한다. 미국은 운전자들의 나라이다. 2000년에는 10명 중 9명이 자가용으로 출근했다. 1960년대에 비해 3분의 2나 늘어난 것이다. 1000명을 기준으로 미국은 820명이 국도와 고속 도로로 자동차를 타고 다니는 반면, 독일은 623명, 캐나다는 557명, 인도네시아는 76명밖에 되지 않는다. 운송 부분에서 미국은 1인당 휘발유 사용량이 호주에 비해 2배 가까이 많으며, 영국보다는 4배, 중국보다는 30배가 많다.

자동차 사용이 불가피하다면 더욱 효율적인 자동차로 운전하면 된다. 1999년부터 2008년까지 진행된 자동차 판매 조사에 의하면 기름 가격이 1달러 오르면 도요타의 코롤라(Corolla) 같은 작고 경제적인 차의 시장 점유율은 24퍼센트나 증가한다고 나타났다. 반면, 포드 F150 소형 트럭은 점유율이 11퍼센트 하락했다고 한다. 그렇다고 해서 미국의 거리 풍경이 소형차가 압도적으로 많은 유럽처럼 변하지는 않을 것이다. 기름 가격이 3배 오르자, 2009년에 가장 잘 팔린 차가 1마일 당 158그램의 이산화탄소만 배출하는 포드의 피에스타였다. 피에스타의 이산화탄소 배출량은 미국 사람들의 사랑을 받았던 포드 F150 소형 트럭이 1마일 당 660그램을 방출하는 것과 비교하면 아주 적은 양이다. 기름 가격 3배 인상은 미국 사람들에게 더욱 적극적으로 절약하는 계기가 될지도 모르겠다.

에너지에는 충분한 세금이 부과되지 않기 때문에 우리는 그것을 마음껏 멋대로 사용하여 390억 톤의 이산화탄소를 배출하고 있는 것이다. 배출량은 1980년대에 비해 60퍼센트나 증가하였다. 또 삼림 파괴로 인해 이산화탄소 200억 톤이 추가로 배출되고 있다. 산업 혁명이 시작된 이후로 대기 중 이산화탄소 농도가 50퍼센트 넘게 높아졌고, 지구 온도는 섭씨 0.5도 증가했다.

지구의 온도는 앞으로 더 올라갈 것이다. 지구촌의 온난화에 대해 연구하고 있는 정부 기관 전문가의 말에 의하면, 온실 가스 방출량이 2000년에서 2030년까지 25퍼센트에서 최고 90퍼센트까지 증가할 것이라고 한다. 이대로라면, 지구는 최소한 섭씨 1.8도 증가할 것이고 21세기의 마지막에는 6.4도까지 증가할 것이다.

과거의 빙하기에서 현재까지 지구 온도가 5도 정도 오른 것에 비하면 큰 상승세라고 할 수 있다. 지구 환경을 대폭 파괴시키는 데 많은 온도 상승이 필요한 것은 아니다. 기온이 2도만 올라도, 강우 형태를 파괴시켜 인도, 중국, 남미에 가뭄과 홍수를 일으킬 수 있다. 아마존 열대 우림 지역들은 대초원이 되고, 지구에 존재하는 15-40퍼센트의 동식물종이 멸종의 위기에 처하게 될 것이다.

지구 온도가 더 높아지는 것을 그대로 보고만 있으면, 그 피해는 대재앙으로 나타날 수 있다. 그린란드의 총빙(바다 위에 떠다니는 얼음이 모여서 언덕처럼 얼어 붙은 것)이 녹아내리면서 해수면의 높이가 상승했다. 해수면의 상승은 네덜란드나 방글라데시의 하천 저지대 평야, 플로리다와 루이지애나의 3분의 1가량을 덮을 수도 있다. 개인이 자연 생태계를 얼마나 소중하게 생각하느냐에 상관없이 이것은 큰 문제가 된다. 2050년에는 지금보다 25억 명 더 늘어난 인구가 지구에 살고 있을 것으로 예상되는데, 현 추세로 보면 미래 사람들은 지금보다 10퍼센트는 더 더러워진 물을 마실 수밖에 없다.

최근까지도 동식물종의 멸종과 녹아내리는 북극 빙하에 대처하기 위해 지구 온난화를 막자는 주장이 펼쳐졌다. 하지만 몇 년 전, 세계은행 전 수석 경제학자 니콜라스 스턴 경을 주축으로 한 연구팀은 영국 재무부에 제출한 보고서를 가지고 논쟁의 흐름을 바꾸어 놓았다. 보고서는 엄격한 경제학적 관점에서 기후 변화로 인한 비용을 상세하게 설명했다.

지금 우리가 살고 있는 지구에 계속해서 이산화탄소를 뿜어내면 앞으로(21세기 말부터) 지구가 입게 되는 피해는 무서울 만큼 클 것이며, 그 크기는 "세계 전쟁이나 20세기 전반기에 발생한 거대 경제 불황에 맞먹는 규모이다."라고 결론지었다.

2006년 발행된 〈기후 변화의 경제학에 대한 스턴 보고서〉는 우리의 어리석은 행동에 대한 미래 비용이 적어도 세계 경제 생산량의 5퍼센트이고, 앞으로 최대 20퍼센트까지 높아질 것이라고 추정하고 있다. 총 경제 생산량의 5분의 1에 해당하는 12조 달러의 손실은, 미국 경제의 5분의 4의 손실에 해당하며, 중국, 일본, 인도 경제 전체의 손실과 맞먹는다.

미래의 윤리학

지금보다 조금 더 많이 걱정해야 하지 않을까?

기후 변화라는 개념은 1955년 가을 〈뉴욕타임스〉에 실린, 전자두뇌가 사전에서 적절한 단어를 찾을 수 있다는 기사에 처음으로 언급되었다. 1958년 10월, 인디애나 대학 지리학부 학과장 조지 킴블은 〈타임〉에 '날씨가 변덕스런 이유'라는 제목의 기사를 썼다. 그는 포르투갈에 내린 5월의 눈이나, 체코슬로바키아의 열파, 플로리다 역사상 가장 다습했던 기상 이변의 원인이 이산화탄소와 태양의 흑점 때문일 수 있다고 지목했다. 1979년 2월14일 〈타임스〉 과학부 편집장 월터 설리번은 "실제로 지금 어린아이들은 북극 빙하가 녹을 때까지만 살 수도 있다."고 말했다.

30년 후, 해운 회사와 광업 회사와 석유 회사는 북극의 무시무시한 빙하가 녹아내리면 석유나 광물의 매장 층이 열릴 뿐 아니라, 지구 맨 위쪽에 있는 새로운 해안선이 드러나기 때문에 그 순간을 숨죽이고 기다리고 있을지도 모른다. 지구 온난화의 비명이 점점 커지고 있음에도 불구하고, 전 세계 사람들과 지도자들은 이산화탄소 배출량을 과감하게 줄이는 단호한 조치에 동의하지 않고 있다. 2009년 12월 기후 변화 협약을 위한 이른바 중대한 정상 회의가 열린 쿠펜하겐에서 세계 각국의 지도자들은 이산화탄소 배출량 감축에 동의하지 않은 채, 아무런 성과 없이 코펜하겐을 떠났다. 오바마 행정부의 2010년 계획이었던 이산화탄소 배출량 할당 거래제 법안도 미국 상원 의회의 동의를 얻지 못했다.

경제 문제로 골치를 앓고 있는, 미국은 이제 기후 위기에 흥미를 잃은 것처럼 보인다. 2010년 초, 미국인 중 32퍼센트만이 지구 온난화가 심각한 위기 단계 도달한 것으로 여겼고, 16퍼센트는 자신들이 사는 동안에는 그 피해가 구체적으로 나타나지 않을 것이라고, 19퍼센트는 그런 일은 절대 일어나지 않을 것이라고 생각했다.

이산화탄소 배출량 감축에 많은 사람들이 반대하고 있다. 2007년 엑슨모빌(ExxonMobil, 미국 석유 화학 회사)에서만 배출한 이산화탄소 양이 3억 600만 톤이었다. 미국 전력 회사는 1억 5000만 톤 이상을 배출했다. 이산화탄소 1톤에 40달러의 세금을 부과하면 전력 회사 재정의 절반을 지출해야 하며, 이는 전력 회사 수입의 6배에 해당한다.

반대파들은 그보다 더 넓게 퍼져 있다. 공화당 의원들은 대부분 에너지 산업계와 연결되어 있기 때문에 이산화탄소 배출 감축 법안에 반대한다. 기후 변화에 대한 회의적인 시각은 지리적인 근거 때문이기도 하다. 에너지상업위원회 공화당원의 소속 지역구가 민주당원의 소속 지역구보다 1인당 이산화탄소 배출량이 21퍼센트 더 높았다. 발전(發電)으로 인한 오클라호마 주의 탄소 배출량 중 59퍼센트가 석탄 화학 공장에서 나온 것이었다. 때문에, 오클라호마 주 출신의 공화당 상원 의원 제임스 인호프가 지구 온난화를 "미국인들을 상대로 한 최대의 속임수"라고 했다는 사실도 별로 놀랍지 않다.

가난한 사람들은 에너지에 세금을 부과하는 정부 계획에 열정적으로 반응하지 않는다. 미국에서 수입이 가장 많은 열 명의 사람들이 배출하는 이산화탄소의 양은 최하위 소득 10퍼센트 전체의 양보다 2.5배나 많았다. 그런데 최하위 10퍼센트에 속하는 사람들의 에너지

구입비는 소득의 25퍼센트가 넘는 반면, 상위층의 경우는 3.6퍼센트 밖에 되지 않았다.

기후 변화를 막는 노력에 반대하는 움직임이 세계 곳곳에서 일어나고 있다. 열대 지방의 가난한 나라들도 지구 온난화로 인한 심각한 고통에 시달리고 있다. 농업은 브라질 경제의 25퍼센트를 차지하고, 인도 GDP의 21퍼센트를 차지한다. 그 양은 미국 경제에서 농업의 점유율보다 17배나 높은 수치이다. 2080년에는 지구 온난화로 인해 개발 도상국 전체의 농업 생산량이 15퍼센트에서 26퍼센트까지 감소될 것으로 예상된다. 반면, 독일의 모젤 강가 포도밭에서 일하는 농부들은 기후 변화를 환영할지도 모른다. 기온이 1도 상승하면 포도가 잘 익게 되어 한 해 농장 수입이 30퍼센트 증가할 것이고, 3도 상승하면 농장의 가치가 2배 높아질 테니 말이다.

고온으로 인해 산업 활동도 붕괴되고, 가난한 나라의 경우 정치적 혼란에까지 빠지게 될 것이다. 1950년 이후로 진행된 기온 변화와 경제 활동 사이의 관계에 관한 연구 결과에 의하면, 온도가 1도 증가하면 가난한 나라의 경제는 1.1퍼센트 하락하는 반면, 선진국에는 별다른 변화는 없는 것으로 나타났다. 지구의 온난화를 억제하면 개발 도상국은 이익을 얻는 입장이지만 대부분의 개발 도상국은 변화를 위한 새로운 비용에는 동의하지 않았다. 그들은 에너지를 많이 사용하여 부자가 된 선진국의 전략을 그대로 따라하고 싶어한다. 또한 개발 도상국은 오늘날 기후 변화의 책임이 선진국에게 있기 때문에 그 문제를 해결해야 할 도덕적 의무도 그들에게 있다고 말한다.

선진국들은 진퇴양난의 곤경에 처해 있다. 21세기 말까지 85퍼센트의 인구가 개발 도상국에 살게 될 것이다. 기후 변화를 막기 위한 법안이 제출되면 선진국의 투표자들은 그것을 먼 미래에 이 지구상에 태어날 사람들을 구하기 위한 계획이라고 본다. 선진국은 현재 후진국에 살고 있는 가난한 사람들도 도울 수 없는 상황이다. 선진국은 적어도 국내 총생산량의 0.7퍼센트의 예산을 해외 지원을 위해 책정하기로 했지만 룩셈부르크와 네덜란드, 노르웨이, 스웨덴, 덴마크만이 그 약속을 지켰다. 미국과 일본이라는 가장 큰 경제 대국은 각각 GDP의 0.2퍼센트와 0.18퍼센트만을 후진국 지원에 내놓았다. 독일은 GDP의 0.35퍼센트 금액을 지원했다. 그런 실정에서 이들이 아직 태어나지도 않은 외국인들을 위해 더 많은 지원을 하겠다는 사항에 동의할 가능성이 있을까?

지난 2009년 여름, 미국 의회가 탄소 배출 규제 법안에 대해 끝없는 논쟁을 벌이고 있을 당시, 에너지상업위원회의 공화당 최고 의원 조 바튼은 "우리가 중국에게 세계에서 가장 큰 무임 승차권을 주고 있는 것은 아닌지 걱정된다. 중국은 어떤 책임액도 부담하지 않고 선진국의 혜택을 모두 누리는 것이다. 그리고 2차 세계 대전 전부터 어떤 나라도 하지 않았던 방법으로 미국의 세계 경제 지배에 도전하고 있다."라고 주장했다.

왜 국가 간의 이익이 여러 가지로 대립되는 것일까. 우리가 기후 변화에 무신경한 태도를 취하는 가장 큰 이유는 미래의 고통에 대해 제대로 언급하지 못하기 때문이라고 생각한다. 이산화탄소 배출을 줄이기 위해서는 지금 당장 어려운 선택을 해야 하지만, 현재 추정되는 기후 변화로 인한 희생은 먼 미래에 발생할 것으로 여겨진다. 임박한 위협이 없기 때문에 사람들은 마치 지구 온난화의 문제가 자신과 상관없는 문제라고 여기고 있다.

그런데 기후 변화와 싸우는 것이 우리의 가장 중요한 문제라고는 하지만, 이를 거부하는 사람들의 의견도 아주 부당한 것은 아니다. 왜냐하면 지구 온난화로 인해 발생하는 환경적, 사회적, 경제적 손해를 추정하는 것은 매우 힘든 일이기 때문이다. 그리고 탄소 배출량을 과감하게 감축하려면 많은 비용이 들 수 있고 경제 성장 속도가 느려지고, 공장 투자 예산이나 교육 예산금에서 돈을 끌어와야 한다. 이렇게 하는 것이 문제를 처리하는 가장 좋은 방법이라는 것을 어떻게 확인할 수 있을까? 미래의 기후 격변을 막으려 노력하는 것 보다 오히려 가난한 나라의 산업화를 도와, 농업 의존도를 줄이게 만드는 것이 미래 사람들에게 더 나은 세상을 제공할 수도 있다.

우리 세대에 요구되는 비용은 친환경의 가치를 의미하는 것이 아니다. 자원과 서비스, 작업 환경에 대한 우리 세대의 욕구를 앞으로 100년 후에 살게 될 미래 세대의 욕구와 경쟁하게 만드는 것이다.

1970년에 환경 경제학자 탤봇 페이지는 문학적인 기교를 활용하여 자연 환경을 혹사시켜 발생한 도덕적 문제에 대한 경각심을 불러일으켰다. 그는 말한다. "당신이 미래의 젊은이가 되었다고 상상하라. 당신이 살고 있는 미래의 지구는 이전 세대의 무절제한 욕망으로 인해 곧 종말하게 될 위기에 처해 있다. 당신은 이전 세대의 귀신에게 무슨 권리로 자연을 파괴했느냐고 따지고 싶을 것이다." 하지만 탤벗 페이지는 이렇게 충고했다. "아마도 귀신은 '그렇잖아도, 내가 살아 있을 때 모든 사람들이 그 일 때문에 투표를 했소. 우리는 모두의 취향에 따르기로 한 거요.'라고 대답할 거다. 절대 당신의 화는 풀리지 않을 거다."

우리 세대의 취향은 미래 세대에게는 그리 좋은 것이 못된다. 1990년대에 중대한 연구가 진행되었다. 미국인들에게 현재 동시대에 함께 살고 있는 사람들과 비교해서 미래에 살고 있을 사람들을 얼마나 소중하게 생각하는지를 조사했다. 열 명 중 거의 네 명이 자신들은 25년 후 1000명의 생명을 구하는 데 투자하기보다는 차라리 지금 오염으로부터 죽어가는 100명의 생명을 구하는 계획에 투자할 것이라고 말했다. 즉, 거의 절반의 사람들이 100년 후 70명의 생명을 구하는 것보다 지금 한 명의 생명을 구하는 것이 더 가치 있다고 생각한 것이다. 그런데 다른 연구 결과에서는 현재를 선택하는 경향이 그렇게 뚜렷하지는 않았다. 또 최근의 조사에 의하면 28퍼센트만이 1년 후의 죽음이 100년 후 죽음보다 더 고통스러운 것이라고 대답했지만, 아직도 우리는 미래의 사람들보다는 동시대의 사람들에 대한 더 큰 유대감을 느끼고 있는 것은 분명한 사실이다. 우리에게 미래의 사람들은 실제로 존재하지 않는 추상적인 형상으로 받아들여지기 때문이다.

그래서 우리는 늘 후손의 욕구를 무시한다. 중장년층은 대부분 정책 투표에 참여하지만 청년층은 그렇지 않다. 그래서 중장년층이 원하는 결과가 나올 확률이 높다. 정부 지출도 나이든 사람들의 취향에 크게 치우쳐 있다. 중장년층을 위해 책정되는 정부의 사회적 지출 예산은 2000년에 1인당 1만 9700달러인 반면, 아동들을 위해 책정된 예산은 6380달러에 불과했다. 그리고 먼 미래에 살아 있을 것 같지 않은 중장년층은 실제로 지구 온난화가 미래의 지구에 미치는 영향에 대해 별로 신경 쓰지 않는다.

퓨 연구 센터 조사에 의하면, 65세가 넘는 미국인 중 25퍼센트만이 지구 온난화를 매우 심각한 문제로 여기는 것으로 나타났다. 반면, 18-29세까지 인구 중 거의 절반이 지구 온난화를 매우 심각한 문제라고 생각했다. 유럽에서 실시된 여론 조사에서도 마찬가지였다. 65세 이상의 인구 중 그것을 심각하게 여기는 사람은 33퍼센트에 불과했고 25-44세까지(출산 가능 세대)의 인구 중에서는 40퍼센트가 그렇게 생각했다. 젊은이들은 20퍼센트가 탄소 배출량 규제를 위한 가스 세금을 기꺼이 지불하겠다고 한 반면, 중장년층들은 10퍼센트만이 찬성했다

이것은 이타주의와 이기주의를 겨루게 하는 단순한 투쟁이 아니다. 비록 우리가 다른 사람을 돕기 위해 최선의 선택을 했다고 해도, 우리에게는 여전히 도덕적 문제가 남아 있다. 방글라데시 출신의 캠브리지 대학 경제학 교수 파타 다스굽타는 도덕 이야기를 정교하게 만들어 기후 변화에 의해 발생한 민주주의의 딜레마를 묘사했다. "몇몇 유권자들이 탄소 배출량 증가로 인한 기후 변화의 장기적인 의미에 대해 진심으로 걱정했다고 가정해 보자. 유권자는 이기적인 사람이 아니고, 탄소 배출이 엄청난 액수의 사회적 비용을 발생시킨다는 사실도 알고 있다. 그리고 그 문제에 대해 자신의 개인적인 이익을 위해 입장을 취할 수 없으며, 자신의 선택이 다른 사람에게 주게 되는 영향을 반드시 고려해야 한다. 그런데 미래의 사람들을 어떻게 고

려할 수 있을까?"

환경 운동에 열의가 높은 사람들에게는 분명하고 간단한 문제이다. 그들은 우리와 함께 살아가고 있는 새끼바다표범 애호가들에게 호소하여 환경을 살리자고 주장한다. 인류만큼이나 환경도 본질적으로 가치 있는 것이라고 말한다. 인류를 위한 도구적 가치 평가로 자연을 보존할 수 없으며, 자연은 하나밖에 없는 유일한 것이기 때문에 반드시 자연의 본질적인 가치를 소중하게 생각해야 한다. 만일 마지막 남은 곰 한 마리를 죽인다면 지구상에 더 이상 곰은 존재하지 않을 것이다. "지구가 먼저다!" 이렇게 말하자, "어머니 지구를 지키는 문제에 대해서는 이론의 여지가 없다!" 하지만 여러 나라 사이에 자원을 어떻게 분배할 것인가를 놓고 뜨거운 논쟁이 벌어지고 있는 오늘날, 그러한 입장만 고수하는 것은 쉽지 않다.

"지구를 우리가 받은 모습 그대로 남겨 두어야 한다."는 규칙을 반드시 지키자. 그래야 우리가 그랬던 것처럼 다음 세대도 지구의 풍요로움을 누릴 수 있을 테니 말이다. 물론 지금까지 어떤 세대도 지구를 그대로 두지 않았다. 아프리카 대초원을 배회하던 최초의 인류에서 시작해 우리는 끊임없이 물질적인 환경을 변화시켜 왔다. 만일 10억 달러의 돈이 주어진다면 "당신은 환경을 살리는 데 쓸 것인가, 아니면 미래 세대를 위한 백신 개발을 위해 쓸 것인가?" 위의 규칙에 따라, 당신은 반드시 전자를 선택해야 한다.

우리가 받았던 만큼의 '사회적 자본'을 후손에게 물려주어야 한다는 그 최소한의 의무와 요구를 수정하려 한다면, 우리는 다시 아무것도 없던 최초 지구의 상태로 되돌아갈 수밖에 없다. 자동차 배기가스로 인한 환경 파괴와 대비되는 도로의 값어치는 어떻게 측정할 수 있을까? 어떤 동식물들은, 예컨대 멸종된 새 도도(Dodo)는 지금 그 가치를 측정하기 매우 힘들 것이다.

우리는 이타심에서 미래를 보호하려는 마음이 생길지도 모른다. 하지만 200년 후에 태어날 사람들을 돕고자 하는 강한 충동이 동일 세대의 불행을 돕고자하는 동포애보다 우선시되어야 할까? 우리에게는 3300만 에이즈 환자들뿐만 아니라 선택할 우선 사항들이 아주 많이 있다. 사하라 사막 이남의 아프리카 지역에서는 1000명의 신생아를 위해 9명의 어머니가 죽고, 1000명의 아이들 가운데 157명이 5세도 못되어 죽는다. 남아시아 지역에서는 5세 이하의 어린이 중 46퍼센트가 저체중이며, 거의 3분의 1에 해당하는 노동 인구가 하루에 1달러도 못 벌고 있다.

제 2차 세계 대전 이후 가장 영향력 있는 미국의 도덕 정치 철학가 존 롤스는 사회가 가장 운이 없는 사람들의 복지를 극대화하기 위해 노력해야 한다고 주장했다. 내가 아는 한, 어떤 사회도 그 목표를 달성하지 못했다. 하지만 가장 민주적인 오늘날의 정부들은 세금 지출 정책을 활용하여 어떤 식으로든 부자의 수입을 가난한 사람들에게로 재분배하려고 노력하고 있다.

스턴 보고서의 기후변화에 맞서기 위한 주언들은 사회 정의라는 원칙에 뜻을 함께했다. 만일 앞으로 200년 동안 1인당 소득이 매년 1퍼센트씩(과거 성장 속도의 절반도 안 되는 수준임) 증가하게 된다면, 2200년 사람들은 지금보다 6.3배 더 잘살게 된다. 그런데 왜 더 잘살고 있을 후손을 위해 더 못살고 있는 우리가 아껴서 자연을 보호해야 하는

가? 현재 사람들과 미래 사람들 중 누가 자연에 더 많은 재정적 투자를 할 수 있을까?

미래의 가격

온난화된 지구의 위험으로부터 미래의 사람들을 구하기 위해 현재의 자원을 투자하기로 결정했다고 해도, 또 다른 중대한 질문이 남아 있다. 과연 얼마나 투자해야 하는가?

청구 금액은 아주 높을 수도 있다. 2006년 출간된 스턴 보고서는 기후 변화에 맞서기 위한 전 세계적 노력에 세계 경제의 1퍼센트에 해당하는 가격을 제시했다. 1년에 약 6000억 달러이다.

이만큼 투자하면 에너지를 보존하고 좀 더 값비싼 비화석 연료로 대체할 수 있게 되어 대기 중 온실 가스 농도의 최대 범위를 450-550ppm으로 안정화시킬 수 있다고 스턴은 제안한다. 그는 지구 온도가 2.5도 이상 오르는 것을 막아야 한다고 말한다. 물론 그것이 모든 환경 피해를 막아 주지는 못한다. 스턴은 대기 중 550ppm의 온실 가스를 허용한다면 세계 경제의 1.1퍼센트에 해당하는 가치의 손실을 가져 올 것이라고 예상했다. 그것은 인도네시아나 터키의 전체 손실 규모와 같은 양이다.

그리고 대재앙인 지구 온난화를 피하기 위한 청구 금액은 훨씬 더 커질 가능성이 충분히 있다. 해수면에서 아주 가까운 저지대의 작은 군도인 몰디브 섬처럼 피해를 입기 쉬운 나라들은 더욱 낮은 대기 중

이산화탄소 농도 상한선을 제안하고 있다. 첫 보고서가 출간되고 몇 년 후, 스턴은 온실 가스 농도가 최고 500ppm 아래로 제한되어야 한다는 의견을 내놓았다. 그렇게 하기 위해서는 전 세계 총생산량의 2퍼센트에 해당하는 비용이 소요된다.

많은 돈이 필요하다. 스턴은 사람 목숨의 가치에 대한 명백하면서 논란의 여지가 있는 제안을 토대로, 그만큼을 투자할 만하다고 결론지었다. 또 수백 년 후 미래 사람들의 복지는 현재 사람들의 복지만큼이나 중요하다고 가정한다. 물론 모든 사람이 그에 동의하지는 않는다.

스턴은 이 동등한 가치에 대해서 다음 두 가지 수정을 덧붙인다. 그는 사람들에게 돈의 가치는 가진 양에 반비례한다는 사실을 인정한다. 뉴욕의 투자 은행가보다 멕시코의 자급자족 농민이 1달러에 더 큰 가치를 부여한다. 게다가, 미래에 아주 작은 운석이 지구와 부딪혀 엄청난 파괴를 일으키고 모든 사람들이 죽게 될 수도 있다. 이런 경우, 그 이후에 살고 있을 사람들의 복지는 생각할 수 없을 것이다. 전멸하고 없을 사람들의 복지를 위해 돈을 쓰는 일은 어떤 경우에서든 타당하지 못하다. 이쯤해서 그런 가정은 접어 두자. 시대를 초월하는 인류의 복지에 대한 동등한 가치라는 기술적 개념은 스턴을 간단한 경험 법칙으로 이끌었다. 지금 세대 수입의 일정한 몫을 지구 온난화를 막기 위해 할애하는 일은 (그것이 몇 백 년 후가 되더라도) 최소한 미래 세대 수입이 지금 세대가 투자한 양과 동일한 몫에 해당하는 이익을 만들어 낸다면 정당하다.

이러한 접근은 액면 그대로 받아들인다면 타당한 것처럼 보인다.

하지만 여기에는 미래를 너무 값비싼 것으로 만들어서 현재 사람들에 대한 가치를 작게 만들어 버린다는 문제가 남는다. 왜냐하면 현재 세대의 지출로 구해야 할 미래 세대가 하나만 있는 것이 아니라 많이 있기 때문이다. 미래 세대를 위해 현재 사람들의 일정 수입을 투자한 것에 비해 미래 수입에서 더 큰 이익을 얻을 수 있다면, 온난화로 인한 피해로부터 미래 사람들을 보호하는 것은 당연한 일이다. 미래의 수많은 사람들을 구할 수 있다는 사실이 오늘날 거대한 지출을 정당화시킬 것이다.

이러한 계산은 스턴 보고서에서 기후 변화에 대한 미래 비용이 '항상' 전 세계 수입의 20퍼센트와 동일하다고 예상하도록 만들었다. 그는 가까운 미래에 대해서는 아주 작은 비용을 더하고 먼 미래에 대해서는 더욱더 큰 비용을 더해 이 가격을 산출해 냈다.

만일 우리가 미래의 가치를 측정하는 데 가장 일반적인 경제학 기술을 적용한다 해도, 이러한 결론은 수용할 수 없을 것이다. 현재의 돈은 같은 양의 내일의 돈보다 가치가 높다. 그것은 비단 인플레이션 때문만은 아니다. 예컨대, 사업가는 어떤 일에 투자할 때 그로 인해 발생하는 수익이 투자 금액을 은행에 예치했을 때 발생하는 이자보다 큰 경우에만 투자를 결정할 것이다.

미국에서 주식 투자로 얻은 이익은 세금을 포함하여, 지난 40년 동안 매년 평균 6.6퍼센트였다. 정부 기관은 선행 투자 형식의 몇몇 프로그램에서 예상되는 미래 이익을 비교하기 위해 7퍼센트의 '할인율'을 적용했다. 인플레이션 효과는 배제하고, 이 가정은 현재의 1달러가 생산적으로 사용된다면, 내년에는 1달러 7센트가 될 것이고, 그

다음해에는 1.145달러가 될 것이고, 2세기 후에는 75만 2932달러가 될 것이라고 가정한다. 즉, 200년 후의 환경 피해를 면하기 위해서 우리는 오늘 고작 1달러만 쓰면 된다는 말이다.

이 이론적 해석을 환경 문제에 적용할 수 있다. 나무 100그루가 내년에 7그루의 새로운 나무를 만들어 내는 숲은 7퍼센트의 할인율을 갖는다. 나무꾼으로부터 100그루의 나무를 지켜 내면 내년의 107그루의 나무를 지키는 것과 같은 가치를 갖는다.

그렇게 생각하면 스턴은 결과적으로 극도로 낮은 할인율을 적용하게 된다. 미래 1달러의 가치에 해당하는 피해를 막기 위해 오늘날 1달러를 써야한다는 생각은 결국 0퍼센트의 할인율을 선택한 것이다. 스턴은 소득 증가 속도 보다 약간 높은 할인율을 선택했다.

예일 대학 교수이자 미국에서 기후 변화 모델을 연구하는 가장 저명한 경제학자인 윌리엄 노드하우스는 스턴의 주장에 아주 철저히 반대한다. 스턴과 마찬가지로, 그는 우리가 온실 가스를 줄여서 기후 변화를 억제해야 한다고 주장하지만, 그렇게 하기 위해서 우리가 얼마나 투자할 의향을 가지고 있어야 하는가에 대해서는 스턴보다 훨씬 더 높은 상한선을 제시했다. 그는 스턴 보고서가 예상하는 피해의 절반 이상이 2800년 이후에 발생할 것이라고 지적한다. 그는 묻는다. 왜 아주 먼 미래에 살게 될 사람들을 위해 현재 우리의 복지에 상당한 몫을 억제 비용을 위해 희생해야 하는가?

노드하우스는 미래 피해를 예상해 보면서 우리는 장기적인 투자의 생산성을 반영한 비율을 사용해야 한다고 주장한다. 또한, 만일 지금의 투자가 미래에 낮은 수익을 발생시킨다면 온난화를 막는 투자에 오늘날의 돈을 쓰는 것은 어리석은 일이라고 말한다. 왜냐하면 그 돈을 가지고 고수익을 내는 일에 투자할 수 있기 때문이다. 그러면 나중에 온난화를 막는 데 그 투자 수익을 사용할 수 있고, 그렇게 쓰고도 우리에게는 여전히 수익이 남을 것이다. "미래 기후 변화로 인한 농작물, 나무, 다른 분야의 피해를 줄이는 데 투자하는 것은 품종 개발, 회전율 향상과 생산성이 높은 다른 많은 사업에 투자하는 것과 경쟁해야 한다는 사실을 반영하면 이러한 할인율은 높은 편이다."라고 노드하우스는 자신의 저서 《균형의 문제(A Question of balance)》에서 말한다.

미래 세대 또한 이러한 투자 생산력으로부터 이익을 취할 수 있을 것이다. 방글라데시의 가장 큰 하천 저지대 평야에 사는 수백만 명의 가난한 농부들은 해수면이 상승해 농장을 덮치지 않도록 막기 위한 투자를 확실히 환영할 것이다. 그런데 미래의 방글라데시 사람들이 경제 발전에 투자를 받게 되면 농업을 벗어나 더 높은 곳으로, 더 좋은 직업을 구할 수 있게 되고, 더 좋은 삶을 살게 될 수도 있다.

매년 4퍼센트로 예상되는 노드하우스의 할인율을 사용하면, 미래 지구를 구하기 위한 값비싼 조정 비용에 대한 스턴의 견해와는 아주 다른 결론에 이르게 된다. 2200년 전 세계 총생산량의 13.8퍼센트에 해당하는 피해를 발생시킬 기후 변화의 충격을 피하기 위해 우리가 얼마나 많은 돈을 지출해야 하는지 결정해야 한다고 가정해보자(스턴 보고서의 우울한 시나리오에 있는 2200년에 해당하는 수치이다). 만일 이후 190년 동안의 경제 성장이 이전 190년 동안의 경제 성장의 75배에 해당한다면, 그 피해 금액은 현재 돈으로 640조 달러가 된다. 그리고 스턴이 제안했던 1퍼센트 조금 넘는 할인율을 적용하면, 190년 후의 지구를 구하기 위해 80조 달러를 지출해야 정당하다. 하지만 노드하우스가 사용한 4퍼센트의 할인율을 적용하면, 약 3850억 달러를 투자하면 된다. 만일 그만큼의 금액을 투자할 여유가 없다면 전략적으로 그 돈을 다른, 더 생산적인 대상에 투자하는 것이 더욱 좋다.

찢겨진 가격들

만일 유권자가 경제학자의 말을 듣는다면, 다스굽타의 가상 유권자는 아마도 지금쯤 벌써 어지러워졌을 것이다. 트루먼 대통령은 "한편으로는 이렇고, 다른 한편으로는 이렇다."는 식으로 말하는 경제학자가 아닌 외골수 경제학자를 원했다고 한다. 노드하우스와 스턴이 그런 경제학자이다. 그들은 각각 정확히 한 가지 선택 사항만을 제공한다. 하지만 그들 사이에는 두 개의 손이 있다. 스턴의 분석은 기후 변화에 맞서기 위해 커다란 즉각적인 투자를 요구한다. 그는 이산화탄소 배출 1톤당 75달러의 가격을 매기고, 기름 1갤런당 68센트의 가격을 매기는 것으로 시작하자고 제안한다. 또한 사람들과 회사가 나서서 에너지를 보존하고, 에너지 효율을 높이는 기술을 개발하고, 비화석 연료로 에너지를 대체하는 등의 일을 서둘러 진행할 것이라고 기대한다. 그리고 기술의 가격이 낮아지면 이산화탄소 배출에 대한 가격도 2050년에는 1톤당 25달러로 낮아질 수 있다고 한다.

노드하우스는 기후 문제를 조금씩 차츰 언급하라고 조언한다. 그는 이산화탄소에 대한 추가 부담금이 1톤당 10달러에서 시작하여 대기 중 이산화탄소 농도의 영향이 증가하면 부담금도 높이고, 그렇게 하면 이 세기 말에는 약 200달러가 될 것이라고 한다. 매년 20톤의 이산화탄소를 배출하는 평균 미국 사람들에게는 매년 200달러 정도에서 부담금을 시작하게 될 것이다.

노드하우스는 스턴보다 기후 변화에 더욱 너그럽다. 그는 기후 관련 피해 발생이 17조 달러에 이르는 것을 인정한다. 왜냐하면 그는 피해를 제거하기 위해 그 이상의 돈을 지출할 필요가 있는 것으로 예측했기 때문이다. 2100년까지, 산업화 이전에 비해 기온은 2.6도 증가할 것이다. 더 많은 피해를 겪게 된다 해도, 다른 곳에 돈을 투자하여 그 가치를 얻게 될 것이다. 즉, 현재의 돈 2조 달러로 미래의 5조 달러 어치의 피해를 막을 수 있다. 스턴이 가정했던 신속한 기술적 진행을 고려하지 않는 노드하우스의 분석에서 스턴의 배출 규제 전략을 위한 비용은 현재의 가치로 거의 30조 달러까지 증가할 수 있다. 그리고 지구를 위해 12.5조 달러 가치의 피해액만 막을 수 있게 된다. 그렇게 되면 우리에게는 아직도 9조 달러의 가치에 해당하는 기후 관련 피해가 남게 된다.

유럽기후거래소(ECE, European Climate Exchange)는 이산화탄소 배출량을 줄이고자 하는 노력의 일환으로 2005년 출범하여 기업이 이산화탄소 배출권을 거래할 수 있도록 만든 탄소 시장이다. ECE에서 투자자들은 세계의 정책 입안자들이 스턴보다 노드하우스의 견해에 더욱 가깝다고 생각한다. 2010년 여름, 12월을 위한 추후 계약 협상에서 이산화탄소 1톤당 15유로(약 18.75달러)로 가격이 책정되었다.

우리의 유권자는 선출된 대표에게 무엇을 하라고 지시해야 하는가? 다스굽타는 잘 알지 못한다. 그리고 그는 기후 변화의 경제학에 숙달된 전문가이다. 그는 사전 예방 원칙을 위한 비용 편익 분석은 삼가야 할 것 같다고 제안한다. 사전 예방 원칙은 비록 그 가능성이 매우 희박하지만, 성서에 나오는 아마겟돈 같은 지구 종말의 기후 대재앙이 발생할 수 있다는 이유를 들어 이산화탄소 배출을 억제하기 위한 대규모의 지출을 뒷받침할 수 있을 것이다.

그는 미래 세대를 구하기 위해 물자를 동원해야 하는 일이 정치적으로 더욱 실현가능한 것인지도 모른다고 주장한다. 선진국의 유권자들이 자신이 미래 세대의 곤경에 대해 직접적인 책임이 있다고 생각한다면, 대외 원조에 대한 우리의 적개심도 극복하게 될 것이다. 대외 원조는 개발 도상국들의 가난이 일정 부분 선진국의 잘못 때문이기도 하다는 믿음에서 나오는 행동이니까 말이다.

유권자는 노드하우스가 제안한 4퍼센트의 한도를 1-2퍼센트 정도 줄여서 높은 도덕적 근거를 마련할 수도 있다. 결국, 돈의 가치를 감소시키는 것이 옳지만 환경 자원은 그 양이 부족할수록 가치는 더 커질 가능성이 높다. 그래서 화폐의 할인율은 환경 자원의 가치가 높아지는 것을 고려하여 조정되어야 한다. 내년에 숲에서 107그루의 나무를 구하는 것은 오늘 100그루의 나무를 구하는 것보다 더 큰 가치가 된다. 왜냐하면, 내년에 우리가 더 많은 돈을 가질 수는 있지만, 남아 있는 숲의 양은 더 작아지기 때문이다. 그래서 살아 있는 나무는 우리에게 더 큰 가치를 주게 되는 것이다.

가상의 유권자는 단지 직감을 따라야만 할지도 모른다. 다스굽타는 말한다. "앞으로 지구의 평균 온도가 5도 상승하게 될 경우 발생할 수 있는 끔찍한 일에 대한 '직감'이 결국 우리를 매우 두렵게 만든다." 그리고 이러한 두려움에 대한 가격은 어떻게 정할 수 있는지 정확히 알려 주는 방법은 없다.

싼 가격에 구제하기

혹은, 우리들은 행운을 빌면서 지구의 한계에 정면으로 충돌하지 못하도록 어떤 천재적인 기술을 고안해 내길 바랄 수도 있다. 몇몇 과학자들은 지구 공학 기술을 이용하여 기후 변화로부터 지구를 구해 낼 수도 있다는 생각을 해 왔었다. 예컨대, 지구 궤도에 거울을 설치하여 태양의 에너지가 지구에 들어오지 못하게 반사하거나, 아황산가스를 성층권에 공급하는 것이다. 이 방법은 1991년 필리핀 피나투보산의 화산 폭발 당시의 피해를 다시 재현시킬 것이다. 화산 폭발로 인해 매우 많은 오염 물질들이 대기 중에 유입되어 태양빛을 반사시켰고, 2년 동안 지구 표면의 기온을 섭씨 0.5도 하락시켰다.

그리고 몇몇 조사에 의하면 불행히도 이 전략은 세계 일부 지역에 대규모 가뭄 피해를 일으킬 수 있는 것으로 나타났다. 그럼에도 불구하고, 그 계획이 잘만 진행된다면 분명 얻을 수 있는 이득도 있으며, 어떤 계획보다 그 결과는 빠르게 나타날 것이다. 게다가, 비용은 기껏해야 몇 십조 달러로 저렴하기까지 하다. 이 방법은 맬서스의 시대 이후로 우리가 진행해 온 것에 잘 맞을 것이다. 매번 물리적인 장애를 맞닥뜨릴 때마다 우리는 지구의 유한한 자원으로부터 더 많은 것을 빼내기 위해 기술을 사용해 왔다.

겨우 40년 전에, 인구 증가와 환경 악화에 대한 우려가 환경 운동으로 변하던 시기에 경제학자 줄리안 사이먼은 지구 상태에 대해 팽배해 있던 우려에 이의를 제기했고, 파멸 예언가로 유명한 스탠포드 대학 생태학자 파울 에를리히에게 대담하게 도전장을 내밀었다.

에를리히는 맬서스의 임박한 환경 파괴 예측을 가뿐히 털어 내어 자신의 명성을 쌓았다. 그는 저서 ≪인구폭발(The Population Bomb)≫에서 "1970년대 지구는 기아 상황에 처할 것이다. 수억만 명의 사람들이 굶어죽게 될 것이다."라고 말했다. 1974년 출판된 책《부의 끝(The End of Affluence)》에서 그는 1985년까지 '진정한 부족의 시대'가 될 것이라고 예측했다. 하지만 사이먼은 그의 생각 중 어느 것에도 동의하지 않았다. 1980년, 그는 에를리히에게 석탄에서 구리, 곡식까지 원하는 자원을 아무것이나 선택하라고 했다. 만일 인구가 증가하여 상품의 양이 줄어들게 된다면, 그 가격은 자연스럽게 증가할 것이다. 사이먼은 에를리히가 선택한 것이 무엇이든, 그 가격이 향후 십년간 오히려 더 감소할 것이라는 데 내기를 걸었다.

에를리히는 크롬, 구리, 니켈, 주석, 텅스텐 등 4종의 금속을 선택했고, 내기에 1000달러를 걸었다. 그는 경제학자에게 상품 가격 상승의 불가피성을 설명하는 것은 마치 "홀수/짝수 차량 번호별 석유 판매 제도를 딸기에 설명하려고 애쓰는 것"처럼 어리석은 일이라며

비웃었다. 하지만 사이먼이 이겼다. 세계는 지난 십년간 인구가 8억 증가했지만 전화기 회사는 구리선을 광섬유로 전환했고, 주석 깡통은 알루미늄으로 대체되었다. 그리고 인플레이션을 감안하면, 에를리히가 선택한 금속의 가격은 하락했다. 주석과 텅스텐의 가격은 71퍼센트 폭락했다.

에를리히는 자신이 택한 금속의 하락한 값에 해당하는 576달러 수표를 사이먼에게 보냈다. 이후로 그 내기는 우리가 큰 희생의 값을 지불하지 않고도 지구 온난화를 잘 견뎌 낼 수 있다는 학설에 승전보처럼 전해져 왔다. 탄소 배출 감소 노력에 반대하는 사람들은 사이먼의 내기를 교묘하게 이용한다. 1998년에 사이먼이 죽은 후, 워싱턴에 있는 경쟁기업연구소(Competitive Enterprise Institute)는 같은 회의학파에게 수여하는 사이먼 기념상을 만들었다.

이제는 우리의 독창적 대응 능력만 믿고 있는 것은 위험하지 않을까? 세계 곳곳에서, 지구는 70억 인구를 부양하는 일이 힘겹다는 신호를 보내고 있다.

2년도 채 안 되었다. 2008년의 봄과 여름, 선진국 은행들이 악성 모기지의 무게를 견디지 못하고 줄초상 나기 바로 직전에, 시카고상품거래소의 옥수수, 밀, 콩의 가격 상승이 예상치 못하게 급격히 치솟았다. 이집트와 방글라데시에서는 식량 폭동도 일어났다. 아이티 국가의 빈민촌 시티 솔레이에서는 대부분의 사람들은 지불할 수 없을 만큼 쌀 가격이 높아지자 그들은 진흙 쿠키를 먹기 시작했다. 철제의 가격도 뛰어올랐다. 7월3일, 북해산 브렌트유는 배럴당 최고 143.95달러에 이르렀다. 전년 대비 94퍼센트 인상된 가격이다.

1930년대 이후로 그런 종류의 경기 불황은 한 번도 발생한 적이 없었다. 하지만 그 덕분에 대재앙에서 일시적으로 살아남게 된 것이다. 세계가 다시 성장하기 시작하면서 우리는 지구에 또 같은 압박을 주기 시작했다. 2008년 크리스마스 이후 배럴당 33.78달러까지 떨어졌던 유가는 다시 올라 2010년 4월에는 80달러를 웃돌았다. 8월에는 세계적인 결핍 현상에 대한 두려움으로 식량농업기구의 식료품 가격 지수가 2008년 9월 이후 최고치로 올랐다. 〈파이낸셜 타임스〉에서 평정심을 잘 유지하기로 유명한 경제 칼럼니스트인 마틴 울프는 "경제 성장의 한계가 문명을 무너뜨릴 것이다."라는 기사를 실었다. 세계는 지난 200년간 크게 성장하여 여러 가지 문제점에서 빠져나왔지만, 쉽게 제로섬 상태로 되돌아갈 수 있다. 제로섬 상태에서 이익을 얻기 위해서는 타인의 것을 훔치거나 타인을 억압하는 방법밖에 없다. 사람들이 투자와 거래 활동을 통해 번영을 이룰 수 있는 세상, 풍부한 기회가 넘치는 세상에서 민주주의와 평화가 자리 잡을 수 있는 법이다. 만일 성장에 한계가 따른다면 "세상의 정치적인 기반이 무너질 것이다."라고 울프는 경고한다.

만일 미래의 자원이 과거보다 더 비싸질 것이라는 데 조금이라도 의구심이 든다면, 다른 곳을 볼 필요 없이 바로 에를리히의 4종 금속을 살펴볼 필요가 있다. 1990년과 2008년 사이에 4종 금속은 인플레이션 이후 대략 그 가격이 두 배 이상 인상되었다. 텅스텐의 가격은 150퍼센트까지 급상승했다. 크롬의 가격은 138퍼센트 뛰어올랐다. 사이먼은 운 좋게 시기를 잘 선택한 것이다. 하지만 우리에게도 그 운이 계속될 것이라고 믿는 것은 그야말로 무모한 도전이다.

가격이 실패할 때

미국에 있는 거의 모든 주택의 견적을 뽑아 주는 질로우(Zillow)라는 웹사이트가 있다. 판매 내역에 기초한 주택의 알고리즘과 인근 주택들의 매매가, 그리고 다른 공식 자료들이 상당히 신뢰할 만하다. 뉴욕과 로스앤젤레스에서 질로우가 제공하는 견적은 약 12%의 평균 오차를 가진다.

나는 2004년 뉴욕으로 이사 가기 전 아내와 함께 살던 로스앤젤레스의 콘도 시세를 지켜보기 위해 질로우를 방문하곤 했다. 그 집은 예쁘장한 타운하우스였으며 해변에서 도보로 10분 거리에 있었다. 개방된 옥상 테라스에는 선인장이 가득했고 바다가 내다보였다. 그러나 내가 그토록 원하던 종류의 집은 아니었다. 나는 금융 도박이 그리워지기 시작했던 것이다. 그리고 그때 성사시킨 거래는 내 경력을 통틀어 최고라 할 만하다. 우리는 그 집을 36만 9000달러에 사서 3년도 되지 않아 57만 5000달러에 팔았다. 계약금 7만 달러밖에 되지 않는 집을 팔아 우리가 얻은 이익은 20만 6000달러였다. 사랑하는 사람의 오래된 사진을 계속해서 꺼내보는 것처럼 내 집의 가격을 꾸준히 지켜본 결과 그런 흔치 않은 행운을 얻을 수 있었다. 그러나 간사하게도 좀 더 많은 돈을 벌 수 있지 않았을까 하는 생각이 나를 괴롭히기도 했다.

금전과 관련된 이러한 경험을 반성해 볼 때 우리는 큰 교훈을 얻는다. 집을 판 지 1년 후 가격이 80만 달러를 넘어서자 나는 강한 질투심을 느꼈다. 얼마 후 가격이 급락하자 나는 왠지 안심이 되었고, 그 이후 오르락내리락하다가 이번에는 90만 달러까지 치솟았다. 그러다 또 상당한 폭으로 하락했다가 다시 뛰어올랐고, 2009년에는 약 70만 달러에서 마감되었다. 롤러코스터 같은 가격의 변동은 나에게 한 가지를 가르쳐 줬다. 주택의 가격이 얼마인지 알아내기가 쉽지 않다는 것이다. 내가 전에 살던 로스앤젤레스 콘도 가격의 상승과 하락은 큰 교훈을 줬다. 바로 가격이 실패할 수도 있다는 사실이다. 가격은 매우 중요한 부분을 간과할 가능성이 있으며, 이것은 우리에게 이익이 되지 않는 결정을 하게 만든다.

이런 결정은 큰 손실을 초래할 수도 있다. 폭등하는 주택 가격은 많은 사람들로 하여금 이익이 되는 가격으로 팔지도 못할 주택에 전 재산을 쏟아 붓게 만들었다. 수십억 달러가 로스앤젤레스의 부동산 시장을 매일같이 흘러들었다가 나갔고, 수백만 명의 재산이 그들이 부동산 가격에 달리게 됐다. 그러나 로스앤젤레스 주택의 실제 가치는 누구도 알지 못했다. 이런 상황은 미국 전역에도 마찬가지였다. 주택 가격은 미친 듯한 변동과 함께 우리의 재산을 날려 버렸다.

주택 시장의 붕괴가 유발한 금융 위기는 1930년대 이후 최악의 미국 경제 위축으로 이어졌다. 그로 인해 25년 만에 처음으로 실업률이 10퍼센트를 초과하였다. 전 세계로 튄 불똥은 2009년 세계 경제에 3조 3000억 달러의 손실을 초래했다. 주택 가격이 이런 파괴적인 힘을 발휘할 수 있다는 사실을 누가 알았겠는가?

대부분의 경우 가격은 우리의 세계를 조직화하는 데 꽤 괜찮은 역할을 한다. 25년 전 UCLA의 한 경제학자는 '오렌지 주스와 날씨'라는 연구 결과를 발표한 바 있다. 여기서 그는 오렌지 주스 농축액 선물 가격 변동이 국립기상국보다 플로리다의 날씨를 더 잘 예측한다는 사실을 밝혀냈다. 농축액의 가격에는 오렌지 수확량에 대한 투자자들의 지식이 반영돼 있다. 날씨가 좋을 거라는 사실을 뒷받침하는 믿을 만한 자료가 있다면 그들은 낮은 가격에 베팅을 한다. 반대로 곧 날씨가 추워질 거라고 생각되면 그들은 농축액 가격이 오를 것이라고 베팅한다. 상당수 투자자들의 결정에서 비롯된 농축액의 가격은 플로리다 날씨에 대한 세상의 지식을 종합하여 나온 것이라고 할 수 있다.

가격은 특정한 경제 사회에서 가장 중요한 신호를 제공한다. 즉 최고의 이익을 얻기 위해 어디에 자원을 투자해야 할지 고민하는 사람들의 결정에 도움을 준다. PDP 텔레비전을 가능한 한 최저 가격에 사려고 이리저리 쇼핑하는 사람들은 우리 모두에게 도움을 준다. 그들은 더 좋은 품질의 텔레비전을 얻게 되고, 다른 것들을 살 돈을 더 많이 남기게 되며, 저가로 양질의 상품을 만드는 회사가 성공할 확률을 높여 경제 사회의 효율을 높인다. 전문성이 탁월한 직원들의 작업으로 이익을 얻는 성공적인 기술 회사들은 더 실력 있는 구직자들을 영입하기 위해 보다 높은 급여(높은 가격)를 제시할 것이다. 시간과 돈, 그리고 노력에 투자할 보람이 있는 수준의 보상(보다 높은 급여)이 주어지는 한 직원들은 계속해서 자기 계발을 하게 될 것이다.

그러나 이러한 이상적인 순환은 상대적 가격이 올바로 책정되는 것을 전제로 한다. 다양한 종류의 텔레비전의 상대적 가격과 이득을 제대로 평가해야 하는 것이다. 가격에 문제가 생기면 이러한 결정들이 왜곡되며 종종 파괴적인 결과를 초래한다. 그러나 불행히도 이런 일은 너무 자주 일어난다. 2000년에서 2006년까지 주택 가격이 영원히 오를 거라고 믿었던 미국인들이 너도나도 집을 사기 위해 몰리자 주택 시장은 전례가 없을 정도로 많은 미국의 자원을 빨아들였다. 자금의 엄청난 유입으로 주택 가격은 평균 70퍼센트까지 폭등했다. 그러자 건설업자들은 집을 더 짓기 위해 몰려들었다. 그러나 바로 그때 버블이 터졌다. 2006년의 정점에서 2009년 바닥을 칠 때까지 주택 가격은 거의 1/3 하락했다.

주택 가격을 치솟게 했다가 다시 밑바닥으로 떨어뜨린 거대한 버블은 주택 소유 정책에도 큰 도움이 되지 못했다. 주택을 소유한 미국인들의 비율은 2000년에서 2004년까지 1.5퍼센트 포인트에서 최고 69.4퍼센트까지 증가했다. 2009년 말이 되자 붐이 시작되기 전 2000년 봄 수준인 67.3퍼센트로 다시 떨어졌다. 이 하락은 엄청난 파괴력을 보였다. 두려운 몇 개월 동안 세계 경제는 재앙에 가까운 위험 속에서 비틀거렸다. 미국 자본주의가 가장 신성시하던 기관들은 고개를 숙였다. 시티그룹과 뱅크 오브 아메리카의 주가는 정점에서 90퍼센트 이상 하락했다. 50년 전 제너럴모터스의 CEO는 "나라를 위해 좋은 게 제너럴모터스에게도 좋고 그 반대도 마찬가지다."라고 주장했지만, 그 회사는 돈을 빌리거나 차를 팔 능력을 잃은 채 정부의 손 안으로 들어가 버렸다.

이런 상황은 비단 미국에만 한정되지 않았다. 2000년에서 2007년 사이 영국과 스페인의 주택 가격도 약 90퍼센트 올랐다. 그러나 2009년 말이 되자 영국의 주택 가격은 정점에서 약 16퍼센트, 스페인의 주택은 약 13퍼센트 떨어졌다.

가격이 통제 불능이 될 때

기억에 남는 가장 고통스러운 과잉 금융 사태는 물론 최근의 주택 버블일 테지만 그것이 유일한 경우는 아니다. 되돌아보면 잠재적 수익성을 지닌 미개척 분야가 투자자들에게 공개될 때마다 투기성 버블로 이어졌다. 초반에는 투자자들이 새로운 사업에 손대기 위해 몰려들었다가 몇 년 지나지 않아 모두 달아나 버리는 식이었다. 주택 시장의 위기가 일어나기 10년 전 우리는 닷컴 버블을 경험했다. 첨단 기술 회사들의 주식으로 가득했던 나스닥 인덱스는 1996년부터 2000년 3월까지 4배로 상승했다. 정보 기술의 장래성에 도취된 사람들은 양말 인형이 등장하는 귀여운 광고만 보고서 유명세는 얻었지만 이익은 내지 못한 Pets.com 같은 회사에 퇴직 저축금을 쏟아부었다. 2000년 AOL은 급등한 주가를 이용해 수익이 5배인 미디어 업계의 대기업인 타임워너를 인수할 수 있었다. 그러나 2002년 10

월이 되자 나스닥은 1996년의 수준으로 돌아갔다. 2010년 타임워너는 10년 전 지불됐던 금액의 소량만으로도 AOL로부터 분리할 수 있었다.

닷컴 버블의 붕괴 이전에는 '부상하는 시장'의 장래성을 믿고 몰렸던 자금이 한순간에 빠지면서 발생한 아시아 금융 위기가 있었고, 그와 연관된 러시아와 브라질의 작은 버블이 있었다. 이와 유사한 움직임은 1년 전 투자자들로 하여금 데킬라 위기 당시 멕시코의 페소를 폭락하게 만들었다. 또한 일본의 닛케이 225 주가 인덱스는 1985년 1월과 1989년 12월 사이 실질적으로 3배 증가했다가 그 후 2년 반동안 60퍼센트 하락했다.

금융 버블이라는 개념 자체는 300년 전부터 있었다. 1720년 프랑스, 네덜란드, 그리고 영국 투자자들이 대서양을 통한 새로운 무역 항로의 가능성에 도취되어 주가를 급등시키다가 결국 엄청난 붕괴를 경험한 후 금융 버블은 대중 언어의 일부가 됐다. 결국 왕의 빚을 사들이기 위해 영국 남해회사(South Seas Company)가 설립되었다. 돈을 벌기 위해 이 회사는 아프리카와 유럽, 그리고 미 대륙에 있는 스페인의 식민지들과 무역 항로를 개척할 수 있는 자격을 왕으로부터 부여받았다. 당시 스페인과 영국이 전쟁 중이었기 때문에 이 무역 항로의 가치는 불투명했다. 그러나 투자자들은 아랑곳하지 않고 이 과장된 기회에 뛰어들었다. 남해회사의 주가는 급등했고 항해의 보험을 맡은 해양 보험 회사들의 주가도 마찬가지로 치솟았다. 얼마 지나지 않아 모든 투자 기회가 굉장한 거래인 것처럼 보이게 됐다. 신문 광고들은 "굉장히 유리한 사업을 실행하긴 하지만 그 누구도 알 수 없는 사업을 하는 회사"에 투자할 기회를 제시했다.

  1720년 6월 영국 의회는 왕으로부터 허가를 받지 않은 회사들이 주식 시장에서 돈을 벌지 못하도록 금지하는 법을 통과시켰다. 이 법은 또한 허가를 받은 회사들이 허가의 목적을 바꾸지 못하도록 금지했다. 이 법은 표면적으로는 만연한 투기 행위를 억제하기 위해 시행됐으나 실제로는 왕으로부터 허가를 받은 무역 회사와 해양 보험 회사들을 경쟁으로부터 보호하기 위해 시행되었다. 이 법의 공식 명칭은 '대영 제국의 무역과 백성들이 위험한 사업을 실행하는 데 자발적으로 참여함으로써 돈을 사치스럽고 정당화할 수 없는 방식으로 버는 행위를 제어하기 위한 법'이었다. 대중들 사이에서는 '버블 법'으로 알려졌다. 수많은 분석가들은 이 법 하나가 버블의 폭발을 촉진시켰다고 제안한다. 9월이 되자 버블이 터졌고 조나단 스위프트는 12월 '남해 프로젝트'라는 글을 썼다. 이렇게 시작한다.

  지혜로운 철학자들이여, 설명해 보라
  남쪽에 떨어뜨렸을 때,
  우리의 돈을 불어나게 하는 게 무슨 마법인지;
  아니면 이 마술사들이 우리 눈을 속이는 것인가?

  그리고 이렇게 끝난다.

  이 나라는 너무 늦게 발견할 것이다,
  그들의 비용과 문제들을 모두 계산하다가,

책임자는 바람만을 약속할 뿐이다,

남해는 기껏해야 하나의 커다란 거품이다.

　지나친 열정에서 비롯되는 이러한 발명들이 갖는 한 가지 공통점은 자금을 제공하는 기관들의 윤택함이다. 이것은 인터넷이나 대서양 노예무역 같은 새로 발견된 투자 기회 때문일 수도 있지만 금융 기관을 통제하는 규정의 변화 때문일 수도 있다. 주택 붐이 한창일 때 변동 시세 제도나 역상환 모기지 같은 금융 발명품들은 지불 능력이 떨어지는 미국인들을 주택 시장으로 끌어오는 데 매우 중요한 역할을 했다. 서브프라임 론이라는 완전히 새로운 종류의 금융 상품을 만든 것이다. 버블이 커지고 있던 당시 22만 5000달러 상당의 집을 표준적인 20퍼센트 다운페이먼트와 30년 고정 이율 모기지로 구입하기 위해 매달 지불해야 했던 금액은 약 1079달러였다. 무원금 금리 변동 대출을 사용하면 금액은 663달러로 떨어진다. 역상환 대출의 경우 첫 지불액이 150달러까지 떨어질 수 있었다.

　모기지 은행들은 돈을 빌려 줄 의향은 있었으나 빌리는 사람들의 상환 능력에는 관심이 없었다. 그들은 모기지를 여러 조각으로 자른 후 다시 조합시켜 주택 대출 담보 증권(RMBS: Residential Mortgage-Backed Securities)이라는 파생 상품을 만들었다. 이것은 다른 금융 기관에 팔렸고, 대개의 경우 구매자들은 이 상품들에 무엇이 담겼는지 전혀 알지 못했다. 2000년에 3조 달러 규모였던 대출 담보 증권 시장은 2007년에 6.9조 달러까지 치솟았다. 주택 시장에 대한 이러한 환상은 주택의 '실제' 가치에 대한 냉정한 분석과는 상관이 없었다.

약 80여 년 전 영국의 위대한 경제학자 존 메이너드 케인스는 투자자들이 어떤 식으로 가격을 왜곡시킬 수 있는지에 대해 자세한 설명을 제공했다. 그의 책《고용·이자 및 화폐의 일반 이론》에서 케인스는 주식을 고르는 것과 미인 대회를 비교한다. 다만 이 대회에서 투자자들은 가장 아름다운 얼굴을 뽑아야 하는 게 아니라 다른 투자자들에게 가장 인기가 많은 얼굴을 뽑아야 한다. "개인의 판단으로 볼 때 가장 예쁜 얼굴을 고르는 경우도 아니고, 평균적 여론이 진심으로 예쁘다고 생각하는 얼굴을 고르는 것도 아니다."라고 케인스는 말한다. "우리는 평균적 여론이 평균적 여론에 대해 가지는 기대를 예측하는 데에 우리의 지능을 헌신하는 세 번째 단계에 도달했다." 케인스의 관찰에 의하면 단순히 투자자들이 좋은 투자 기회라고 생각하는 회사의 주식을 사는 것은 별로 바람직하지 못하다. 그 회사의 장점과 상관없이, 다른 투자자들이 그러한 생각을 공유하지 않는다면 그 회사의 주가는 오르지 않을 것이기 때문이다.

1990년대 후반 모든 투자자는 양떼를 찾는 양과 같았다. 그들은 특정 회사의 실제 수익성과 상관없이 그 다음 투자자가 더 높은 가격을 지불할 거라는 믿음으로 미심쩍은 인터넷 기업의 주식을 사기 위해 최고 한도액까지 서슴없이 사용했다. 투자자가 무리에 반대되는 베팅을 하는 것은 상식에 어긋나는 일이었다. 한때 eToys가 미국 최대의 장난감 기업이 될 것이고, 주당 80달러까지 오를 것이라고 생각하는 어리석은 사람들이 상당수였다. 이런 상황이라면 닷컴에 대해 가장 완고한 회의론자가 주식을 50달러에 사는 것은 너무도 당연한 일이다. 그 회사가 파산 직전에 있다는 사실을 안다고 해도 말이다.

주택 버블에서도 마찬가지였다. 환상에 도취된 이 기간 중 어느 시점에선가 주택 가격이 더 이상 오르지 않을 거라는 의심을 한 은행원은 분명히 있었을 것이다. 그럼에도 불구하고 주택 시장으로 투자자들을 몰고 간 역학 관계는 영원히 증가하는 주택 가격에 달려 있었다. 금전적으로 위태로운 서브프라임 주택 소유자들이 계속해서 모기지 청구서를 지불하기 위해서는 주택 가격이 계속 올라야 했던 것이다. 그렇게 되면 그들은 집을 팔아 얻은 이익을 새로운 자산에 투자하거나, 더 높은 가격에 재융자를 받는 방식으로 집에서 '지분'을 뽑아내 수지 균형을 맞출 수 있었을 것이다. 그러나 결국 음악이 끝날 거라는 사실을 알던 사람들도 이 금융의 마법에서 빠져나오지 못했다.

2007년 여름 모기지에 대한 채무 불이행 비율이 증가하고 서브프라임 모기지 시장이 주춤거릴 무렵 시티그룹의 CEO 찰스 프린스는 "음악이 나오는 한 일어나서 춤을 춰야 합니다. 그리고 우리는 아직 춤추고 있습니다."라고 말했다. 몇 달 후 프린스는 그의 직책에서 해고됐다. 그러나 그의 말이 틀리진 않았다. 그는 오랫동안 인정되어 온 금융의 특징을 가리키는 것이었다. 즉 투자자가 버블을 올바로 찾아내도 그것에 반대되는 베팅을 하는 것은 비용이 많이 든다. 다른 투자자들이 열기에 의해 휩쓸려간다면 반대 입장의 투자자가 지불 능력이 있는 것보다 더 오랫동안 버블이 부풀려져 있을 수 있다.

버블을 터뜨려야 할까?

버블이 남기고 간 고통에는 끝이 없다. 은행들이 파산하고 불경기가 시작되며 실업률이 급등한다. 물론 그 이외의 세부적인 결과도 수없이 많다. 한 연구 결과에 따르면 소유한 주택이 물속에 잠긴(주택의 가치가 모기지의 가치 이하인 경우) 사람들의 지리적 유동성은 경제적으로 더 나은 상태에 있는 주택 소유주들의 절반밖에 되지 않는다고 한다. 또한 불경기 중 졸업한 대학생들은 경력 대부분의 기간 동안 돈을 적게 번다고 한다. 1980년대와 1990년대 캐나다의 대학 졸업생들을 대상으로 한 연구에서 불경기 중 직업 시장에 진입한 이들은 최고 10년 동안 더 낮은 수입을 받는다는 사실이 밝혀졌다.

일부 사회 과학자들은 현재의 위기가 미래에 유럽과 미국의 극우파 정당에게 유리한 조건을 형성할 것이라 예측한다. 낮은 성장률은 정부와 세금 정책에 대한 적대감으로 이어져 미국의 티 파티(Tea Party) 같은 민중 운동을 낳기 때문이다. 1970년과 2002년 사이 경제 쇼크가 정치에 미쳤던 영향을 연구한 결과 경제 성장이 1퍼센트 포인트 하락할 때마다 유권자들의 표의 1퍼센트 포인트가 우파 정당과 국가주의 정당에게 추가적으로 몰린다는 사실이 밝혀졌다.

그러나 버블에 대해 어떻게 해야 할지는 여전히 어려운 문제다. 버블이 계속해서 터질 것이라는 사실을 앎에도 불구하고 말이다. 반복되는 투자의 급등과 붕괴라는 순환이 수많은 투자자들을 파산으로 내몰기도 하지만 그 과정에서 좋은 일을 하기도 한다. 전기나 철도, 혹은 인터넷 같은 기술적 도약에 기초한 투자 붐은 세계 경제에 혁명을 일으켜 최소한 일시적으로라도 생산성에 자극을 주어 붐으로 비롯된 급성장을 정당화시켰다.

연방준비제도 의장 벤 버냉키와 그의 전임 앨런 그린스펀으로 대표되는 미국의 오랜 입장에 의하면 버블은 터지고 난 후에만 그 결과를 수습할 수 있다는 것이다. 즉 연방준비제도는 버블이 터지면 사후 처리를 할 준비가 돼 있어야 한다는 것이다. 이것은 곧 저가치 화폐를 경제에 풀어 대출을 장려하고 채무자들의 자산 가치로 인한 파산을 면하게 하기 위함이다. 그러나 정부는 버블 자체에 대해서는 아무것도 하지 말아야 한다는 것이다. 그들의 논리에 의하면 우리는 버블이 실제로 버블인지 판별할 수 없다는 것이다.

이러한 주장은 비평가들이 볼 때 편친 가정에 과다한 투자를 한바탕 쏟아 붓자고 말하는 것과 똑같이 정신 나간 짓이다. 왜 금리를 점진적으로 올림으로써 통제가 불가능해지기 전에 새로운 투자에 유입되는 자금을 사전에 막지 않는가? 계속 자라도록 내버려두면 버블이 터졌을 때 닥칠 후폭풍이 그만큼 더 고통스러워질 텐데 말이다. 주택 버블의 붕괴로 인해 또 한 번의 경제 대공황의 문턱까지 가는 경험을 하게 된 이후 이러한 사실이 지극히 분명해졌음에도 불구하고 사전에 터뜨려야 할 것과 그러지 말아야 할 것을 구별하는 게 그리 쉬운 일은 아니다.

미국이 2001년에서 2003년 사이의 불경기에서 회복할 당시 그린스펀이 고용을 촉진하기 위해 취했던 저금리 유지에 대해 경제학자들은 여전히 논쟁 중이다. 금리를 올렸다면 막 형성되기 시작한 주택 버블의 바람은 뺐겠지만 경제를 침체시켜 불경기를 장기화시키고 실업률을 악화시켰을 것이다. 주택 시장의 성장이 멈췄다면 수많은 사람들에게 살림의 방편을 제공한 건설 분야의 일자리는 생기지 않았을 것이다. "미래에 미국이 2003년과 같은 상황에 처한다면 버블을 만드는 위험을 감수하더라도 취업률 100퍼센트에 가까운 경제를 유지해야 할까?"라고 경제사학자 브래드포드 드롱이 묻는다. "이 문제에서 내가 어느 쪽을 택할지 정말로 불확실하다."

전체 취업률의 직접적 영향 외에 투자자들이 새로운 기술에 몰려들 때마다 생기기 시작하는 버블이 사전에 제거된다면 신기술의 혁신은 어떻게 되겠는가? 자산 가격의 급등은 잘못된 투자를 하게 만들며 이것은 생산적인 자원을 낭비하게 한다. 버블이 팽창하여 터질 때마다 엄청난 경제적 폭발력을 지닌다. 이로 인한 손해는 직장과 집을 잃고 삶의 통제권을 상실하게 되는 취약 계층이 가장 절감한다. 그러나 투기는 위험이 큰 벤처 사업에 대한 투자를 증가시키기도 하며, 이것은 종종 사회에 이득이 된다. 인터넷은 분명 쓸 만하지 않은가?

1922년 뉴욕증권거래소의 경제학자 제임스 에드워드 미커는 이렇게 말했다. "인류사를 통틀어 투기를 싸잡아서 비판할 자격이 가장 없는 민족이 바로 미국인들이다. 아메리카 대륙의 발견은 이사벨라 여왕의 왕관을 담보로 한 대출 때문에 가능했으며, 이에 대한 이율은 1919-1920년의 콜금리마저 부끄러워하고 수줍어하게 만들 정도의 수준이었다. 알지도 못하는 외국인이 신화에나 나오는 지팡구(마르코 폴로가 일본을 가리킨 말)를 발견하겠다고 세 척의 초라한 배를 타고 미지의 바다를 항해할 수 있도록 자금을 제공하는 것은 아무리 과장된 수사법을 사용하더라도 '보수적인 투자'라고 부를 수 없을 것이다." 더욱이, 우리가 경제적 혼란을 방지하기 위해 무엇을 하더라도 한 가지 중요한 한계를 인정해야 한다. 즉 우리가 버블과 그것의 붕괴를 완전히 없앨 수는 없다는 사실이다.

과잉 투자와 신용 팽창, 그리고 자산 버블로 인해 초래되는 금융 위기는 자본주의적 구조의 기본적 특징인 것으로 보인다. 경제학자 카르멘 라인하트와 케네스 로고프는 전 세계 66개의 대규모 경제국들 중 1945년에서 2007년 사이 은행 위기를 피한 국가는 포르투갈과 오스트리아, 네덜란드와 벨기에밖에 없다는 사실을 발견했다. 그러나 2008년 말이 되자 이 국가들도 예외는 아니었다.

투자자들이 어떤 새로운 투자 기회에 열정을 보일 때마다 그들은 이번에는 다를 것이라고 우리에게 확언한다. 닷컴 버블 당시 정보 기술로 인해 급등한 생산성을 보고 우리는 그 역사적 순간이 특별하다고 믿었다. 주택 붐 당시 우리는 첨단 금융 공학이 리스크를 다룰 줄 아는 투자자들에게 분배함으로써 우리를 금융 리스크부터 지켜 줄 것이라 확신했다. 그러나 매번 낙천주의자들이 틀렸던 것으로 드러났다.

무슨 합리주의?

흥미롭게도 저명한 경제학자들 중에는 버블이 존재하지 않는다고 생각하는 이들이 있다. 지난 40년 동안 실로 많은 경제학자들 사이에서는 가격이 절대로 틀릴 수 없다는 입장이 우세했다. 그러나 자발적인 구매자와 판매자 간의 자유로운 교환이 자원을 가장 이롭게 분배시킬 수 있다는 통찰은 무슨 이유에서인지 시장의 완벽함에 대한 맹신으로 변했다. 현실에 대한 이러한 관점에 의하면 정당한 실제 가치에 비해 가격을 훨씬 높게 끌어올려 사람들을 엄청난 실수에 빠뜨리는 행위는 존재할 수 없다는 것이다.

이러한 이념의 씨앗은 19세기 비엔나에서 시작되어 20세기 중반을 지난 30년 동안 가장 영향력 있는 경제학파라고 할 수 있는 시카고 대학에 정착하게 되었다. 이 관점에 의하면 사회를 정당하게 조직화할 수 있는 유일한 방법은 자유 시장인데, 그 이유는 그것이 개인의 자유 의지에서 비롯되기 때문이다. 상품과 서비스, 그리고 개개의 행위들에 상대적 가치를 부여함으로써 시장은 세계를 완벽하게 조직할 수 있다는 것이다. 인간은 합리적이기 때문에, 즉 그들의 선택이 그들의 복지를 어떤 식으로 향상시킬지에 대해 일관성 있는 선호와 신념이 있기 때문에, 그들의 결정은 옳은 것일 수밖에 없다는 것이다. 정부의 의지를 국민에게 강요하는 정부 개입은 이러한 관점에 따르면 무조건 비효율적이며 틀린 것이었다.

확실한 것은 이른바 합리적 행위자 모델은 인간의 선택을 이해하는 데 매우 강력한 수단이 됐다는 것이다. 인간은 자신의 복지를 극대화시키는 것을 목표로 한다는 단순한 핵심 사상은 인간 행위를 직접적으로 설득력 있게 설명해 준다. 그뿐만 아니라 종의 발달을 형성하는 진화론적 과정에 대한 우리의 이해와도 맞물린다. 인간이 내리는 각각의 결정이 유전자의 생존에 대한 상이한 확률을 가지는 결과

로 이어진다면, 자연 선택은 인간의 생물학적 적응도를 극대화시키
는 방식으로 우리의 선호를 형성할 것이다. 그러나 이 이론에 대한
우리의 신념은 너무 멀리까지 가 버렸다. 1970년대 합리적 행위자
모델은 '합리적 기대' 이론으로 확대되었다. 이 이론은 인간의 합리
성에 대한 믿음을 인간이 미래를 예측하지 못한다는 사실과 결합시
켰다. 그 결과 인간은 자신의 행위에 대해 기대하는 결과에만 기초해
서 결정을 내려야 하고, 자신의 선택이 가져다 줄 잠재적 결과와 자
신의 선호를 조화시켜야 한다는 결론을 내리게 됐다. 예컨대 이 이론
은 우리가 잠재적인 미래의 수입원에 대해 냉정하게 계산을 하여 우
리 삶 전체에 걸쳐 소비를 균등화하기 위해 저축금을 조절해 나간다
고 주장한다. 즉 은퇴 후 더 많이 소비하기 위해 돈을 가장 많이 버는
시기에는 소비를 줄인다는 것이다.

이러한 이론은 '완벽한 가격' 이론이 발붙이기에 더없이 좋은 토대
가 되었다. 이 이론에 의하면 합리적인 인간이 특정 자산, 예컨대 오
렌지 주스 선물 같은 것을 교환하는 가격이 일기 예보와 오렌지 수확
에 대한 날씨의 영향과 같이 그 자산에 효력을 끼치는 정보를 반영한
다는 것이다. 만약 엉뚱한 예측으로 인해 투자자들의 일부가 이런 합
리적 방식으로부터 가격을 떨어뜨려 놓는다면 다른 투자자들이 그에
반내되는 베팅을 하여 수익을 얻게 될 것이나. 경제학사들은 이것을
'효율적 시장'의 가설이라고 불렀다. 이 관점의 영향력은 1970년대
의 석유 위기로 인한 경기 침체와 높은 인플레이션에 시달리던 미국
과 영국에서 로널드 레이건과 마가렛 대처가 권력을 잡고 난 1980년
대에 그 절정에 달했다. 이 이론의 주창자들은 경제 내에서 정부의

역할을 축소시키는 것을 임무로 삼고 있었다. 여기에 시카고의 경제학자들은 이론적 토대를 제공한 것이다.

효율적 시장을 믿는 무리들에게 혼란스러운 붐과 불경기의 악순환은 불확실한 미래를 감안하여 투자의 잠재적 수익성에 대한 새로운 정보에 맞추어 자신들의 기대를 지속적으로 업데이트시켜야 하는 합리적 투자자들의 행위에서 비롯되는 자연스러운 결과일 뿐이다. 이 땅에서 닷컴 버블은 사후에야 비로소 버블이었다고 인식된다. 1999년에는 온라인 슈퍼마켓 웹밴(Webvan)에 전 재산을 투자하는 게 당연한 일이었을 수도 있다. 물론 그 회사는 2년 후 파산하였다. 그러나 1999년에는 웹밴이 차세대 마이크로소프트가 될 거라고 믿을 수 있었다. 주택 버블 이후 경제가 비틀거리자 시카고학파의 지도자들은 기존의 입장을 고수했다. 시카고 학파의 유력 인사 유진 파마는 "경제학자들은 거만한 사람들입니다. 그들이 단지 뭔가를 설명할 수 없다는 이유로 다 비합리적인 게 돼 버리는군요."라고 말했다. "버블이라는 단어는 저를 돌아버리게 만듭니다."

그러나 주택 가격의 갑작스런 변동으로 유발된 재앙 이후 합리적 투자자들이 가격을 원래의 진정한 가치로 가차 없이 되돌려 놓는다는 가설은 틀리거나 무관해 보인다.

케임브리지 대학 교수이자 블룸스버리 단골이며 베르사유 평화 회담에 영국 대표로 나가 1차 세계 대전 이후 독일에게 냉혹한 전쟁 배상금을 부과하는 것이 독일인들을 궁핍하게 만들고, 그들을 극단주의로 몰고 갈 것이라고 주장한 케인스도 시장에서 많은 돈을 모은 감각 있는 투자자였다. 금융에서의 경험을 토대로 그는 투자자들이 대

개의 경우 자신들도 뭘 하고 있는지 모르고 있다는 생각을 가지게 됐
다. 그에 의하면 투자에 관한 결정은 "동물적 감각의 결과였다. 즉 가
만히 있기보다는 행동을 취하려는 즉흥적 충동이며, 정량적 이익 곱
하기 정량적 확률의 평균값이 아니다."

　예일 대학 경제학자 로버트 실러는 케인스의 통찰력을 토대로 한
모델을 제시하였다. 이 모델에서 합리성은 무관하다. 예컨대 인터넷
혹은 대서양의 새로운 무역 항로 같은 새롭고 그럴듯한 투자 대상은
초기의 투자자들에게 많은 돈을 벌 수 있는 기회를 준다. 이것은 투
자자들을 열광시킨다. 닷컴 주식이나 선박 회사의 주식 같은 최신 상
품의 가격은 투자자들이 이익을 차지하기 위해 몰려들면서 점점 더
높게 매겨진다. 이것은 도취감으로 이어진다. 결국 투자는 원래의 논
리로부터 벗어난다. 투자자들은 주가가 올라가는 것을 보고 계속해
서 그럴 것이라 가정한다. 그들은 이 새로운 투자 기회가 기존의 규
칙들을 바꿀 것이라는 내러티브를 만들어 터무니없는 평가도 정당화
한다. 투자 금액을 두 배로 늘이기 위해 돈을 빌리기도 한다.

　그러나 이 새로운 투자 기회로 인해 세상이 정말로 바뀌지 않았고,
원래의 방식대로 돌아간다는 사실을 깨닫게 되면, 결국에는 비관주
의가 들어선다. 그렇게 되면 버블이 터진다. 가격이 떨어지고 비관주
의는 더욱 악화되며, 가격은 끝없이 하락한다. 투자자들은 빚을 갚기
위해 가치가 하락하고 있는 포트폴리오를 현금화할 수밖에 없게 되
고, 그로 인해 자산의 가격은 더욱 떨어진다. 사태는 최악의 상태로
끝난다. 전에 살던 로스앤젤레스의 콘도가 내가 지불한 금액의 2.5배
인 90만 달러까지 뛰는 것을 보고 나는 주택 매입자와 그것의 자금을

조달하는 은행들의 정신이 나갔다는 생각을 금할 수 없었다. 그러나 그들 모두는 다른 투자자들이 하는 것을 가리키면서 자신의 전략을 정당화할 수 있다. 그리고 당시에는 그들의 정당화가 조금은 말이 되었다. 그러나 지금은 상식에서 벗어난다.

새로운 세상을 위한 경제학

미국의 주택 시장에서 유발된 금융 재난으로 인해 경제학이 변화하고 있다. 기존 입장을 재평가할 수밖에 없는 처지에 놓인 경제학자들은 우리가 완전무결한 이성에 대한 믿음의 한계에 대해 오랫동안 알고 있었다는 사실을 갑자기 깨닫게 됐다. 우리는 사람들의 선호가 그들의 복지를 증진시키지 않을 때도 있다는 사실을 알고 있다. 선호는 주변의 사건들로 인해 예측 가능하지 않은 방향으로 바뀔 수도 있기 때문이다. 또한 어떠한 선택을 해야 우리가 선호하는 결과를 얻을 수 있을지에 관한 우리의 신념도 유동적이다. 게다가 정보를 처리하고 자신이 내린 결정의 확률적 결과를 계산함에 있어 우리의 능력은 제한적이며, 사회 전반에서 사람들의 개인적 선호가 항상 가격을 결정하도록 해야 한다는 주장은 이제 무모해 보이기 시작했다. 효율적 시장을 신뢰하며 관련 연구의 중심이라고 할 수 있는 시카고 대학의 부스 경영대에도 변화가 일어나고 있다. 이 학교가 최근 파이낸셜 타임스에 게재한 광고에 의하면 이성의 무한성을 믿는다는 학교의 평판에도 불구하고, 이성이 실패할 경우 무슨 일이 일어나는지 연구하기 위해 경제학 연구진에 심리학자들을 투입시켰다는 것이다.

무한한 이성에 대한 신뢰가 경제학의 유일한 오류는 아니다. 이기심에 기초한 호모 에코노미쿠스(Homo economicus)라는 개념, 즉 인간을 자신의 선호만 무조건적으로 추구하려는 의지를 가진 존재로 규정하는 것은 너무 편협하다. 이러한 관점은 인간의 본성적인 행동들을 설명하지 못한다. 개인은 보상이 없으면 아무것도 하지 않을 것이라는 입장을 견지하는 경제학은 사람들이 다시 볼 일 없는 낯선 이를 왜 도와주는지 제대로 설명하지 못한다. 경제학자들은 공돈을 거부하는 사람을 미쳤다고 생각한다. 그러나 사회를 위해 진정으로 덕이 된다는 믿음으로 보상을 거부한 채 봉사하는 사례는 수없이 많다. 한 실험에서 스웨덴 여성들에게 헌혈을 하면 50크로네를 주겠다고 제안하자, 헌혈을 하겠다는 사람이 반으로 줄었다. 마치 돈을 주겠다는 제안이 보상 없이 주고자 하는 인간의 본성적 의지를 밀어낸 듯하였다.

호모 에코노미쿠스의 개념은 '억제되지 않은 이기심'으로부터 탈피하여 상대적 부의 분배가 개인의 만족보다 더 중요할 수도 있는 세상에 적합하도록 수정돼야 한다. 또한 사회의 생존 능력을 향상시키기 위해 진화 과정을 거쳐 형성된 사회 규범이 당장은 개인의 복지에 기여하지 않음에도 불구하고 인간의 선호에 영향을 준다는 사실도 고려돼야 한다. 인간에 관한 포괄적 이론을 세우기 위해서는 사람들이 자신이 원하는 것을 추구하는 게 아니라, 자신이 원한다고 생각하는 것을 추구하며, 이 두 가지는 서로 다르다는 사실을 이해해야 한다. 단지 가격이 터무니없다는 이유만으로 사람들은 터무니없는 가격의 자동차 번호판을 산다는 사실(마치 스티커 쇼크가 바람직한 것인 마냥)을 포함시켜야 한다. 자신의 충동대로 행동하면(흡연, 과식 혹은 미래를 대비해 저축을 하지 않는 것 등) 나중에 큰 대가를 치르게 될 거라는 사실을 알지만, 인간은 자기 통제력이 부족한 존재라는 사실도 감안해야 한다.

이러한 인간의 모든 측면을 포함시킨다면 경제학은 우리가 지난 50년 동안 익숙해져 온 것보다 더 지저분하고 수학적으로 덜 고상한 분야가 될 것이다. 전통적 경제학은 객관적 복지를 극대화하기 위한 끊임없는 욕구라는 하나의 단순한 개념이 인간의 모든 행동을 설명할 수 있다고 믿었다. 그러나 이제는 다른 사항들도 고려하여 그것들이 자기만족과 어떻게 상호 작용하는지 이해해야 할 것이다. 그러한 경제학은 좀 더 불확실한 학문이 될 것이다. 그러나 그 대신 이 새로운 경제학은 세상에 대한 보다 포괄적인 이해를 제공하게 될 것이다. 또한 이러한 경제학은 우리가 우리에게 주어진 가격을 토대로 내린 결정이 나쁜 길로 이어질 수도 있다는 가능성에 대해 연구하게 될 것이다.

경제학이라는 학문의 변화보다 더 흥미로운 문제는 글로벌 경제의 파탄이 자본주의를 어떻게 변화시킬 것인가이다. 2008년 금융 재난이 뉴욕으로부터 런던과 취리히, 그리고 전 세계로 퍼져나갈 당시 많은 사람들은 작은 정부와 자유로운 시장으로 대표되는 소위 앵글로색슨 자본주의 시대에 종말을 고했다. "자기 통제의 시대는 끝났고, 자유방임주의도 끝났으며, 어떤 상황에서도 옳다고 생각됐던 전능한 시장의 시대도 끝났다."라고 니콜라스 사르코지 프랑스 대통령이 말했다. 당시 독일의 재무부 장관 페어 슈타인브뤽은 "미국은 세계 금융 체계의 초강대국 지위를 잃게 될 것이다."라고 주장했다. 일부 정책 입안자들은 중국 모델의 자본주의를 점쳤다. 즉 수출 위주의 개발을 촉진하기 위해 신용의 할당과 국가의 환율 가치를 비롯하여 경제 활동의 상당 부분에 정부가 직접적 통제를 가하는 자본주의가 도래할 것이라는 것이다. OECD의 회원국들은 현재 세계 경제의 49퍼센트를 차지하고 있는 비회원국들이 2030년에는 57퍼센트를 차지할 것이라고 예상한다. 글로벌 경제의 균형이 이런 식으로 바뀌면서 서양의 번영을 촉진시킨 자유 민주주의와 시장 자본주의가 영향력을 잃게 될 수도 있다.

중국이 전체주의 통치가 익숙하지 않은 국가들에게 경제 모델을 제공할 것이라는 데 대해 나는 다소 회의적이다. 그러나 경제 추락의 교훈을 고려할 때 경제 질서의 규칙 변화는 불가피해 보인다. 최근의 경제 추락과 같은 경험은 사람들의 태도에 깊은 영향을 미친다. 최근 수십 년에 걸쳐 미국인을 상대로 실시된 설문 조사에 따르면 18세에서 25세 사이에 심각한 경기 침체를 경험한 이들은 성공이라는 것이 노력보다는 운에 달렸다고 믿을 확률이 더 크며, 운으로 부자가 된 이들의 수입을 불운한 빈자들에게 재분배하는 것을 지지할 확률이 더 크다. 아이러니하게도 경제 쇼크로 인해 이들은 대통령이나 의회와 같은 공공 기관에 대한 신뢰가 떨어졌고, 그래서 정부에 많은 것을 요구하긴 하나 필요한 서비스를 제공할 정부의 능력은 의심한다.

역사적으로 위기 상황이 경제 및 정치 운영에 심대한 변화를 야기한 사례는 수없이 많다. 20세기 초반 프랑스는 고도로 발달된 자본주의 국가였다. 파리증권거래소에 등록된 회사들의 시가 총액은 프랑스 GDP의 78퍼센트에 이르렀다. 이것은 미국의 전체 경제 대비 뉴욕증권거래소에 등록된 회사들보다 더 큰 비율이다. 그러나 경제 대공황과 독일군의 점령으로 인해 제3 공화정에 대한 프랑스 국민들의 신뢰가 추락했다. 자유방임주의에 대한 그들의 신념도 영구적인 타격을 입게 되었다.

자본주의의 역사는 위기에 대한 반응 차원의 방향 전환으로 점철된다. 1930년 경제 대국들마저 대공황에 빠져 있을 무렵 정통 경제학은 정부는 경제에 대한 관리에서 어떠한 책임도 없다는 입장이었다. 1929년의 주식 시장 위기 이후 재무 장관 앤드류 멜론은 정부가 개입해서는 안 된다고 주장했던 것이다. 허버트 후버 대통령의 회고록에 의하면 멜론의 이론은 이랬다. "노동력과 주식, 농부와 부동산을 모두 제거한다. 그렇게 하면 시스템에서 부패를 청산하게 될 것이다." 붕괴하는 사적 요구를 대체하기 위해 왕성한 정부 지출을 제안한 케인스는 아직 목소리를 내지 못하고 있었다. 영국 재무부의 기록물 보관소에는 영국 경제를 부양하기 위해 정부 지출을 늘리자는 케인스의 제안에 대해 재무부 사무차관이 보인 반응을 보여 주는 문서가 있다. 그의 반응은 세 단어였다. '낭비, 인플레이션, 파산.' 그러나 1930년대 후반이 되자 케인스의 업적은 경제학의 새로운 정설의 기초가 되어 1970년대까지 유지되었다. 이러한 변화는 정부가 경제 관리에 상당한 역할을 맡아야 한다는 관점을 바탕으로 하였다. 그리하여 케인스는 세상을 구한 영웅이 되었다.

1970년대와 1980년대 초의 스태그플레이션은 세계 경제에 유사한 충격을 가하였지만 그 방향은 반대였다. 폭등하는 석유 가격과 스스로를 과신한 정부들이 높은 지출 수준에 맞는 화폐를 마음껏 찍어 내는 등 부적절한 경제 관리로 인해 전례 없이 높은 인플레이션과 실업률이 정부에 대한 국민의 신뢰에 치명적인 타격을 가했다. 이것은 30년 동안 지속된 정부의 후퇴로 이어졌다. 1979년 영국의 마가렛 대처, 그리고 1년 후 미국의 로널드 레이건의 당선을 기점으로 전 세계 정부들은 세금을 감면하고 공기업을 민영화하였으며 경제 규제를 풀었다. 프랑소와 미테랑 대통령이 1981년 당선된 이후 은행 시스템을 국영화하고 정부 고용을 증가시키며 공공 부문의 임금을 올린 프랑스에서도 결국 새로운 경제 정설이 우세하게 되었다. 1983년 미테랑 대통령은 정책을 완전히 바꾸어 예산을 동결시키고 '긴축 정책'(The Austerity)을 내세운 것이다.

2008-2009년의 경제 위기는 중대한 분수령이 가지는 특징들을 모두 가지고 있었다. 그렇다면 새로 시작될 시대는 어떤 모습일까? 경제 위기로 인해 공급과 수요의 힘이 자유롭게 가격을 결정하기 때문에 시장이 정책 입안자들보다 자원의 분배를 더 잘한다는 신념은 토대를 잃었다. 이 위기 이후 우리는 자원의 분배와 경제 방향의 결정에 좀 더 적극적인 정부의 역할을 지지하는 공격적인 사회 민주주의 방향으로 나아갈 것인가? 아니면, 고삐 풀린 시장 자본주의는 마지막 만세를 부를 것인가?

오바마 행정부는 전자의 길로 들어선 것으로 보인다. 인터넷에 대한 감독을 확립하려는 연방통신위원회와 연방거래위원회 및 법무부에서 점점 더 활발해지는 반트러스트법 위반 단속관들을 볼 때 이것은 분명하다. 또한 의료 보험을 모든 미국인들이 사용할 수 있게 만들기 위한 대통령의 성공적인 싸움에서도 이런 사실은 드러난다. 은행의 활동을 규제하고 제한하기 위해 전 세계의 정부들 또한 새로운 규정을 만들기 시작했다. 이러한 규정은 은행들이 더욱 많은 양의 예방 자금을 축적하도록 만들며, 그들이 할 수 있는 사업의 종류를 제한하고, 미래에 일어날지도 모르는 금융 재난에 대비해 특별 세금을 부과하기도 한다.

그러나 산업 국가들이 불가피하게 거대한 정부의 시대로 돌아가 은행가들의 활동을 제한하고 독점 기업을 규제하며 전반적인 경제 질서를 형성하는 데 결정적인 역할을 하게 될 것이라고 믿는 것은 순진한 생각이다. 미 의회가 금융업계를 규제할 새 법안을 통과시킨 그날 은행 주식이 뛰어올랐다. 글로벌 규제자들이 더 높은 자본 쿠션에 합의했을 때도 치솟았다. 두 경우 모두 새로운 규정들이 은행들의 위험 감수에 큰 영향을 끼치지 못한다는 사실을 보여 준다.

이보다 더 놀라운 것은 의료 보험을 개혁하고 정부 지출로 경제를 부양하려는 오바마 대통령의 노력이 대중의 격렬한 반발을 샀다는 사실이다. 갤럽 조사에서 미국인의 48퍼센트는 세금이 너무 높다고 말했다. 현재에도 거리에서 가장 소란스럽게 시위하는 사람들은 은행가들에 대해 시위하는 게 아니다. 그들은 티 파티 당원으로, 오바마 대통령이 미국의 가치를 파괴하려는 '사회주의자'라고 비난한다. 유럽에서도 정부에 대한 신뢰는 높은 편이 아니다. 2010년 봄, 그리스와 스페인 같은 상대적으로 약한 국가들의 국채가 무너지고 난 후 유럽 연합의 정부들 대부분은 그들의 예산 적자를 대폭 삭감해야 할 때라고 선언했다. 취업률이 여전히 위축돼 있고, 실업률은 10퍼센트에서 유지되고 있으며, 정부가 경제로부터 철회하려고 한 예산을 대체할 대안적 자원이 존재하지 않았는데도 말이다. 즉 그들은 정부를 경제로부터 빼내기 위해 더 심각한 경기 침체를 감수한 것이다.

우리는 아직 초기 단계에 있다. 리먼 브러더스가 몰락한 지 2년 조금 넘게 지났다. 정부 활동과 사적 시장 사이에 새로운 균형을 찾는 데는 그보다는 더 많은 시간이 걸린다. 그리고 정부에 대한 시민들의 불신은 은행가들에 대한 그것에 맞먹는다. 그러나 우리가 지난 2년 동안의 경제 참사로부터 한 가지를 배운다면 이것일 것이다. 통제되지 않은 시장에 의해 정해진 가격은 무조건 옳다는 생각을 다시는 무비판적으로 받아들이지 말아야 한다는 것이다. 물론 옳을 때도 있다. 그러나 틀릴 때도 있다.

연방준비제도의 전 의장 앨런 그린스펀이 2008년 10월 23일 의회에서 행한 증언을 살펴보자. 그린스펀은 실력 있어 보이는 통화 정책의 관리로 '마에스트로'라고 불렸으며, 이것은 그의 장기 재직 기간 중 미국이 경험한 낮은 인플레이션, 장기적 경제 성장, 그리고 짧고 얕은 경기 침체로 나타났다. 그는 주택 버블이 절정으로 치닫던 시기 경제 정책을 세운 주요 정책 입안자 중 한 명이기도 하다. 자유주의자이자 반정부 사상가 애인 랜드의 추종자인 그는 통제되지 않은 시장의 대제사장 같은 인물이었다. 그는 금융 자산의 가격을 적절히 매기고 자원을 효율적으로 분배하는 시장의 능력에 대한 믿음을 당당하게 표현하곤 했다.

그러나 그가 10월 23일 하원의 정부감독위원회 앞에 끌려갔을 때 자신의 잘못을 인정함으로써 세상을 놀라게 했다. 위원회 의장직을 맡았던 캘리포니아의 민주당 소속 헨리 왁스맨은 "당신은 세상에 대한 당신의 관점과 이념이 옳지 않았고, 제대로 작동하지 않았다는 사실을 발견하지 않았습니까?"라고 몰아붙였다. 그러자 놀랍게도 그린스펀은 "그렇습니다, 정확합니다."라고 대답했다. 가격이 얼마나 크게 실패할 수 있고, 그로 인해 우리의 결정과 삶이 잘못된 길로 갈 수 있다는 사실을 그린스펀도 깨달았던 것이다.

내가 대학생 시절이었다. 어떤 교수님께서 경제학 특강 중에 학생들에게 질문 한 가지를 던졌다.

"심청이가 아버지 시력을 되찾기 위해 목숨을 바쳐 인당수에 빠진 이유를 아는 사람?"

그때 나는 "왜 저런 질문을 경제학 시간에 하시지? 효녀라서 자신의 목숨을 내어 아버지의 눈을 되찾으려고 한 것인데 말이야."라고 푸념했다. 약간 짜증도 났다.

하지만 교수님의 대답은 예상 밖이었다. 교수님께서는 "심청이는 자신의 생명 가치보다 아버지의 눈의 가치가 더 높은 것으로 이해했기 때문입니다. 그래서 심청이는 자신의 목숨을 기꺼이 버릴 수 있었던 것이지요. 즉, 심청이는 자신의 목숨은 아버지의 눈에 비해서는 하찮은 것으로 판단한 겁니다. 심청이가 인당수에 빠져 목숨이 끊어졌을 때, 심청이의 목숨은 아버지의 눈에 대한 기회비용이 되는 것입니다."

이 설명을 듣고 난 후 나는 마음이 편치 않았다. 내 전공이 비록 경제학이지만 그렇게 인간의 행위를 돈이나 가격, 가치로 설명하는 것이 왠지 몰지각하고 피도 눈물도 없는 학문처럼 느껴졌기 때문이다.

이런 기억과 감정을 가지고 있던 나에게 가격, 즉 인플레이션 관련 내용을 접할 기회가 《모든 것의 가격》을 통해 주어졌다. 저자의 날카로운 시각으로 인간 행동의 이면을 파헤친 내용이 소름 돋을 만

364 모든 것의 가격

큼 정확하고 논리적이라 굉장히 흥미진진하게 읽었다.

생명과 행복, 여성, 미래, 종교 등과 같은 흥미로운 이슈를 가격 메커니즘으로 풀어나가는 이야기 전개 방식이 탁월하고 놀랍다.

'아 이건 이렇구나. 이렇게 생각해 볼 수도 있겠구나. 왜 내 생각을 이렇게 발전시키지 못했을까?' 하는 아쉬움과 깨달음의 연속이었다. 내용 또한 매우 충실했다.

특히, 미국과 유럽 그리고 아시아를 넘나드는 다양한 최신 정보와 사례들을 통해 자연스레 상식이 넓혀지는 부가적인 효과도 있을 것이다. 한국의 사례가 소개된 대목에서는 저자가 한국의 사회상을 어떻게 이렇게 정확하게 파악했는지 놀라울 따름이었다.

본문이 가격 이론에 입각한 상세한 설명으로 구성되었다면 에필로그는 대다수 독자들에게 매우 친절하게 다가가리라 생각된다. 즉 경제학을 사랑하는 사람들이지만 따뜻한 감성을 지닌 분들에게는 가격기구에 입각한 설명은 너무나 이성적이고 사람 냄새가 나지 않기 때문이다. 이런 분들을 배려하면서 에필로그에는 가격기구의 작동이 실패했을 때 그리고 그러한 실패를 불러오는 인간들의 비이성적인 행동에 대해서 소개했다. 마치 경제학의 이성과 논리에 질식하고 실망하는 상당수 일반인들에게 예방주사를 놓듯이 말이다.

이 책은 독자들에게 다른 경제학 서적에 비해 더욱 매력적으로 다가갈 것이다.

손민중
삼성경제연구소 수석연구원